社会化商务环境下
用户行为模式与机理研究

周涛　著

浙江大学出版社

图书在版编目（CIP）数据

社会化商务环境下用户行为模式与机理研究/周涛
著.—杭州：浙江大学出版社，2020.7
ISBN 978-7-308-20219-0

Ⅰ．①社… Ⅱ．①周… Ⅲ．①电子商务—用户—行
为模式—研究 Ⅳ．①F713.36

中国版本图书馆CIP数据核字（2020）第080475号

社会化商务环境下用户行为模式与机理研究
SHEHUIHUA SHANGWU HUANJING XIA YONGHU XINGWEI MOSHI YU JILI YANJIU

周涛 著

责任编辑	杨利军（ylj_zjup@zju.edu.cn）	
文字编辑	牟杨茜	
责任校对	高士吟	
封面设计	龚亚如	
出版发行	浙江大学出版社	
	（杭州市天目山路148号　邮政编码　310007）	
	（网址：http://www.zjupress.com）	
排　　版	杭州林智广告有限公司	
印　　刷	杭州高腾印务有限公司	
开　　本	710mm×1000mm　1/16	
印　　张	15.75	
字　　数	218千	
版 印 次	2020年7月第1版　2020年7月第1次印刷	
书　　号	ISBN 978-7-308-20219-0	
定　　价	56.00元	

　　社交媒体如微信、微博、社交网站等的快速发展及其与电子商务的融合，产生了社会化商务。在意识到社会化商务的巨大潜力后，各类企业纷纷开展社会化商务，如京东与腾讯的合作、阿里巴巴收购新浪微博股份、Facebook（脸书）的 F-commerce 等。一些社会化商务平台如"拼多多""小红书"等已得到了用户的广泛使用。相对于传统电子商务，社会化商务存在许多新特点（如社会交互、社会支持、社会影响等），也带来了新的问题（如用户行为决策模式的转变等）。社会化商务的一个显著特征是用户之间通过频繁交互构建了较强的社会网络关系，单个用户行为将受到社群及其他用户的显著影响。因此，有必要研究社会化商务环境下的用户行为模式与机理，发现影响用户进行社会化分享、社会化购买等的显著因素，从而为企业提供决策借鉴和行动指南，促进社会化商务的实施和发展。这正是本书的研究内容和出发点。

　　本书主要从以下四个方面研究了社会化商务用户行为模式与机理。

　　其一，社会交互对社会化商务用户行为的作用机理研究。社会交互作为社会化商务的显著特征，将影响用户的行为决策。本书研究发现，社会交互包括人人交互和人机交互两个方面。人人交互包括信息交互和情感交互；人机交互包括感知控制、感知响应和感知个性化。社会交互通过信任影响用户的社会化购买和社会化分享意愿。此外，本书还发现了社会交互对用户体验、隐私风险等的显著作用。

　　其二，专业型在线社区用户知识贡献行为研究。专业型在线社区如开源软件社区、在线健康社区、开放式创新社区等的成功运营依赖于用户持续分享高质量的知识，但用户往往从社区获取知识较多，贡献知识较少。通过整合社会影响理论和社会认知理论，本书研究发现，社会影响因素如社会认同，社会认知因素如自我效能、知识质量和系统质量，对开源软件社区用户知识贡献意愿具有显著作用，其中社会认同的作用最大。研究也发现了社会认同和社区影响对开放式创新社区用户知识分享行为的作用。此外，本书还研究了在线健康社区用户行为，发现信任和隐私风险决定用户知识分享的意愿。

其三，基于虚拟社区感的社会化商务用户行为研究。虚拟社区感反映了用户对社会化商务社区的归属感、成员感、情感联结等，这将对其行为产生显著影响。本书研究发现，社会支持和平台质量影响虚拟社区感和流体验，进而影响用户的社会化商务行为。此外，虚拟社区感还影响社群学习用户持续参与行为。

其四，知识付费模式及用户行为研究。知识付费作为一种新兴模式得到了快速发展，但用户往往缺乏付费的意愿，这可能导致该模式的失败。本书研究发现，感知价值、信任和认同等因素显著影响用户的付费意向。此外，社会资本包括结构资本、关系资本、认知资本，也是影响用户付费行为的一个重要因素。

本书的出版得到了国家自然科学基金（项目号 71771069）的资助。此外，研究生方文侃、王超、陈可鑫、檀齐等也对本书做出了部分贡献，在此一并表示感谢。

周涛

杭州电子科技大学管理学院

2020 年 5 月

目录
CONTENTS

1 社会交互对社会化商务用户行为的作用机理研究

社交媒体与社交网络的发展促进了社会化商务的产生。相较于传统电子商务，社会化商务的显著特征是用户通过频繁的社会交互构建较复杂的社会关系网络，进而对其行为产生影响。基于此，本书将从社会交互视角，探讨社会交互对社会化商务用户行为的作用过程，揭示社会交互各维度对用户行为的影响差异，发现影响社会化商务用户行为的显著因素。

1.1 社会交互的定义

1.1.1 交互的概念

交互的定义最早是由 Wiener 提出的[1]。传统意义的交互多指信息传播和反馈形成的交互过程，表 1.1 列出了一些学者对交互的定义。

表 1.1 交互的定义

定　义	来　源
交互性指信息接收者（receiver）根据来自信源（source）的信息内容（message）向信源进行反馈（feedback），通过双方之间不断反馈来修改信息本身和反馈内容，最终达成良好有效的双向沟通。	[1]
从控制的视角将交互定义为参与方在沟通过程中控制谈话并且交换角色的程度。	[2]
交互性指的是个人、组织或个人与组织之间，不受时间和空间的影响，彼此直接沟通的方式和手段。	[3]

续　表

定　义	来　源
将交互定义为信息在一系列的传播交换过程中相互关联的程度，特别是后传送的信息与先传送的信息之间的关联程度。	[4]
沟通者之间相互响应并且乐于促进彼此沟通的需求程度。	[5]
人与人或者人与科技的交互，以此去影响他人的知识和行为。	[6]

互联网的出现使得以社交媒体为传播媒介的交互成为用户之间交流沟通的重要方式。网络社区的交互打破了时间和空间的限制，使得信息交流更加便捷。随着交互环境的变化，学者们对社会交互概念的研究也有了新的发展。Jang 等认为，网络社区交互包含了成员之间、成员与社区之间的信息的交换[7]。Bruhn 等的研究认为网络社区的社会交互过程是一种协作共同创造的过程，成员在这一创造过程中不断贡献，同时吸收经验、信息和知识[8]。

综合来看，交互从根本来说是信息在成员间的流动传播的动态过程，也是成员间相互影响和共同创造的过程。

1.1.2　交互的分类

由于多元的社会媒体和社会网络传播途径的多样化，社会交互的分类也多种多样。表 1.2 列出了一些学者对交互的分类。

表 1.2　交互的分类

交互分类	来　源
关系模式、信息模式、娱乐模式和转换模式四种交互模式。	[9]
交互包括三种类型：与用户的交互、与内容的交互和与设备的交互。	[10]
交互分为面对面的直接沟通、以网络为传播媒介的间接沟通，而且网络交互包括人人交互和人机交互两种模式。	[11]
交互分三种类型：个体单向输出的沟通、双方或多方间相互交流的双向沟通，以及多方在多维度内容上的沟通交流。	[4]
交互包括人际交互和内容交互。	[12]
根据交互主体的数量关系特征分为个体间交互、个体与群体交互、群体间交互；根据交互场景的电子化程度分为在线互动和离线互动。	[13]

移动互联网和社交媒体使用率的不断提高，使得人与人之间的交互跨越了时间和空间的限制，在线交流在交互中的比例不断提高。在线交流不同于传统人人交互面对面的直接交流，它往往需要通过手机、笔记本电脑等设备以及即时通信、社交应用等软件工具作为媒介来实现用户间的交流与沟通。用户交流涉及的对象不仅包括处于虚拟空间中的其他用户，还包括用户直接接触的这些设备或软件应用。结合现实情况，以线上交互为重点，并从人人交互和人机交互两方面展开社会交互的研究是较为合适的。

1.1.3 交互的构成

交互作为一个复杂的概念，学者们对它的构成没有达成统一认识。Ha和James从选择性、连接性、享乐性、信息收集以及双向沟通方面考察交互[5]。McMillan的研究认为应从沟通的方向、灵活的时间安排、对交互场所的感知、控制能力、响应程度和对交互目的的感知来解释交互[14]。Song和Zinkhan使用通信、控制和响应三个维度来测量人机交互[15]。Lee等认为感知交互可以分为感知控制、感知响应、非语言信息和感知个性化四个维度[16]。Hong认为消费者通过交流沟通获取相应的知识经验，从而降低了机会成本，且与已购者的交流可以增加主观效用，因此使用观察学习和共同话题交流两个维度来研究消费者交互[17]。鲁博则通过在线评论、观察学习和社会网络中心性三方面来研究社会交互[18]。表1.3列出了一些学者对交互维度的划分。

表 1.3　交互的维度划分

交互维度	来源
选择性、连接性、享乐性、信息收集以及双向沟通。	[5]
沟通的方向、灵活的时间安排、对交互场所的感知、控制能力、响应程度和对交互目的的感知。	[14]
控制性、响应性和个性化程度。	[19]
通信、控制和响应。	[15]
感知控制、感知响应、非语言信息和感知个性化。	[16]
观察学习、共同话题交流。	[17]
信息交互、情感交互。	[20]

综上所述，根据研究内容的不同，学者们对构成交互的维度认识也有所区别。社会交互作为一个复杂的概念，其维度的划分应该结合实际的研究情景。

1.1.4 社会交互的概念

社会交互反映了通过信息在社会成员间的传播而引起成员间相互依赖的动态过程。社会学家认为人与人之间的社会接触，甚至人大部分的生活都是由社会交互构成的。社会学的信号互动理论认为个体间的互动涉及某种信号的交换，并且这种互动对社会和社会制度的创造起着作用。而社会心理学重点关注的是社会交互对个人的影响，其研究往往注重揭示行为与社会互动的因果关系。从经济学研究角度来看，社会交互强调的是社会因素对个人选择的影响。在商务环境中，用户与他人发生社会交互会影响其做出的购买决策。

近年来，随着信息技术和互联网的发展，社会交互方式也发生了显著变化。人与人之间的距离拉近了，社会交互的成本不断降低。网络丰富了交互形式，提高了交互频率，同时人们所能获得的信息也呈爆发式的增长。区别于传统交互中以面对面为主的交流，社会交互中借助网络进行的交互方式变得更为常见。社会交互环境的改变使得原有的交互方面的研究成果不能再直接用来反映人们的行为方式，因此新环境中社会交互的研究变得尤为重要。

1.1.5 社会交互的作用

用户之间的社会交互包括了用户与产品和服务提供商之间的交互、用户与购买环境之间的交互以及用户与用户之间的交互。学者们很早就意识到了交互的重要作用。早期研究主要从服务提供者角度进行研究，研究的交互形式主要为面对面的传统交互。现在网络虚拟环境为用户交互提供了多种方式和途径，社会化网络中的交互成为研究用户心理和行为变化的重要方面。

Wu 的研究发现消费者交互对其满意度有显著影响[21]。Chan 和 Li 的研究表明在网络社区中消费者的交互显著影响承诺，且能促进消费者的团购行为[22]。Bruhn 等发现消费者交互对品牌社区的功能性、象征性等有显著作用，并进一步促进品牌忠诚度，且能够推动品牌信任的建立，有助于企业了解消费者需求、减少信息不对称、树立品牌形象[8]。Adjei 等对网络品牌社区环境中消费者交互的研究表明，消费者的交互能够减少网络社区中的不确定性，从而对购买意愿产生影响[23]。Wang 等的实证研究发现，消费者交互会直接或通过提升消费者对品牌的理解间接对购买意愿产生影响[24]。

从上述文献可以发现，学者们普遍认为消费者交互对满意度、忠诚度和购买意愿等因素有显著影响。交互行为能增进消费者对品牌的认知和忠诚度，减少不确定性，促进消费者的购买意愿和购买行为，从而对企业经营活动产生重要影响。

1.2 社会交互对社会化商务用户信任的作用研究

社会化商务作为电子商务的衍生模式，以往对电子商务用户行为的研究成果在一定程度上适用于社会化商务。但是社会化商务是融入了社会化媒体的电子商务模式，具有社会化的特征，其突出表现为社会交互对用户行为的作用。已有文献大多基于技术接受模型、感知价值理论等分析社会化商务用户行为，较少考虑到用户间的社会交互对其信任和购买分享行为的作用。基于此，本书将探讨社会交互对社会化商务用户信任的作用过程，揭示社会交互各维度对用户信任和行为的影响差异。

1.2.1 研究模型

在用户行为的研究中，信任是影响用户行为的重要因素，许多外部因素并非直接作用于用户行为，而是通过对信任的作用间接影响用户的行为意愿。因此，本书模型将信任作为影响社会化商务用户行为意愿的直接因素。此外，针对社区这一社会交互场所具有的特点，本书将隐私关注和社会认同两个因素纳入研究模型。研究模型如图 1.1 所示。

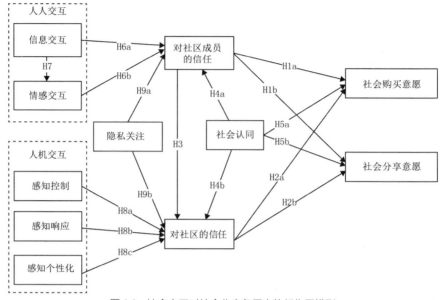

图 1.1　社会交互对社会化商务用户信任作用模型

1.2.1.1　社会化商务用户行为意愿

社会化商务用户行为是当前研究的热点。社会化商务区别于传统电子商务，建立在各种社交媒体之上，包括各类社交网站、微博、微信等，用户间的社交互动、用户创造内容对消费行为的影响作用越来越大。社会化商务的重点在于社交媒体所支持的商业活动，因此除了直接的购买行为，用户之间的互动分享也是用户行为的重要方面。这种用户分享购买建议和经验的行为体现了社会化商务的社会化特征。一项调查发现，83%的调查对象倾向于与网上的朋友分享他们的购物信息，大约67%的人进行购物决策时会参考网上朋友的建议。这表明社会化购物和社会化分享是社会化商务用户行为的两个方面。已有用户行为研究表明，用户行为受到行为意向的影响，研究用户行为首先应该考虑用户的行为意愿。综合以上所述，本书从社会购买意愿和社会分享意愿两方面来考察社会化商务的用户行为。

1.2.1.2　社会化商务用户信任及其影响

信任常被认为是建立成功关系的重要因素。随着互联网的发展，信息质量和可靠性更受关注，用户更愿意从他们信任的社区或个人那里获取建议。在受信任的社区中，用户更有可能把信息分享给他们信任的社区成员。因此，社区信任是影响社会化商务用户行为的一个重要因素。Lu 等研究网络社区成员如何成为社会化商务消费者时，将网络社区的信任分为对社会化商务网站成员的信任和对社会化商务网站的信任[25]。Hsiao 等的研究认为对社会化商务网站的信任和对推荐意见的信任是社会化商务信任的两个重要方面[26]。无论是对社会化商务成员的信任还是对推荐意见的信任都关注了社会化商务具有的社会化交互特征。基于这些研究，本书将社会化商务信任分为对社区成员的信任和对社区的信任两个方面。用户对社区成员的信任有助于促进用户间的交流，用户对社区的信任有助于社区积聚人气并扩大成员规模，且两者对成员的参与行为都有积极影响。

（1）对社区成员的信任

用户对社区成员的信任反映了对社区成员言行可信与否的信念或态度。研究发现，成员间信任对社区用户的网络参与行为有显著影响。社区成员分享自身经验的意愿常常建立在信任的基础上，信任在促进网络社区自愿性合作行为中起着关键作用。这是因为在一个可信任的环境中，人们往往倾向于相互帮助，并进一步从事共同的活动。这种情况通常表现为：用户认为从可靠来源获取的信息更为有用，这些信息可以辅助决策；用户也更愿意与值得信任的人（具有善意、正直、能力特质的人）分享其对产品或服务的消费体验。在有共同认知的社区群体中，用户能够更容易地进行交流，并减少可能的机会主义行为。因此，本书假设：

H1a：社会化商务用户对社区成员的信任正向影响其社会购买意愿。

H1b：社会化商务用户对社区成员的信任正向影响其社会分享意愿。

（2）对社区的信任

社会化商务环境中，网络和社交媒体的发展使得消费者进行购物互动的可能性大大增加。与传统的购物环境不同，网络在线购物环境给消费者带来了极大的不确定性。网络社区等社交媒体为消费者提供了大量信息作为参考，为降低网上购物的不确定性和复杂性，辅助用户购买决策提供了很大的帮助。用户对社区的信任指用户对社区的良好感知。Shen 等的研究表明，用户对社区信任与用户忠诚度之间存在显著关系[27]。Lu 等探讨了网络社区成员信任的前因后果，发现了交易型网络社区成员中消费者的购买意愿受其信任度影响[25]。网络社区想要成为一个可信赖的社会交互场所，通常需要一套公认的准则，以确保其成员间的互惠互利。社区规则能发挥多大程度的作用将直接决定社区成员参与交流互动的积极性。一个可信赖的社区能缓解成员对欺骗性广告、不适当使用个人信息等机会主义行为的担忧，并促使用户从该社区寻找产品或服务的推荐信息来辅助购买决策，同时分享自己的消费体验到该社区。因此，本书假设：

H2a：社会化商务用户对社区的信任正向影响社会购买意愿。

H2b：社会化商务用户对社区的信任正向影响社会分享意愿。

（3）信任转移

信任转移是信任主体根据信任对象与其他一些相关可信实体或背景信息的联系来对其做出信任的态度判断，这是一个认知的过程。信任转移通常发生在两个具有联系的人或实体间，对一个已知的人或实体的信任可以转移到另一个相关联的陌生的人或实体。通常来说，信任转移过程涉及委托人、受托人和可信第三方三个不同且相关的实体。如果委托方对第三方有足够的信任，这种信任就会转移给与第三方有密切联系的受托人。赵玲等在网络社区信任对成员购买行为的影响研究中发现，网络社区成员间的信任影响成员对网络社区的信任，也验证了这一观点[28]。Ng 对社会化商务网站用户购买意愿的研究表明，对于一个网络社区，信任可能由其成员间社会交往产生的亲密和熟悉通过信任转移得到发展[29]。当用户对社区成员产生信任时，这种信任可以通过成员与社区的关联进行传递，进而产生用户对社区的信任。当社区成员大多数可以信赖的时候，可信社区向用户展示了其有效管理的能力，并能为用户提供一个健康可信赖的交流环境，这将促进用户对社区的信任信念（能力、善意、诚实）。人际信任的存在可以为机构信任的发展提供肥沃的土壤。基于信任转移理论，本书假设：

H3：社会化商务用户对社区成员的信任正向影响其对社区的信任。

1.2.1.3 社会认同

一方面，社会化商务社区中的成员大多有着同样的兴趣或是相同的目的，认识和情感上的相似性更易产生认同感。成员的群体意识是社区最重要的特征，表现为成员对社区的认同感。从网络社区成员心理演进阶段来看，认同属于感知阶段，信任表现为态度，而行为则表现为参与的意愿。社会认同在群体认同和情感认同两方面都对社区信任有显著作用。用户具有群体认同感表现为对社区的规范、传统、价值观等的认同，即认为自己是社区的一分子，而情感认同包含了用户对社区的情感联系和归属感。成员间的利他行为、共同的兴趣爱好，以及对社区的归属感等有利于建立网络社区的信任。社区中成员构成的同质性所形成的社会认同对社区信任具有积极影响。拥有相同的兴趣或者从事相同工作的人往往有更多共同话题，他们之间的信任也更易培养。由此推理，本书假设：

H4a：社会认同正向影响对社区成员的信任。

H4b：社会认同正向影响对社区的信任。

另一方面，社会化商务社区是一个具有一定文化基础的组织，用户对于组织文化的认同感会正向影响用户的社会商务意愿，从而激发用户的社会购物和社会分享行为。个人与社区其他成员间的积极关系是维持个人认同感的保证，这反过来促进了用户积极参与社区活动。这种现象反映了社会认同对用户社会化行为具有规制和导向作用。此外，网络社区的交互行为一般是目标导向的，但也包含努力和习惯的成分。随着时间的推移，这种习惯往往导致用户产生一些日常的程序性的行为。例如，定期查看是否有新的优惠信息或是社区好友的求助等。从习惯性行为角度来看，社会认同直接促进了用户的行为意愿。因此，本书假设：

H5a：社会认同正向影响社会购买意愿。

H5b：社会认同正向影响社会分享意愿。

1.2.1.4 社会交互

上文已经介绍，社会交互包括人人交互与人机交互。

（1）人人交互

人人交互包括了两个人之间的交互和群体交流，而群体交流更为常见，网络社区是其典型代表。社会化商务社区往往包含了大量的用户群体，用户在社区中可以通过发帖、点评、回复，或者私信、话聊等方式与社区的其他用户进行交流互动。根据用户间交互的内容层次来分，社会化商务社区中的人人交互主要包含信息交互和情感交互两种类型。

信息交互指的是社会化商务用户通过相互分享经验或直接交流的方式，获得建议和其他有用的信息，并为决策提供支持的过程。如果信息提供者可以持续为用户提供有用的信息和建议辅助其做出购物决策，用户就容易对其产生信任感。互惠性为用户提供了理性信任的基础。用户在初次信息交互之后会对社区成员的人格特质有一定的判断，成员所拥有的能力、善意和诚信会对信任意图有积极影响。社区成员间的信息交互拉近了用户间的距离，提升了彼此间的亲密度和熟悉度。这种持续的信息交互有利于奠定成员间信任的基础。

而情感交互与信息交互不同，强调的是社会交互中的情感方面。随着智能化的交互技术发展，情感交互成了网络社区人人交互的重要方面。例如，一款叫作"twika^o^"的 iOS 应用程序，提供了把用户的人物面部真实表情转化成文字表情符号的功能。用户可以通过应用读取自己的表情，或是直接使用相机拍下面部特写就能转化为有趣的颜文字，并能通过邮件、推特（Twitter）等发送给自己的好友。在情感交互的过程中，成员间会逐渐形成一种情感纽带，用以相互联系，这种关联常常超越了理性的预测。情感交互作为更高层次的人人交互形式，有助于社区成员放开顾虑去寻求其他社区成员的帮助。通过丰富的表情图片、语音信息，用户能为社区中的朋友提供关心、理解或鼓励，并间接地帮助他们克服一些困难。在情感交流的帮助下，社区成员间能够形成强烈的情感依恋。这种依恋感通过满足成员对于归属感的需求可以增强成员间的信任。因此，本书假设：

H6a：信息交互正向影响社会化商务用户对社区成员的信任。

H6b：情感交互正向影响社会化商务用户对社区成员的信任。

信息交互和情感交互是紧密联系的。信息交互通常是指认知层面的交互，频繁的交互能使用户产生内心的共鸣，这种共鸣的积累将导致交互内容扩展和交互层次的改变，即信息交互的积累将促进情感交互产生。情感交互是基于回报的交互。社区成员从信息的交流中获益时，才会开始情感上的互相交流。在双方长期、频繁和互惠的基础上用户间产生了依附情感，并导致了情感交互的出现。个人之间互动越多，相互间分享情感的可能性也就越大。因此，本书假设：

H7：信息交互正向影响情感交互。

（2）人机交互

网络时代，社会化商务用户间的社会交互更多地依赖于手机、笔记本电脑等设备以及社交应用、即时通信应用等软件应用。这些设备和软件应用是人们进行交互的直接对象。因此，人机交互也是研究社会交互必须考虑的重要因素。已有研究表明，感知交互是一个多维概念。Wu 的研究认为互动包括对控制的感知、对响应的感知和对个性化的感知[19]。对控制的感知反映了用户在使用设备和软件应用进行某项活动时的感知易用性，良好的感知控制能够调动用户参与互动行为的积极性；对响应的感知是对设备和软件应用在人机互动中提供信息的相关程度和反应速度的感知，信息的高度相关性和快速响应是提高参与互动积极性的关键因素之一；对个性化的感知是对设备或软件应用的响应信息与用户信息和个人行为的相关程度的感知，基于用户信息和个体行为特征的反馈提供个性化的用户体验，可以提高用户对交互的参与度。基于以上理解，采用感知控制、感知响应和感知个性化三个维度来反映人机交互较为符合本书的研究情景。以上三个维度从可靠性以及使用体验等方面反映社区的质量。高质量的社区会通过能力、诚实影响用户对社区的信任。社区在提高人机交互体验方面的资源和成本投入，将有助于建立用户对社区能力和诚实等的信念，提高其信任度。McKnight 等还指出加强用户间的互动可以促进用户对社区的信任程度[30]。由于在网络社区中的交流互动都是通过用户与设备和应用的直接交互完成的，用户对人机交互过程的控制感、响应度和个性化程度的感知越好，就越容易被调动起参与社区交互的积极性，进而影响其对社区的信任。因此，本书假设：

H8a：感知控制正向影响社会化商务用户对社区的信任。

H8b：感知响应正向影响社会化商务用户对社区的信任。

H8c：感知个性化正向影响社会化商务用户对社区的信任。

1.2.1.5 隐私关注

隐私关注反映了用户对自身隐私的关注程度，并对用户提供个人信息的意愿产生影响。具有较高隐私关注程度的用户可能会怀疑社区本身是否具有足够的安全性以保证他们所收集的信息不被非法访问，或是怀疑分享的信息是否未经用户同意用于其他商业目的，或是怀疑被收集信息的必要性、完整性、正确性。与面对面交流不同，对于仅在社区中交流互动的用户来说，相互的外貌、年龄等基本信息，都无法直接感知，因而存在很大的不确定性，这些不确定因素会影响用户的隐私关注程度。Malhotra 等的研究指出，互联网中的隐私关注程度对信任产生负面影响[31]。Slyke 等进一步的研究发现，隐私关注程度高的用户更容易产生对商家的怀疑心理[32]。周涛等研究了隐私关注对移动商务用户采纳行为的影响，结果发现隐私关注对信任的作用显著，而对采纳行为的直接作用不显著，这表明隐私关注是通过信任来间接影响用户行为的[33]。由于移动商务在不确定性上与社会化商务具有一定的相似性，因此该结论适用于社会化商务，本书假设：

H9a：隐私关注负向影响对社区成员的信任。

H9b：隐私关注负向影响对社区的信任。

1.2.2　研究设计

研究采用问卷调查的方法收集数据。研究模型包括 11 个变量，均使用多指标测度。为保证量表的内容效度，各指标参考或者改编自现有文献。问卷各项均采用李克特七级量表（1 代表完全不同意，7 代表完全同意）。

问卷的发放以数据的可靠性为主要出发点，采用了网络问卷发放和企业园区、市区街道随机发放相结合的方法。对于社会化商务来说，参与者必然是对社交网络有一定了解的用户，因此通过网络发放问卷的方式首先保证了参与者对社交网络有足够了解。其次，由于网络问卷在传播方式上的限制，为丰富样本来源，通过在企业园区、市区街道随机发放并收集问卷的方式，大大丰富了样本的来源，使收集的数据更具代表性。

（1）社会交互

人人交互包含两个变量：信息交互和情感交互。信息交互指成员间信息知识的交流合作，包含了信息搜寻、信息提供、信息交互和知识共享等多种活动。其在社会化商务社区中，指的是用户对平台功能、产品优劣以及促销信息的交流。情感交互测量的是用户之间情绪、情感等亲密的感情交流行为。参考 Chen 等对信息交互和情感交互的描述[20]，并结合本书研究的情境，得到如表 1.4 所示的测量指标。

表 1.4　人人交互测量指标

变　量	指　标	指标内容	参考来源
信息交互（II）	II1	我会与社区其他成员讨论该社区平台的使用功能方面的问题。	[20]
	II2	如果我在社区上看到一些促销或者折扣信息，我会分享给社区其他成员。	
	II3	当我发现好的产品或服务时，我会分享给社区其他成员。	
情感交互（EI）	EI1	当我感到失落的时候，我会向社区中的其他成员寻求安慰。	
	EI2	我愿意聆听来自社区其他成员的忧愁或快乐。	
	EI3	我不排斥与社区其他成员讨论比较私人的问题。	

人机交互属于传统交互，使用感知交互性来反映实际交互的程度。感知交互分为感知控制、感知响应以及感知个性化三个维度。感知控制被定义为系统的感知易用性。感知响应反映了系统响应用户输入的正确性、及时性。感知个性化指用户对信息系统响应与个人相关程度和适用程度的感知。测量项目参考了 Lee 等的测量指标设计[16]，并结合社会化商务的情景进行删改，得到如表 1.5 所示的指标。

表1.5 人机交互测量指标

变 量	指 标	指标内容	参考来源
感知控制 （MIPC）	MIPC1	我可以自由地不受约束地使用该社区平台。	
	MIPC2	我知道如何高效率使用该社区平台。	
	MIPC3	我可以自主有效地管理该社区平台上的信息。	
感知响应 （MIPR）	MIPR1	该社区平台会对我输入的信息进行快速响应。	
	MIPR2	该社区平台会提供与我所输入信息相关的信息。	[16]
	MIPR3	该社区平台在访问时没有延迟。	
感知个性化 （MIPP）	MIPP1	根据我的个人信息，该社区平台能了解我的需求。	
	MIPP2	根据我的个人信息，该社区平台能发现我的偏好。	
	MIPP3	根据我的个人信息，该社区平台能提供符合我偏好的信息。	

（2）信任

社会化商务社区中，用户交互的对象包括两个实体：社区的其他成员和社区平台本身。因此，社会化商务用户的信任也包括了对社区成员的信任和对社区的信任两种。对社区成员的信任程度表现为用户在多大程度上愿意承担公开分享信息带来的风险。对社区的信任是指对社区能力、善意和诚信的信任信念。对成员信任的测量指标参考了 Chen 等的研究中对成员间相互信任的指标设计[20]。对社区的信任测量指标参考了 Liang 等的设计[34]。具体如表 1.6 所示。

表1.6 信任的测量指标

变 量	指 标	指标内容	参考来源
对成员的 信任 （TM）	TM1	在和该社区中好友聊天时，我们彼此之间是坦诚的。	[20]
	TM2	在和该社区中好友聊天时，我们可以公开地分享信息。	
	TM3	在和该社区中好友聊天时，我们都会说真话。	
对社区的 信任 （TC）	TC1	该社区总能满足我的预期。	[34]
	TC2	该社区是一个不错的社交社区。	
	TC3	该社区是一个可信赖的社交社区。	

（3）隐私关注

隐私关注是指用户对涉及个人信息的机会主义行为的关注程度。信息技术的发展导致了用户在互联网上提交的信息的隐私风险增加。隐私关注测量了用户对个人信息被谁使用、用于何种途径等可能的担忧程度。本书隐私关注的测量项目参考Dinev等对于隐私关注的量表设计[35]，得到如表1.7所示的测量指标。

表1.7 隐私关注测量指标

变 量	指 标	指标内容	参考来源
隐私关注 （PC）	PC1	我担心我在该社区提交的信息可能被滥用。	[35]
	PC2	我担心别人能在该社区上找到关于我的隐私信息。	
	PC3	我担心我在该社区提交的信息会被其他人使用。	
	PC4	我担心我在该社区提交的信息会被用于我无法预知的情况。	

（4）社会认同

社会认同主要指的是个人对群体的认同感，是一种认为自己属于这个群体的心理状态。社会认同可以从认知维（cognitive dimension）、情感维（affective dimension）和评价维（evaluative dimension）三个方面来解释：认知维主要测度个人对社区其他成员的相似感知和对非社区成员的差异感知；情感维测量的是用户对于所在社区的情感投入程度，从依附感、归属感的程度来测量其忠诚度；评价维测量的是因属于该社区而产生自我评价的感知。本书社会认同的测量项目参考了 Dholakia 等对社会认同的测量指标 [36]，结合实际进行删改后得到的测量指标见表 1.8。

表 1.8　社会认同的测量指标

变　量	指　标	指标内容	参考来源
社会认同 （SI）	SI1	我在该社区中的自我形象感知和其他成员是相似的。	[36]
	SI2	我对该社区有很强的归属感。	
	SI3	我是该社区的有价值成员。	
	SI4	我是该社区的重要一员。	

（5）社会购买意愿和社会分享意愿

行为意愿是行为的动机，本书中社会购买意愿和社会分享意愿指的是用户行为中购买行为和分享行为的主观愿望和意图，测量指标参考了 Chen 和 Shen 对社会购买意愿和社会分享意愿的指标设计 [37]，具体见表 1.9。

表 1.9　社会购买意愿和社会分享意愿测量指标

变　量	指　标	指标内容	参考来源
社会购买 意愿 （SPI）	SPI1	该社区中好友的购物经验是我在购物时会考虑的因素之一。	[37]
	SPI2	在购买前我会问问该社区中好友的建议。	
	SPI3	我愿意购买该社区中好友所推荐的产品。	
社会分享 意愿 （SSI）	SII1	当该社区中好友向我咨询购买经验和建议时，我愿意告诉他 / 她。	
	SII2	我愿意与该社区中好友分享自己的购物经验。	
	SII3	我愿意推荐值得购买的产品或服务给该社区中好友。	

1.2.3　数据分析

数据分析的方法包括描述性统计分析、模型信度检验、模型效度检验与模型假设检验。

（1）描述性统计分析

研究人员将问卷发布在问卷星平台进行持续两周的数据收集，并在企业园区、市区街道等地点随机发放问卷，以丰富样本的来源。回收问卷后，首先对所有问卷进行甄别，将一些问卷（如填写不完整、所有问题答案一样的）剔除后，共得到 346 份有效问卷。调查样本中，女性占 60.4%，男性占 39.6%；75.7% 的调查对象年龄在 20～29 岁；最高学历本科及以上的占比为 81.8%。调查样本中学生和有工作经验用户的占比分别为 64.7% 和 35.3%。调查对象经常使用的社交网络前三位分别是微信、新浪微博和 QQ 空间，使用率分别为 86.7%、59% 和 40.5%。从样本分布来看，调查样本中女性比例较高，年龄层次主要集中在 20～29 岁，学生群体比例较高，高学历人群占大多数。样本分布基本符合社会化商务以年轻女性、学生群体和高学历人群为目标人群的特征。

（2）模型信度检验

信度检验考察的是测量的可靠性，内部一致性信度检验是较常用的方法。通过克龙巴赫 α 系数（Cronbach's α coefficient）衡量模型内部一致性。各变量的 α 值见表 1.10。收集的样本数据表明，情感交互（EI）α 值为 0.79，其他因子 α 值均不小于 0.8，显示了较好的信度。

表 1.10　克龙巴赫 α 系数

测量变量	α
II	0.82
EI	0.79
TM	0.85
MIPC	0.80
MIPR	0.80
MIPP	0.88
TC	0.80
PC	0.91
SI	0.85
SPI	0.83
SSI	0.85

（3）模型效度检验

测量的准确性要通过效度考察。根据 Anderson 与 Gerbing[38] 的两步法对本书模型进行验证性因子分析（confirmatory factor analysis, CFA），用来考察量表的收敛效度和判别效度。表 1.11 列出了该模型各指标对应因子的标准负载 (standardized loading)、各因子平均提取方差（the average variance extracted, AVE）及复合信度（composite reliability, CR）。从表 1.11 中可以看出，大部分指标在相应因子上的负载超过 0.7，并在 $p < 0.001$ 水平上显著，AVE 值均大于 0.5，显示指标解释了大部分的方差。CR 值大部分超过 0.8，均超过 0.7，表明了所编量表有较好的收敛效度。

表 1.11　验证性因子分析结果

因　子	指　标	标准负载	AVE	CR
信息交互（II）	II1	0.71	0.61	0.82
	II2	0.78		
	II3	0.84		
情感交互（EI）	EI1	0.76	0.56	0.79
	EI2	0.79		
	EI3	0.69		
对成员的信任（TM）	TM1	0.85	0.65	0.85
	TM2	0.78		
	TM3	0.78		
感知控制（MIPC）	MIPC1	0.70	0.59	0.81
	MIPC2	0.83		
	MIPC3	0.76		
感知响应（MIPR）	MIPR1	0.80	0.59	0.81
	MIPR2	0.78		
	MIPR3	0.70		
感知个性化（MIPP）	MIPP1	0.80	0.72	0.88
	MIPP2	0.88		
	MIPP3	0.85		
对社区的信任（TC）	TC1	0.75	0.58	0.81
	TC2	0.73		
	TC3	0.80		

因　子	指　标	标准负载	AVE	CR
隐私关注（PC）	PC1	0.75	0.74	0.91
	PC2	0.90		
	PC3	0.90		
	PC4	0.87		
社会认同（SI）	SI1	0.72	0.60	0.85
	SI2	0.73		
	SI3	0.85		
	SI4	0.77		
社会购买意愿（SPI）	SPI1	0.78	0.63	0.83
	SPI2	0.79		
	SPI3	0.81		
社会分享意愿（SSI）	SSI1	0.72	0.67	0.86
	SSI2	0.87		
	SSI3	0.86		

表 1.12 中是各因子相关系数，对角线加粗显示的是 AVE 值的平方根。从表中可以看出，各因子的 AVE 值的平方根均大于所在行和列的其他相关系数，表明判别效度较好。

表 1.12　各因子 AVE 值的平方根和因子相关系数

	II	EI	TM	MIPC	MIPR	MIPP	TC	PC	SI	SPI	SSI
II	**0.78**										
EI	0.44	**0.75**									
TM	0.42	0.70	**0.81**								
MIPC	0.28	0.44	0.51	**0.77**							
MIPR	0.17	0.34	0.42	0.57	**0.76**						
MIPP	0.25	0.29	0.32	0.38	0.52	**0.84**					
TC	0.21	0.40	0.46	0.53	0.60	0.59	**0.76**				
PC	0.01	0.01	−0.13	0.01	0.02	0.04	0.01	**0.86**			
SI	0.35	0.45	0.40	0.40	0.32	0.30	0.42	0.01	**0.77**		
SPI	0.47	0.42	0.43	0.44	0.28	0.32	0.39	0.03	0.54	**0.79**	
SSI	0.56	0.45	0.36	0.38	0.31	0.32	0.42	0.08	0.41	0.75	**0.82**

（4）模型假设验证

利用 LISREL 运算后得到的结果如图 1.2 所示。除隐私关注（PC）对社区信任（TC）系数不显著外，其他系数均在 $p < 0.05$ 水平显著。情感交互、对社区成员的信任、对社区的信任、社会购买意愿、社会分享意愿这 6 个内生变量被解释的方差（SMC）分别为 0.23、0.54、0.51、0.39、0.29。模型相关的拟合指数在表 1.13 中列出。

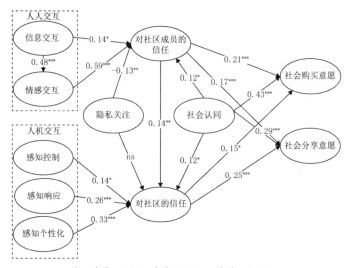

注：*表示$p < 0.05$，**表示$p < 0.01$，***表示$p < 0.001$。

图 1.2　模型因子间路径系数

表 1.13　模型拟合指数推荐值和实际值

	χ^2/df	RMSEA	NFI	GFI	AGFI	NNFI	CFI
推荐值	< 3	< 0.08	> 0.90	> 0.90	> 0.80	> 0.90	> 0.90
模型实际值	2.19	0.05	0.93	0.83	0.8	0.95	0.96

1.2.4　研究结果分析

检验结果表明，除了假设 H9b 没有得到验证，其余假设均得到支持。信息交互显著影响情感交互，两者共同作用于对社区成员的信任；感知控制、感知响应和感知个性化影响对社区的信任；对社区成员的信任影响对社区的信任；隐私关注负向作用于对社区成员的信任；社会认同影响对社区成员的信任和对社区的信任，且对社会购买意愿和社会分享意愿有显著影响；

对社区成员的信任和对社区的信任影响社会购买意愿和社会分享意愿。

（1）人人交互相关因素的影响作用

信息交互对情感交互影响较显著（路径系数0.48），两者共同影响对社区成员的信任，且情感交互对社区成员的信任影响作用更大。

首先，在社会化商务环境中，人与人交流的主要沟通方式是线上交流，而非面对面交流。区别于传统交互形式，线上交流以文字、图片等信息为载体，以信息的交互沟通实现人人交互，因此可靠信息的传播者往往更受用户信任，即信息交互会促进用户对社区成员的信任。其次，随着信息交互的不断深入，交互的内容会不断积累，并从认知层面延伸到情感层面。用户在频繁交流的过程中，往往会相互关心和理解，建立起情感上的交流互动，情感交互也由此而生。这也解释了信息交互对情感交互的积极影响作用。再次，信息交互所建立起的信任是单纯以信息的真实可靠性为基础的，而情感交互涉及面更广、更深，成员间联系更为紧密，对社区成员信任的作用也更为明显。

（2）人机交互相关因素的影响作用

感知控制、感知响应和感知个性化都会影响对社区的信任，三者对社区信任的路径系数分别为0.14、0.26和0.33。社会化商务社区是由访问同一个网站或使用同一款应用的用户群构建起来的，用户对社区的直接感知来自用户与设备及软件应用的互动。使用一个能自由、高效、自主操作的社区平台能让用户享受更好的控制感，快速响应操作、提供信息准确且没有延迟的社区平台能让用户感受到使用中的流畅感，了解用户需求并提供准确有用的产品或服务的社区平台能让用户感受到个性化定制的愉悦感。这些人机交互过程的良好感知能增加用户对社区可信特征的认识，从而提升对社区的信任感。研究结果也验证了这一观点。

此外，研究结果显示出人机交互三因素对社区信任的影响作用不同，感知个性化的影响作用最大，而感知控制的影响作用最小。这可能是因为：一方面，随着移动设备和软件应用的普及使用，它们的基本操作设计趋同，这使得用户感知的不同平台间操作难易程度的差异减小，因此感知控制对用户是否信任社区的影响也相对较小。另一方面，随着社区用户群不断扩大，用户对于内容的趋异心理产生，追求个性化的用户数量也在不断增加。以微信为例，发布朋友圈最基本的操作就是编辑文字加上图片或者视频，点击发布完成。但在细节上，背景自定义图片、各类颜文字、表情收藏、自定义昵称、好友可见选项等个性化的设计可以满足用户的趋异心理，在提升用户体验的同时增加了用户对社区的好感和信任。

（3）信任对行为意愿的影响作用

研究结果验证了从用户对社区成员的信任到用户对社区的信任的传递关系，且两者都能对用户的社会购买意愿和社会分享意愿有促进作用。基于信任传递理论，信任可以从信任对象传递到与该对象相互联系的实体。当用户信任社区某一成员时，会促使用户信任与该成员相关联的成员或所属社区。用户对某一成员的信任增强或更多受其信任的成员归属于该社区，都能增强用户对这个社区的信任感。由此来看，对社区成员的信任增加可以促进对网络社区的信任，该假设的成立是较为合理的。

此外，对社区成员的信任和对社区的信任都能促进社会购买意愿和社会分享意愿。以知名跨境电商平台"小红书"为例，它主要包括了海外购物分享社区和跨境电商福利社两个模块。海外购物分享社区包含了大量用户原创内容（user-generated content，UGC）。而跨境电商福利社则基于分享的热点，为用户提供便捷的跨境商品购买途径。用户在社区中的购买意愿主要来自社区成员分享内容。"小红书"通过对分享数据的统计分析所给出的热门商品推荐为用户决策提供了一定的辅助参考。从影响的路径系数来看，用户对社区成员的信任对社会购买意愿的影响作用更为显著，用户对社区的信任对社会分享意愿的影响作用更为显著，这可能是由于用户的分享以社区平台为媒介，其行为受到社区平台的特点和规则的影响。

（4）其他因素的影响作用

首先，隐私关注对于用户对社区成员的信任有显著的负向作用。这是由于在社会化商务社区中，交互双方往往不是面对面交互，对相互间的信息了解较少，不确定性和风险大大增加。因此隐私关注程度较高的用户因为担心自身的信息安全，不会过分相信网络社区中的成员。此外，隐私关注负向影响对社区的信任的假设未得到支持，原因可能在于以下两方面：一方面，调查样本中受访者常活动的社交网络社区包括了QQ空间、微信、新浪微博等。这些社区的服务提供商都是比较知名的企业，用户的隐私有所保障。另一方面，国家对网络信息安全的重视程度越来越高，对各网络服务提供商加强了管理，网络隐私风险问题得到了有效的控制。

其次，社会认同影响用户对社区成员和对社区的信任，且显著作用于社会购买意愿和社会分享意愿。处于同一社区群体中的成员拥有群体意识，表现为成员间的利他行为、共同的兴趣爱好，以及对社区的归属感等，这种对群体的认同有利于建立网络社区的信任。拥有相同的兴趣或者从事相同工作的社区成员往往有更多共同话题和情感上的认同，这种认同感能够拉近彼此的距离，形成相互信任的基础。此外，社会认同感会对成员产生一定的规制和导向作用，成员为了维持归属于社区群体所需的自我价值认同感会保持一些行为，最后形成习惯。而习惯对于一个人行为的影响作用是比较大的。研究结果中，社会认同对社会购买意愿和社会分享意愿的显著作用也验证了这一点。

1.2.5　结论

本书从社会交互角度对社会化商务用户信任进行了讨论分析，探索了社会交互、信任、隐私关注、社会认同对社会化商务用户行为的影响。通过上面的研究得到以下三点结论：

其一，社会交互推动了社会化商务的发展。

近年来，社会化商务在实践应用领域备受关注，社交媒体的广泛应用和社会网络规模的不断扩大，使得企业对社会化商务充满了期待，社会化商务的发展显示出广阔的前景。而实践证明了社会化商务发展与社会交互的发展密不可分。社会化商务强调以用户为中心，社会交互对社会化商务用户行为有重要的影响作用。社交媒体、社交网络促进了社会交互的发展并逐渐形成网络社区，为传播信息和进行商业活动提供了重要的场所。社区作为社会交互的载体极大扩充了社会化商务赖以生存的流量资源和用户资源，为社会化商务创造了发展的条件。

其二，社会交互是一个多维变量。

社会交互是一个复杂的变量，需要结合实际研究情景，对社会交互进行拆分，而不能笼统地将其作为一个变量进行研究。同样地，社会化商务用户行为主要包括用户购买和用户分享，需要分别研究；信任因素分为对社区成员和对社区的两种信任；而本书中未进行划分的社会认同也是一个复杂的变量。本书的结果分析表明，对复杂变量的分解有助于深入了解变量间的作用机理，以及变量的影响作用。

其三，社会交互等因素对社会化商务用户行为有重要影响。

结合文献和现实的分析，社会分享行为和社会购买行为是社会化商务用户行为的重要方面，社会交互可以分为人人交互和人机交互。本研究通过对理论模型的实证分析，验证了社会交互在人人交互和人机交互两方面分别影响社会化商务用户对社区成员的信任和对社区的信任，进而影响用户的社会购买和社会分享意愿。社会化商务用户行为还受到隐私关注和社会认同的影响作用。

1.3　社会交互对社会化商务用户体验的作用研究

社会化商务通过 Web 2.0 社交媒体技术来支持用户的在线交互，以帮助其获取产品和服务，这将显著促进交易的进行。众多企业意识到社会化商务的巨大价值，纷纷开展社会化商务。例如阿里巴巴收购新浪微博、京东与微信的合作都体现了社交与电商的融合。国内社会化商务具体来说包括以下三种类型：①以美丽说、蘑菇街等为代表的兴趣社交电商；②以爱淘宝、返利等为代表的社交导购电商；③以知乎、百度贴吧等为代表的社区论坛电商。

类似于传统电子商务，社会化商务也有不确定性和风险，包括产品不确定性、卖家不确定性等，这可能影响用户体验和交易行为。不同于传统电子商务，社会化商务的一个显著特征是社会交互。用户借助社交网络进行频繁交互，建立了较紧密的社会网络连接，这将有助于降低信息不对称风险，从而改善用户体验，促进其交易行为。因此，有必要研究社会交互对社会化商务用户体验及其行为的作用机理，从而为企业提供决策借鉴和行动指南，以使其采取有效措施改善用户体验，促进其社会化商务行为。

已有研究基于刺激-有机体-反应（SOR）模型、技术接受模型（TAM）、动机模型（MM）等理论研究了社会化商务用户行为，较少考虑用户体验的作用机理。基于此，本书将从社会交互角度考察用户体验对其行为的作用。用户体验通过流体验（flow experience）来测量，反映了用户在社区平台上从事社交活动、商务活动时全身心投入并感受到探索的兴奋和乐趣的状态。社会交互包括人机交互和人人交互两个方面。人机交互包括感知控制、感知响应、感知个性化[16]，人人交互包括相似度、专业度、熟悉度[39]，这些因素将促进用户流体验的形成，进而影响用户的购买意愿和分享意愿。研究发现，约83%的受访者倾向于与在线朋友分享购物信息，并且67%的受访者会根据在线朋友的建议做出购买决定。因此，购买和分享是用户进行社会化商务的两个重要因素，本书将考察流体验对这两个行为因素的作用。

1.3.1 研究模型与假设

社会交互指的是信息源与接受者之间的双向交流，社会交互通常发生在在线社区平台上，Liang 和 Turban 认为交互是社会化商务的一大特点[40]。Hoffman 和 Novak 认为交互可以分为人机交互和人人交互两种类型[11]，这一观点得到了众多后续学者的采用。本书也将采用 Hoffman 和 Novak 的观点，即用户不仅与社区平台进行人机交互，也与其他用户进行人人交互。

1.3.1.1 人机交互

在社会化商务时代，人们进行交互依赖于终端设备和软件，例如手机、笔记本电脑、社交软件等等，这些设备和软件成为帮助人们沟通、连接人与商品的桥梁。张凤军等的研究发现，相对于传统二维人机交互，三维人机交互能给用户提供更好的体验[41]，显示了人机交互对用户体验的重要影响。Lee 等将感知交互分为感知控制、感知响应、感知个性化和非语言信息[16]，Wu 将感知交互分为感知控制、感知响应和感知个性化[19]。本书借鉴 Wu 的观点，采用感知控制、感知响应、感知个性化三个变量来研究社会化商务背景下的人机交互。

感知控制反映了用户自主任意地使用社区平台和管理自己在平台上的信息的程度。感知控制体现了用户感知执行目标行为的容易程度，不仅反映了过去的经验，而且反映了用户预期的障碍。环境心理学研究发现，认为自己对环境有更多控制权的个体倾向于更积极地从事社交，突出了控制对于用户行为的显著作用。与传统商务形式不同的是，社会化商务会产生更多的交互，用户更注重管理自己的个人信息，保障自己的信息隐私不被泄露，感知控制是用户在使用社会化商务平台时的第一感受，良好的感知控制可以使用户自由舒畅地使用平台，提升用户使用平台时的安全感，用户在感到安全的情况下会更积极地参与活动，会投入更多的时间和精力在平台上进行交易和互动。因此，本书假设：

H1：感知控制显著影响流体验的形成。

感知响应反映了社区平台的响应速度及平台所提供信息与用户需求的相关度。即时响应是交互式通信的一个重要方面。当设备立即提供相关响应时，用户可以享受交互过程。响应的相关性和响应速度是交互性的关键方面。在社会化商务背景下，互动成为交易之外最为重要的环节，快速的响应和信息高相关度会促使用户更加投入地使用该社区平台，促进流体验形成。因此，本书假设：

H2：感知响应显著影响流体验的形成。

感知个性化反映了社区平台根据用户偏好提供个性化信息和服务。Song 和 Zinkhan 验证了网站上信息的个性化水平与交互性认知之间的线性关系[15]。个性化服务有利于用户良好体验的形成，从而为用户带来愉快的使用享受。在社会化商务环境下，用户每天会产生并且分享大量的信息，这些信息并不一定都是其他用户所需要的，因而，社区平台提供的差异化个性化服务，能够帮助用户筛选出对其有用的信息，或者针对用户的偏好推荐合适的信息，使用户在参与互动过程中获得愉悦感，从而获得更好的体验。因此，本书假设：

H3：感知个性化显著影响流体验的形成。

1.3.1.2 人人交互

随着互联网络的发展，传统的用户与系统之间的简单按需求响应的人机交互已经不能满足用户的需求，因此，用户与用户之间的人人交互成为一种新的趋势。社区平台通过拓展人人交互环节来维持用户与用户、用户与平台之间的联系，形成基于用户体验的交互信息服务新模式。Liu 等主要关注用户之间的三种人际互动，包括相似度、专业度、熟悉度 [39]。本书将采用这一分类来研究人人交互。

相似度是指社区平台上的成员品位与偏好、对产品的喜好的相似程度，根据相似理论，个体容易被与其相似的人所吸引。Al-Natour 等指出，消费者对其他成员感知的相似性有助于其享受互动 [42]。用户在使用社区平台时，会不自觉地与跟他们相似的人形成共鸣。在社会化商务环境下，用户想要获取的信息，大部分应该来自与自己有相同偏好的用户，只有在偏好相似的情况下，才会有共同话题。因此，相似度将促进流体验的形成，提高用户的愉悦程度，促使他们投入更多的精力来参与在线社区平台上的活动。因此，本书假设：

H4：相似度显著影响流体验的形成。

专业度反映了社区成员在某一领域拥有的知识和水平。专业的知识来源对于信息的接受是很重要的，人们在接受社会影响时会更愿意相信专家的观点。在线社区平台上，有一定专业度、具备较多专业知识的成员会提供有用的建议。这些专业准确的信息会减少信息的不对称和成本，用户们花费更少的精力就可以获得更准确的信息，这会显著提升他们参与社区互动的积极性，促使其花费更多的时间在社区平台上，从而带来更加愉悦的用户体验。因此，本书假设：

　　H5：专业度显著影响流体验的形成。

　　熟悉度是指社区平台成员之间的互动程度以及他们对平台上其他成员的了解程度。熟悉度反映了社交购物网站中用户的交互频率和关系强度。熟悉度可以减少不确定性，增强平台成员间的信任程度，促进交互的进行。社区平台上的用户在互动时，因彼此不一定熟悉，难以产生信任感，很难在平台上放松地交流。只有在成员感到彼此都很熟悉，仿佛朋友一样的情况下，成员参与社区平台上的活动才会更加愉悦和放松，从而促进流体验的形成。因此，本书假设：

　　H6：熟悉度显著影响流体验的形成。

1.3.1.3　流体验

　　流体验是一种沉浸式的体验，反映了单个用户在投入某种活动中时产生的兴奋感和愉悦感。当用户沉浸在某个场景中时，他们感受不到外界环境的变化，例如用户在使用在线社区平台进行购物、交流时，注意力会高度集中，感受不到时间流逝，用户将从中获得显著的愉悦感和满足感。已有文献也发现用户体验是影响其行为的一个重要因素。Holbrook 和 Hirschman 的研究显示用户消费不只是为了获取商品，还为了体验购物交互过程中的趣味感及愉悦感[43]。段菲菲等发现流体验影响用户使用手机游戏的行为[44]。Polites 等发现良好的用户体验是促进其持续使用的重要因素[45]。Richard 和 Chandra 的研究显示流体验正向影响用户购买意愿[46]。因此，本书假设：

　　H7：流体验显著影响用户的购买意愿。

　　H8：流体验显著影响用户的分享意愿。

　　研究模型如图 1.3 所示。

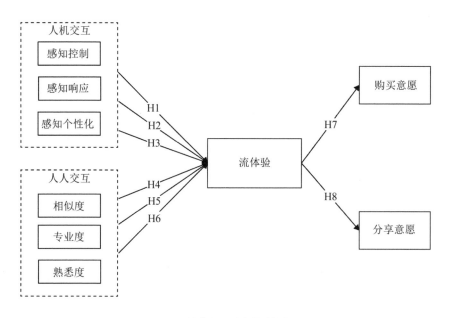

图 1.3　社会交互对流体验的作用

1.3.2　数据收集与分析

（1）数据收集

研究模型包括 9 个变量，所有测量指标均来自已有文献，以提高量表的内容效度。表 1.14 列出各变量测量指标及其来源，所有指标均采用李克特五级量表进行测量。问卷编制完成后，由相关专业人员审核，然后根据其建议对问卷进行修改，以提高问卷的可读性和易理解性。

数据通过问卷星平台收集，邀请那些具有社会化商务购买经验的用户填写问卷。在筛除无效问卷（没有社会化商务购买经验的用户）后，共得到有效问卷 287 份。其中男性用户比例为 50.9%，女性用户比例为 49.1%，77.7% 的用户在 20 ～ 29 岁，82.9% 的用户使用在线社区平台一年以上，77.4% 的用户具备大学本科及以上学历，常用的在线社区平台主要包括新浪微博、微信、小红书、蘑菇街等等。

表 1.14　变量及测量指标

变　量	指　标	内　容	来　源
感知控制 （PC）	PC1	我可以自主任意地使用该社区平台。	[16]
	PC2	我知道如何高效率使用该社区平台。	
	PC3	我可以根据需求自主有效地管理在该社区平台上的信息。	
感知响应 （PR）	PR1	该社区平台会对我输入的信息进行快速响应。	[16]
	PR2	该社区平台会提供与我所输入信息相关的信息。	
	PR3	该社区平台在访问时没有延迟。	
感知个性化 （PP）	PP1	根据我的浏览和购买记录，该社区平台能了解我的需求。	[16]
	PP2	根据我的浏览和购买记录，该社区平台能发现我的偏好。	
	PP3	根据我的浏览和购买记录，该社区平台能推荐个性化的信息。	
相似度 （PS）	PS1	关于产品的品位，我与该社区平台的一些成员相似。	[39]
	PS2	关于产品的偏好，我与该社区平台的一些成员相似。	
	PS3	关于产品的样式，我与该社区平台的一些成员相似。	
专业度 （PE）	PE1	该社区平台的一些成员对产品非常了解。	[39]
	PE2	该社区平台的一些成员是产品方面的专家。	
	PE3	该社区平台的一些成员在产品方面经验丰富。	
熟悉度 （PF）	PF1	我与该社区平台的成员比较熟悉，就像好朋友一样。	[39]
	PF2	我与该社区平台的成员频繁互动。	
	PF3	我与该社区平台的成员保持密切联系。	
流体验 （FE）	FE1	在该社区平台上交流很有趣。	[39]
	FE2	使用该社区平台时，我感受到探索的兴奋。	
	PE3	使用该社区平台时，我沉浸其中。	
购买意愿 （PI）	PI1	当我想要购物时，我会考虑该社区平台成员提供的购买经验。	[37]
	PI2	当我想要购物时，我会请其他成员提供他们的建议。	
	PI3	当我想要购物时，我愿意购买该社区平台成员推荐的产品。	

续 表

变　量	指　标	内　　容	来　源
分享意愿 （SI）	SI1	当该社区平台成员向我咨询购买经验和建议时，我愿意告诉他。	[37]
	SI2	我愿意与社区平台的成员分享我的购物经验。	
	SI3	我愿意推荐值得购买的产品给该社区平台的成员。	

（2）测量模型分析

对测量模型进行验证性因子分析，结果见表1.15。各变量的克龙巴赫 α 系数均大于0.7，说明量表信度较好。AVE值均大于0.5，CR值均大于0.7，大部分指标的标准负载大于0.7，显示效度较好。

表1.15　验证性因子分析结果

因　子	指　标	标准负载	AVE	CR	α
感知控制 （PC）	PC1	0.77	0.54	0.78	0.78
	PC2	0.70			
	PC3	0.71			
感知响应 （PR）	PR1	0.82	0.56	0.79	0.79
	PR2	0.73			
	PR3	0.68			
感知个性化 （PP）	PP1	0.78	0.63	0.83	0.83
	PP2	0.78			
	PP3	0.80			
相似度 （PS）	PS1	0.82	0.63	0.84	0.84
	PS2	0.78			
	PS3	0.78			
专业度 （PE）	PE1	0.75	0.60	0.82	0.82
	PE2	0.78			
	PE3	0.78			
熟悉度 （PF）	PF1	0.89	0.77	0.91	0.91
	PF2	0.86			
	PF3	0.88			

续　表

因　子	指　标	标准负载	AVE	CR	α
流体验 （FE）	FE1	0.79	0.60	0.82	0.82
	FE2	0.77			
	FE3	0.74			
购买意愿 （PI）	PI1	0.76	0.54	0.78	0.77
	PI2	0.68			
	PI3	0.75			
分享意愿 （SI）	SI1	0.78	0.59	0.81	0.81
	SI2	0.75			
	SI3	0.76			

（3）结构模型分析

研究采用 LISREL 软件进行结构模型分析，结果如图 1.4 所示，表 1.16 列出了模型拟合指数，除了 GFI 略低于推荐值，其他拟合指数都在推荐值范围之内，显示该模型具有良好的拟合度。流体验、购买意愿和分享意愿被解释的方差比例分别是 69.6%、63.1% 和 49.2%。

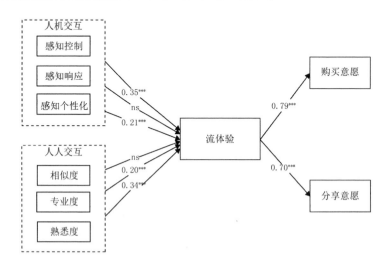

注：***表示$p<0.001$；ns表示不显著。

图 1.4　LISREL 估算结果

表 1.16　模型拟合指数推荐值和实际值

	χ^2/df	GFI	AGFI	CFI	NFI	NNFI	RMSEA
推荐值	< 3	> 0.90	> 0.80	> 0.90	> 0.90	> 0.90	< 0.08
实际值	1.57	0.89	0.86	0.98	0.96	0.98	0.04

1.3.3　讨论

研究结果如图 1.4 所示，除 H2 与 H4 外，其他假设都得到支持。感知控制、感知个性化、专业度、熟悉度对流体验的形成有显著影响，流体验对用户购买意愿、分享意愿有显著影响。因此，在线社区平台需要注重为用户提供更具有操控性、个性化更强的服务。例如淘宝、蘑菇街、唯品会等，用户在使用这些社区平台的时候会更加关注是否能够自主有效管理自己在平台上的信息，是否能够方便使用，社区平台能否在为用户推荐个性化服务的同时推荐的又是他们所需要的产品。用户在使用时感到便捷舒适，容易沉浸其中，从而在使用在线社区平台时会获取流体验。

专业度、熟悉度是社区平台上人人交互的重要变量，因此，在线社区平台应该注重增强用户之间的交流，培养用户之间的熟悉度，以便促进用户获取流体验。例如知乎、百度贴吧等在线社区平台，用户在使用时更注重彼此之间的熟悉程度以及对方的专业程度，在与对方很熟悉的时候，用户会更加放松地使用在线社区平台，从而更易形成流体验。流体验对于购买意愿和分享意愿都具有较强的作用，这个结果与已有文献是一致的。韩贵鑫的研究显示流体验会影响用户的购买行为[47]。这表明流体验的产生可以促进用户的消费行为，从而为在线社区平台提供经济收益，而分享意愿可以促进在线社区平台在人群中的传播，便于品牌的推广和市场的拓展。因此，用户体验对于社会化商务平台的成功至关重要。

假设 H2 与 H4 未得到验证，这说明感知响应、相似度不会促进流体验的产生。这与已有研究相反，例如 Novak 等的研究显示感知响应速度对交互作用有显著影响[48]，文鹏和蔡瑞的研究显示系统显示的内容会显著影响用户的使用意愿[49]。在人机交互方面,响应速度对流体验无显著影响,原因可能是流体验的形成主要受在线社区平台提供的内容影响,用户往往被平台内容吸引,而对于在搜索内容时系统的响应速度要求不高,即使系统响应较慢,但是只要能提供吸引用户的信息,用户仍然会沉浸其中,从而产生流体验。另外,随着网络通信技术的发展,在线社区平台的软硬件设施得到显著增强,系统响应速度普遍较快,因此用户不再认为系统的响应速度是影响他们沉浸其中的关键因素。

在人人交互方面,相似度对流体验无显著影响,这表明用户在社区平台上并不会被与自己相似的人所吸引,原因可能是他们在在线社区平台上交流主要是为了获得自己想要的信息,这些信息主要是通过更专业的人士和彼此相互熟悉的人来获取的。与他们有相似偏好的人,并不能保证提供用户所需要的信息。

1.3.4　结论

由于社会化商务包含的不确定性和风险,用户体验可能较差,进而影响其交易和分享行为。本书考察了社会交互对用户体验及其行为的作用。研究发现,感知控制、感知个性化、专业度、熟悉度对流体验具有显著作用,进而影响其购买意愿和分享意愿。研究没有发现感知响应和相似度对流体验的作用。

研究结果对社会化商务企业具有以下启示:首先,社会化商务企业应高度重视平台的人机交互设计,重点关注平台的可操控性、个性化服务等方面。通过优化页面设计和导航、向用户推送个性化信息和服务等,减少其信息搜寻和获取成本,促进用户获得良好体验。例如平台可通过移动位置服务,根据用户的地理位置和偏好实时向其推送个性化信息,这将有助于改善用户体验。其次,社会化商务企业也应重视促进用户之间的交互,通过各种措施如组织线下活动增进用户熟悉度、推选意见领袖体现专业度等,构建出一个可信的社区氛围,为用户获得良好的交互体验提供支持。

再次，用户体验是影响其社会化商务行为的重要因素。社会化商务企业需要通过各种措施包括促进社会交互来改善用户体验，进而促进其购买和分享行为，从而确保社会化商务的成功。

1.4　社会交互对社会化商务隐私风险的作用研究

社交媒体的广泛应用给用户提供了一个自由开放的平台，通过该平台用户将自己原创的内容展示或者分享给其他用户，从而实现个体间多元化的交互并产生社会价值。商家也高度重视用户在社交媒体所分享的购物经历及心得，试图借助用户之间的社会关系网络来促进它们的产品销售。在此情境下，社会化商务模式应运而生。

社会化商务是传统电子商务的延伸，它基于社交网络将消费者连接在一起，以促进他们的发现、分享、推荐、评论和购买行为。社会化商务可以分为以下三类：一是基于社区的社会化电子商务，例如新浪微博旗下的二手交易平台——微跳蚤。二是基于电子商务网站构建社区，例如 Amazon（亚马逊）与 Facebook 合作，在产品页面添加了喜欢和最喜欢等社交推荐功能。三是第三方社会化电子商务平台，例如美丽说、小红书等。截至 2018 年 4 月 15 日，小红书在全球拥有 9600 多万名注册用户，显示了社会化商务巨大的市场潜力。

与此同时，社会化商务的快速发展也带来了许多新的问题，例如信息隐私问题。借助于社交媒体，社会化商务企业收集了用户的大量信息，包括个人信息、位置信息、交易信息等，通过这些信息，企业可以为用户提供更为精准的服务，满足用户的个性化需求，但同时也引发了用户对于信息隐私的担忧。用户担忧自己的信息是否被企业合理地收集和使用，企业是否会未经用户许可与第三方分享其个人信息等。例如，2018 年 3 月，Facebook 爆出史上最大规模数据泄露事件，超过 5000 万名用户的账户信息遭第三方数据公司违规滥用，引发了国内外用户对信息隐私安全的高度关注。此外，用户还担心自己发布的信息是否会被平台其他用户不当使用和扩散。已有文献发现用户对隐私的担忧显著影响其交易意愿和行为。基于此，本书将基于隐私权衡视角，综合考察隐私风险和社会回报对社会化商务用户行为包括分享和购买的作用机理，分析隐私保障（包括隐私政策、隐私设置）和社会交互（包括信息交互、情感交互）对隐私风险的影响。研究结果将为社会化商务企业提供决策借鉴和参考，它们可据此采取有效措施缓解用户隐私风险，促进其社会化商务行为。

1.4.1　研究模型与假设

随着社会化商务的快速发展，国内外学者对社会化商务用户行为问题进行了多角度研究。有学者基于信任理论，认为四个变量包括熟悉、感知的相似性、结构保证和信任倾向正向影响用户对社区其他成员能力和诚实的信任，进而影响用户的购买意愿。网络口碑也是影响社会化商务用户行为的一个显著变量。网络口碑的可信度将影响用户购买意愿。其他研究从感知价值视角分析了影响用户购买实体商品和虚拟商品的因素的差异。此外，已有研究发现网站设计、消费者自身特征、网站内容正向影响社会化商务用户体验，继而对其行为产生显著影响。从这些文献可以发现，已有研究主要考察了促进社会化商务用户行为的正面因素，包括信任、感知价值、用户体验等，而忽视了负面因素如隐私风险对用户行为的阻碍作用。考虑到社会化商务中存在的显著隐私风险，有必要考察其对用户行为的作用机理。

1.4.1.1　隐私权衡

社会化商务用户一方面感知到披露信息带来的隐私风险，并对信息的安全性表示担忧，另一方面又采用位置服务、通信录等功能在社区中分享个人信息以获取沟通的便利及情感连接，这反映了用户对于成本（隐私风险）和收益（社会回报）之间的权衡（trade-off）。当用户感知披露个人隐私带来的风险大于其所能得到的回报时，他们往往会拒绝使用某项功能或服务，反之他们才会考虑使用该功能或服务。基于此，本书将基于隐私权衡视角，从隐私风险和社会回报两个方面来考察社会化商务用户行为，包括分享意愿和购买意愿。

网络社区的虚拟性使得其包含显著的不确定性和风险，这在社会化商务环境下显得尤为突出。用户所感知的隐私风险可能来源于信息的不当收集和使用，比如在线追踪记录、第三方机构贩卖用户个人信息等。由于运营商和网络社区的不可控性，在与第三方共享个人信息或者交易过程中，用户感知到的隐私风险会使其产生抵触披露心理，造成用户对该产品或服务持消极态度。因此，本书假设：

H1：隐私风险对用户的分享意愿有显著的负向影响。

H2：隐私风险对用户的购买意愿有显著的负向影响。

社会回报（social rewards）指的是用户从与他人互动中获得的愉悦感、成就感以及满足感。Jiang 等提出社会回报是权衡隐私利弊的积极的一面，且可以促使用户更多地自我披露[50]。用户通过社会化商务平台上传个人信息，可以使自己的身份更好地被他人识别并扩大社交圈，从而获得认同感和归属感。在社交网络上，当用户通过交互获得这种非物质回报时，他们往往会保持或提高交互频率。例如，蘑菇街的博主分享了自己的穿搭教程及购买链接，获得的人气对其下一次的更新是一种正向的激励。同样，用户也会因在与博主或者其他用户互动中产生对商品强烈的认同感，继而去购买博主或其他用户推荐的商品。因此，本书假设：

H3：社会回报能够促进用户的分享意愿。

H4：社会回报能够促进用户的购买意愿。

1.4.1.2 隐私保障

隐私保障（privacy assurances）反映了用来确保信息隐私安全的制度机制，包括隐私政策和隐私设置。隐私政策是平台发布的声明，用以告知用户个人信息如何被搜集、使用以及与第三方共享的情况。企业高度重视隐私政策的使用。2018 年 5 月，谷歌推出了新的隐私政策，更新了隐私文档的语言和导航，并提供了视频和插图，以便让用户更清楚地了解它如何收集和存储用户信息，以及如何访问并删除这些信息，并向所有谷歌账户持有人发送电子邮件以解释该政策，获得了用户的一致好评。Wirtz 等发现明确清晰的隐私政策能够增加用户对信息安全的信心，降低其对隐私关注的程度 [51]，Zviran 的研究也表明，隐私保护技术如隐私政策的采用，能够减轻用户的隐私顾虑 [52]。社会化商务网站发布的隐私政策内容越全面、越易懂，反映出其对用户信息保护的承诺越重视，这将建立用户对该平台的信任，降低其对隐私风险的担忧。因此，本书假设：

H5：隐私政策会降低用户对隐私风险的担忧。

同样，社会化商务平台纷纷出台隐私政策的最终目的，是给用户提供更好的分享及购物体验，让他们更放心地在平台上与其他成员互动及购物。Xu 等认为感知的隐私政策有效性能够增强用户对隐私的感知控制 [53]，即通过该政策用户知晓自己将被收集信息的种类及用途。感知控制可以帮助用户在参与该社区时，避开使用那些要求收集敏感信息或者与第三方共享信息的功能，而是选择在自己喜欢的功能板块与其他用户互动，从而缓解了社会交互过程中披露个人信息引发的不适，间接地增强了愉悦感。因此，本书假设：

H6：隐私政策有助于用户获取社会回报。

隐私设置指的是社会化商务平台提供的让用户管理自己的主页以及设置来访人员群组等的功能。许多用户意识到了隐私空间边界问题，通过隐私设置的方式来实现隐私保护，对隐私空间边界的管理缓解了其对隐私的顾虑。用户可以设置分组进行互动，在使用 LBS（location-based services，基于位置的服务）功能发布状态时仅设置对一部分人可见，这样的隐私设置能够有效保护用户的信息隐私不被陌生人访问，减少了用户对信息泄露的担心。同样，隐私设置让用户感知内容得到了较好的控制，进而促进了与其他特定用户的交互，这种情况在小群体中更加显著。例如，喜欢日系美妆的用户只会在日系分组里发布自己的使用体会，并与同样喜欢该系列产品的好友交流使用效果并推荐其购买，这样不仅增加了经验值也获得了成就感。因此，本书假设：

H7：隐私设置会降低用户对隐私风险的担忧。

H8：隐私设置有助于用户获取社会回报。

1.4.1.3 社会交互

社会交互指的是信息接收者根据信息和信源进行的双向反馈。社会交互反映了借助信息传播达到成员间彼此关联的动态过程。它的主体是个体和个体、个体和群体或者群体和群体，通过主体间不断地接受和反馈信息来实现该关联。信息交互和情感交互是社会交互的两个主要变量。

信息交互指的是用户之间关于知识、经验等的交流和互动。研究表明，信息的特性如信息质量、信息分散度、社群影响等会影响社会化商务用户的购物意愿。一般而言，大多数用户关注的个人隐私风险主要来源于其他用户和该社区平台。如果信息提供者（该平台的其他用户）可以持续为用户提供有用的信息和建议辅助其购物决策，用户将提升对这些成员的好感度，缓解其对隐私的戒备心理。此外，如果平台能够提供一个可靠的环境，提高平台的信息质量，这将保障和促进用户的信息互动及购物意向，缓解其对隐私风险的担忧。因此，本书假设：

H9：信息交互会降低用户对隐私风险的担忧。

不同于传统电子商务主要由网站单向发布信息，社会化电子商务强调用户生成内容，并通过互动进行信息扩散。从信息交换的角度来看，互动本身也是用户交互能力的体现。针对同样的问题，不同的用户会用不同的途径去寻求解决方案。比较而言，圈子广、关注社区多的用户在同等情况下会得到更多的反馈信息。通过用户之间的信息交互，可以影响到他人的认知和行为，进而给自己提供了更多的选择和建议。因此，本书假设：

H10：信息交互有助于用户获取社会回报。

情感交互指的是用户之间关于情感例如鼓励、支持、安慰等的交互。虽然不像信息交互提供的有价值信息那样可以直接帮助解决问题，但情感交互将有助于建立用户的情感信任，这将影响其感知风险和采纳意愿。成员不仅通过线上媒介进行信息交流和情感传递，也可在线下面对面敞开心扉，其交互主题可以包括兴趣爱好、人生规划等，这些都有助于降低用户对隐私风险的担忧。因此，本书假设：

H11：情感交互会降低用户对隐私风险的担忧。

情感交互给用户带来归属感，提升社区成员间的亲密度，从而使其更加沉浸于网络社区，并做出积极的行为反馈。得到互动回应的双方，会更乐于进一步沟通。社会化商务平台结合了社交媒体和电子商务，充分发挥了人与人情感交互的作用。某种程度上，社会回报是情感交互的目的。此外，频繁的信息交互将有助于用户之间的情感连接和良好关系的建立。从某种程度上而言，信息交互是情感交互的基础。因此，本书假设：

H12：情感交互有助于用户获取社会回报。

H13：信息交互正向影响情感交互。

研究模型如图 1.5 所示。

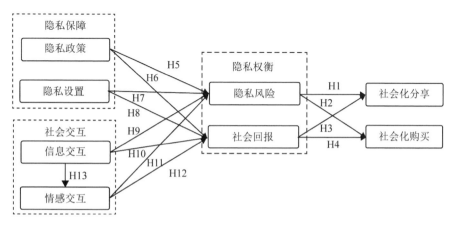

图 1.5　社会交互对隐私风险的作用

1.4.2 数据收集

研究模型包括 8 个变量，其中隐私保障包括隐私政策和隐私设置，社会交互包括信息交互和情感交互，隐私权衡包括隐私风险和社会回报，用户行为包括社会化分享和社会化购买。各变量的测量指标及其来源见表 1.17。问卷内容均采用李克特五级量表。

研究通过在线问卷调查网站"问卷星"收集数据，调查样本包括学生、企业职员、公务员、教师等。问卷通过微信、QQ、微博等进行传播填写，调查时间持续 45 天，共获取 411 份答卷。在对回收的问卷进行整理筛除后（例如筛选掉没有社会化商务使用经历的问卷、所有题项选择相同答案的问卷等），共计得到 300 份有效问卷。其中，男性用户比例为 45.7%，女性为 54.3%；年龄在 20 ～ 30 岁（不含）、30 ～ 40 岁（不含）、40 ～ 49 岁的调查对象所占比例分别是 33%、29.3% 和 18%；最高学历本科及以上的比例为 77%。用户所用的社交网络前三位分别是微信、新浪微博和 QQ 空间，使用率分别为 84.3%、39.3% 和 32.3%。

表 1.17　测量指标及其来源

变　量	测量项	指　标	来　源
隐私政策 （PP）	PP1	该社区平台的隐私政策承诺保护用户个人信息。	[53]
	PP2	通过该社区平台的隐私政策，我相信个人信息将得到有效保护。	
	PP3	我认为该社区平台的隐私政策是有效的。	
隐私设置 （PE）	PE1	该社区平台通常提供隐私设置功能来保护我的信息隐私。	[54]
	PE2	隐私设置保护了我的个人信息隐私不被社区其他成员获取。	
	PE3	通过这些隐私设置，我相信我所发布的内容将得到保护。	
信息交互 （II）	II1	我会与该社区成员讨论平台的功能使用方面的问题。	[20]
	II2	如果我看到一些促销或者打折信息时，我会分享给该社区其他成员。	
	II3	当我发现好的产品或服务时，我会分享给该社区其他成员。	

续 表

变 量	测量项	指 标	来 源
情感交互 （EI）	EI1	当我感到低落的时候，我会向该社区好友寻求慰藉。	[20]
	EI2	我愿意倾听来自该社区成员的喜怒哀乐。	
	EI3	我不排斥与该社区成员讨论比较私人的问题。	
隐私风险 （PR）	PR1	在该社区平台上发布信息会带来很大的隐私损失。	[53]
	PR2	我的信息会被该社区其他成员不恰当地使用。	
	PR3	在该社区平台上发布信息会涉及很多意想不到的问题。	
社会回报 （SR）	SR1	在该平台上发布动态会在某种程度上满足我的社会需求。	[54]
	SR2	在该平台上发布动态可以帮助我和其他成员建立良好的人际关系。	
	SR3	在该平台上发布动态会让我获得满足感。	
社会化分享 （SSI）	SSI1	当该社区成员向我询问购买建议时，我愿意给他们提供参考。	[34]
	SSI2	我愿意与该社区成员分享自己的购物经验。	
	SSI3	我愿意推荐满意的产品或服务给其他社区成员。	
社会化购买 （SPI）	SPI1	该社区其他成员的购物经验是我在购物时考虑的因素之一。	[34]
	SPI2	在购物之前我会寻求该社区其他成员的一些建议。	
	SPI3	我愿意购买社区其他成员推荐的产品。	

1.4.3 数据分析

首先，进行验证性因子分析，结果见表1.18。各指标的标准负载大于0.7，AVE均在0.5以上，CR和α值均在0.7以上，显示了良好的信度和效度。

其次，采用LISREL软件分析结构模型，路径系数如图1.6所示，部分拟合指数见表1.19，除了GFI，其他拟合指数实际值均优于推荐值，显示了较好的拟合优度。

表 1.18　验证性因子分析结果

因　子	指　标	标准负载	AVE	CR	α
隐私政策（PP）	PP1	0.75	0.59	0.81	0.81
	PP2	0.82			
	PP3	0.74			
隐私设置（PE）	PE1	0.81	0.61	0.82	0.82
	PE2	0.81			
	PE3	0.71			
信息交互（II）	II1	0.75	0.61	0.82	0.82
	II2	0.78			
	II3	0.81			
情感交互（EI）	EI1	0.78	0.63	0.84	0.84
	EI2	0.82			
	EI3	0.79			
隐私风险（PR）	PR1	0.71	0.59	0.81	0.81
	PR2	0.84			
	PR3	0.74			
社会回报（SR）	SR1	0.80	0.57	0.80	0.80
	SR2	0.71			
	SR3	0.75			
社会化分享（SSI）	SSI1	0.80	0.68	0.86	0.86
	SSI2	0.85			
	SSI3	0.81			
社会化购买（SPI）	SPI1	0.83	0.68	0.86	0.86
	SPI2	0.86			
	SPI3	0.78			

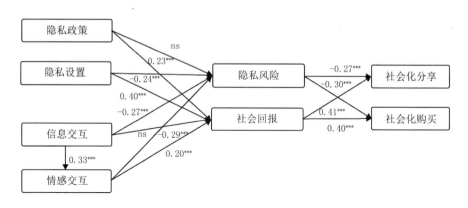

注：***表示$p<0.001$；ns表示不显著。

图1.6　LISREL 估算结果

表1.19　模型拟合指数推荐值和实际值

	χ^2/df	GFI	AGFI	CFI	NFI	NNFI	RMSEA
推荐值	< 3	> 0.90	> 0.80	> 0.90	> 0.90	> 0.90	< 0.08
实际值	1.58	0.85	0.81	0.95	0.93	0.94	0.07

1.4.4　讨论

图1.6显示的分析结果表明，除了H5和H10不成立，其他假设都得到了显著支持。隐私风险对用户分享和购买意愿有显著的负向影响。与之相反，社会回报能够显著促进用户的分享和购买行为。隐私保障方面，有效的隐私政策和设置有助于用户获取交互中的社会回报，其中隐私设置会减弱用户对隐私风险的担忧。社会交互方面，信息和情感交互会显著减弱用户对隐私风险的担忧，而情感交互会促进用户获取社会回报。此外，信息交互也显著影响情感交互。

在影响隐私风险的因素中，隐私设置的路径系数是 −0.24，信息交互的系数是 −0.27，情感交互的系数是 −0.29。数据显示情感交互对隐私风险影响较大。情感交互反映了用户间的深层次交互，这种交互的过程建立并维持成员的人际关系，包括情感信任。在同一话题或者爱好的互动中，用户出于对成员的彼此信任往往很大程度上忽视了个人的隐私风险，而一旦这种信任被打破，隐私风险的危机感便出现了。

在影响社会回报的因素中，隐私政策的路径系数是 0.23，隐私设置的系数是 0.40，情感交互的系数是 0.20，表明隐私设置对社会回报的影响较大。隐私设置使得用户对于个人信息隐私具有较强的控制，即信息隐私的可见群体是依照社会化商务用户的偏好来设定的，用户可以随时根据兴趣点变化来更改自己的隐私设置内容。Milne 和 Boza 的研究也发现，当用户对个人信息的控制能力较强时，会减少其对信息隐私的关注[55]。这将有助于用户间的互动和良好关系的建立，获取其预期的社会回报。

隐私风险及社会回报对用户的分享和购物意愿有显著影响，表明用户会进行隐私权衡，综合考察隐私收益和成本来进行行为决策。隐私风险到社会化分享和社会化购买的路径系数分别是 −0.27、−0.30，社会回报到社会化分享和社会化购买的路径系数分别是 0.41、0.40，显示社会回报对用户行为的作用更大。这个结果可以用展望理论（prospect theory）来解释，其中两个基本原理分别是确定效应（大多数人在面临获利的时候是风险规避的）和反射效应（大多数人在面临损失的时候是风险喜好的）。在社会化商务平台披露一定的个人信息带来的个性化服务、愉悦感是确定的，用户愿意采取行动来获得这种内心期望的社会回报；而这其中的隐私风险却是不可预测的，即使用户事先感知到了风险的存在也会选择"赌一把"。

隐私政策对隐私风险的作用不显著，这可能是由于用户对于隐私政策这一概念关注较晚并且重视程度不高，而且许多社会化商务平台在隐私政策的制定上也模糊不清，使得用户无法从中获取足够的信息来缓解隐私风险。典型例子是近十年来，Facebook 饱受利用、侵犯用户隐私的指责，它的做法是不断调整线上产品，修改、制定新的隐私政策，以缓解用户隐私忧虑。

信息交互对社会回报的作用不显著，可能的原因是信息交互的主要目的是获得建议或者分享经验，它并不能直接给用户带来情感上的回报，只有在长久的信息交互中加深用户间的情感联系，才能给用户带来社会回报，即信息交互通过情感交互间接影响社会回报。

1.4.5 结论

从隐私权衡视角，本书研究了社会化商务环境下隐私风险对用户行为的作用机理。研究发现隐私保障（包括隐私政策、隐私设置）和社会交互（包括信息交互、情感交互）显著影响隐私风险和社会回报，进而决定社会化商务用户的分享、购买行为。

本书的研究结果对社会化商务企业具有以下启示：

首先，在隐私保障方面，隐私政策内容往往冗长繁杂，用户对隐私政策的许多专业术语并不了解，或者是隐私设置选项过于复杂，造成用户的使用困惑。因此企业需要精简隐私政策内容，建立统一的、易理解的描述规范，提高隐私政策的可读性。此外，需要完善隐私设置方案，从而增加用户感知控制，减少其对隐私风险的忧虑。

其次，在社会交互方面，社会化商务平台中信息交互形式较单一，大多以文字、语音、图片等为载体，用户彼此间缺乏深入的情感交互。因此平台需要在交互形式上进行创新，比如采用虚拟现实（VR）、增强现实（AR）等技术促进用户间的情感沟通和交流。

再次，尽管隐私风险对用户行为影响显著，但用户往往更加看重服务带给他们的社会回报，因而社会化商务企业应开发出更多符合用户需求的产品及服务，比如更准确的推荐、更流畅的操作体验、更完善的互动平台，让用户感受到回报收益的切实可得，从而促进其社会化商务行为。

2 专业型在线社区用户知识贡献行为研究

2.1 开源软件社区用户知识贡献行为研究

近年来，作为商业软件重要补充的开源软件（open source software，OSS）得到了企业的广泛应用。淘宝网站架构从操作系统到 PC 服务器再到数据库，开源软件都在其中发挥着举足轻重的作用。偏好商业软件的苹果和微软，也开始接受开源软件的理念并积极采用。开源软件凭借自身开放、共享、共创等特点，为很多公司青睐，并被深入运用到其自身的商业活动中。开源软件的发展正逐渐由个人自发行为向企业主导行为转变。

开源软件开发过程大致如下：开源项目发起者根据相关协议在互联网上发布开源项目细节，世界各地对此项目有兴趣的开发者可以随时随地在互联网上对此项目进行开发，再由项目发起者选出符合项目要求的代码作为该开源项目的最终代码。后继开发者和使用者可以继续在已有开源代码的基础上完善源代码并按照协议共享、使用该开源代码。由此可知，开源软件的创作需要交流的平台——开源软件社区，也是开源软件的承载平台。在 2017 年工业和信息化部发布的《大数据产业发展规划（2016—2020 年）》中，"开源"一词被提及 10 次，鼓励企业积极参与大数据开源项目。这意味着，开源软件和开源软件社区的发展已经引起了政府的重视。

开源软件一时间掀起了发展的热潮，各大 IT 公司纷纷拥抱开源软件，这其中最广为人知的是安卓系统。所有智能手机制造商（除苹果公司和微软公司）都可以按照协议使用安卓系统。近十年来，随着中国互联网公司的迅速发展，很多国内公司和个人也参与到开源软件社区的活动中，为开源软件社区做出了一定的贡献。但是，更多的公司和个人很大程度上只是利用开源软件获取利益，而并没有根据协议完善开源软件代码并共享，这将削弱开源软件作者的创造力和积极性，影响开源软件的良性发展。因此，如何促进用户对开源软件社区做出贡献，从而促进开源软件和开源软件社区的良性发展，是一个亟须解决的问题。

开源软件社区（OSS 社区）是发布开源项目、讨论优化开源代码、寻找开源项目潜在用户的平台，知名的开源软件社区有 GitHub、Stack Overflow、SourceForge 等。在社区内，用户可以对感兴趣的开源项目进行维护和再次开发，促进开源项目的良性发展，同时也促进开源软件社区的持续运营。目前，很多企业和个人仅在开源软件社区中获取利益，而不做出实际贡献，这将不利于开源软件和开源软件社区的发展。相对于知名的开源软件社区，很多其他社区面临用户活跃度低、优质的开源项目缺乏、开源项目疏于维护等问题，生存环境不容乐观，其中用户的知识贡献是确保开源软件社区成功运营的关键因素。综上所述，开源软件社区的运营者亟须了解用户知识贡献行为的影响因素，以便制定相应措施提高用户的贡献意愿，促进开源软件社区的持续发展。

已有文献对开源软件社区的研究主要集中在计算机和软件领域，从管理角度进行的实证研究很少，并且已有的实证研究多采用计划行为理论等，主要关注用户个人因素对其贡献行为的影响，而忽视了社区及其他用户对单个用户行为的作用以及社区环境、用户和认知之间的交互作用。开源软件社区是由拥有共同目标、共同项目、共同兴趣爱好的成员组成的虚拟社区。作为社区的一员，单个用户的知识贡献行为将受到社区和其他成员的显著影响，即社会影响。而社区环境、用户行为以及用户个人认知三者之间的相互作用也会影响开源软件社区用户的知识共享意愿和共享行为。本书运用实证研究的方法深入探索了开源软件社区用户贡献的影响因素，研究具有以下理论意义：首先，本书从管理角度对开源软件社区用户贡献行为进行实证研究,为开源软件社区用户行为研究提供了定量研究的新思路;其次,本书基于社会影响理论和社会认知理论,研究了开源软件社区用户贡献行为机理,这将丰富开源软件社区理论研究成果。

2.1.1　开源软件及开源软件社区

开源软件是一种不分国籍、性别、种族等因素,鼓励所有个人和团体参与开发、修改、维护,并以源代码的形式再发布的,以开源软件许可协议作为行动标准和保证的、区别于传统商业软件的软件。开源软件允许使用者在遵循原始开源软件附带协议的条件下使用在任何领域(包括商业用途),并且再发布时不得对开源软件添加超出原始开源软件附带协议的任何附加条款。在开发者参与开源软件程序再编译或者派生源程序后,必须将自己修改后的程序用不同的版本号与原始程序进行区分。

开源软件社区是开源软件开发的平台,是开源项目开发的存在形式,社区内的成员可以自由地进行与开源项目、开源代码有关的交流与协作。在社区内,用户可以对感兴趣的开源项目进行维护和再次开发,促进开源项目的良性发展,同时也促进开源软件社区的持续运营。需要使用开源软件程序代码的用户,可以在开源软件社区中找到有关的原始开源代码;需要发起开源项目的公司和个人,可以在开源软件社区发布项目,并在全球范围内招募到有能力、有兴趣的开发者一起开发项目,同时开源软件社区也可以成为一个很好的开源项目管理和沟通的平台。开源软件社区的存在,是以互联网技术为基础的,把开源项目的开发人员范围扩大到全球,开发者们可以在互不相识的情况下共同完成开源项目的开发,并且对该项目进行后续的维护和完善。由于开源软件社区可以集思广益,开源项目的作用和商机可以被最大化地挖掘出来,例如某些开源项目甚至完全脱离了发起者的初衷,但依然应用广泛。

开源软件社区大致可以分为开源软件专有社区和开源软件托管社区两大类。著名的开源软件专有社区包括 Linux 开源社区、Mozilla 开源社区、

Apache 开源社区等，著名的开源软件托管社区包括 SourceForge 开源社区、GitHub 开源社区等。

开源软件的研究和开源软件社区的研究是相辅相成、无法分割的。十几年来，随着开源软件和开源软件社区在 IT 项目开发中的作用越来越重要，学者们对开源软件和开源软件社区研究的热情持续高涨。他们试图从不同角度对开源软件和开源软件社区的实践进行剖析，希望从成功的开源项目和开源软件社区中找到一些共性，给后续开源项目和开源软件社区经营者提供理论上的指导，以促进开源软件和开源软件社区健康、持续地发展。这些研究可以分为以下三大类：

其一，在学者们对于开源软件社区和开源软件项目的研究中，最为集中的研究课题是参与者、开发者之间相互关系的研究。Meneely 等运用开发者合作关系模型，预测开源项目在运行以后可能发生的问题和故障[56]。Crowston 等依据对漏洞修复信息的研究，发现了开源项目的开发者团体中存在"核心－边缘"的组织架构[57]。Sureka 等从大量开源项目的 bug（漏洞）报告中提取出了开源项目合作者的合作网络，再通过对系统的分析，发现开源项目系统可能存在的风险性和脆弱性[58]。Gao 等通过对 SourceForge 开源社区中合作者的网络数据指标进行提取、挖掘、分析，阐明了该开源社区的网络直径正在逐渐缩小[59]。曾进群等利用复杂网络等方法对开源软件社区中小社区的沟通关系数据进行提取和分析，发现开源软件社区里社团结构比较明显，但并没有明显的等级特征[60]。陈丹等把开源软件社区中开发者之间的交互关系和开发者的个人技能作为研究对象，探究了开源软件社区中已有的开发者如何建立新的合作以及影响开发者建立新合作的因素[61]。这些学者的研究，让我们对开源软件社区中用户之间的关系、开源项目中合作者选择合作方式的原因等问题有了大致的了解。

其二，有些学者从混合开发的角度研究开源软件项目和开源软件社区。Dinkelacker 等探究了在大型商业企业中注入开源理念和开源项目开发模式的可能性，以此提升软件工程开发过程中的创造力和创新力[62]。Daniel 等以组织管理学为理论基础,探讨了在"开源 – 商业混合开发"的模式中存在的商业企业与开源软件开发者之间文化意识上的矛盾问题[63]。张宇霞等通过对 OpenStack 开源软件社区中相关数据进行收集、过滤、归纳,发现了四种具备一般性的商业组织参与开源软件社区中开源项目的模式[64]。这些学者的研究,为商业组织如何更好地参与开源项目提供了思路和理论依据。

其三,另有一些学者从盈利模式、商业模式等角度对开源软件社区和开源项目进行了研究。Munga 等发现了一种开源项目的商业业务模式分析框架,并分别以 IBM(国际商业机器公司)和 Red Hat(红帽公司)为例,阐述了其在开源领域中所运用的不同商业业务模式[65]。Andersen-Gott 等分析了为什么商业企业需要参与开源项目的开发[66],研究结果表明,为用户提供增值服务、增强商业组织自身的创新能力以及降低软件的开发维护成本是商业企业投身于开源项目的主要原因。胡瑾等从开源软件社区的激励机制切入,探讨了开源软件的开发者如何在开源软件中获取经济利益[67],研究结果发现,商业公司可以通过发起、参与开源软件项目转嫁成本。这些研究,让我们了解到开源软件可以与商业企业相结合并产生良好的经济效益。

已有文献对开源软件和开源软件社区的研究,多从计算机的角度切入,采用从相关开源软件社区网站上提取、分析、挖掘数据的方法,以复杂网络、合作者网络等作为理论基础进行研究。也有一些文献采用实证研究的方法,但是切入点主要是商业企业和开源软件项目之间的关系、联动性等内容,很少有文献从管理学的角度入手,结合社会心理学的理论,对开源软件社区的用户行为进行研究。本书将从管理学的角度切入,运用社会影响理论和社会认知理论对开源软件社区用户贡献行为进行研究。

2.1.2 社会影响理论和社会认知理论

2.1.2.1 社会影响理论

社会影响理论(social influence theory,SIT)旨在研究个人因受外界的影响，而使自己的思想、态度、行为发生改变的社会心理现象。Kelman 认为社会影响理论包括三种形成、转变个体意见和行为态度的机制，分别是顺从（compliance）、认同（identification）和内化（internalization）[68]。

顺从是指个人接受社会因素的影响，从而从外界获得期待的回报或者避免不好的结果。顺从关注的是对个人产生影响的外界期待或压力。这种影响是强制性的，个体的价值观和信念没有发生实质性的变化。例如阿里在晋升的考核中，硬性规定了员工需要在开源软件社区发布原创的开源项目。在这种情况下，开源软件社区用户以晋升考核为目的参与社区活动，并不是真正了解、接受开源理念的自主自愿行为，当外界强制力消失以后，这类用户便不再对已有的开源项目进行更新和维护，也不再发布新的开源项目。这导致很多开源项目只有最原始的开源代码，甚至缺少说明源代码如何使用的文档。如果用户潜意识中并没有接受"开源"的理念，仅仅是因为外界压力而参与开源项目，那么开源软件社区必定不会得到良性发展。

认同是指个人从内心接受外界的影响，并且为了与所在社会团体保持一致，有意识地采取相应的行为，从而构建、维持个人与社会团体的良好关系。个人对于外界期待的感知不再是纯粹的社会压力，而是通过思考和实践决定是否接受外界的期待并付诸实践。开源软件社区的用户通过一段时间的社区参与，可能会发现社区对自己的工作（或学习）有价值，因此逐渐认同社区的价值理念和文化，建立对社区的归属感和依附感。认同是一个用户态度转变的过程——由不认可"开源"的理念到认可，包括认知、情感和评价上的转变。用户认知和态度上的转变，会逐渐体现到用户的行为之中，行为的践行反过来会促进用户认知和态度的转变。

内化是个人价值理念与社会团体价值理念逐渐趋于一致的过程。在内化机制中，个人对所在社会团体的价值观和规范已非常熟悉，会自觉采取与社区提倡的价值观和规范相一致的行为。由于开源软件社区是专业性极强的社区，参与开源软件社区的活动会消耗大量时间和精力并且涉及与智力成果相关的著作权方面的问题。用户如果潜意识中认为"开源"理念是有用的或者是与自己的观念相符合的，便会自主自愿参与到开源软件社区的活动或者开源项目中；用户如果不认可"开源"的理念，在没有外界强制力的作用下，会认为在开源软件社区进行贡献是浪费时间和精力的行为，必然不会参与开源软件社区的各种活动。

社会影响理论在信息系统研究中得到广泛应用，并通过诸多研究证明其具备重要理论价值。已有信息系统方面的文献主要运用社会影响理论进行了以下两个方面的研究：

第一，有关虚拟社区和SNS（社交网络服务）中用户行为的研究。陈本松等基于社会影响理论，把感知价值因素与社会影响因素相结合，构建了虚拟品牌社群用户持续参与行为的影响因素模型[69]，在该模型中社会影响因素作为感知价值因素的中间变量，影响用户持续参与决策。该研究以小米社区为例收集问卷数据进行实证研究，结果发现感知价值因素显著正向影响社会影响因素，进而影响持续参与决策。陈爱辉等结合承诺理论、沉没资本理论、社会支持理论和社会影响理论的观点，研究了用户总体活跃行为模式[70]，其中社会影响因素作为自变量包含社会规范和从众两个因子，并通过实证研究发现社会影响因素通过承诺理论中的规范承诺对SNS用户总体活跃行为有显著正向作用。Cheung与Lee以社会影响理论为基础，建立了用户使用社交网络行为模型，并通过实证研究发现用户使用社交网站的动机是由主观规范和社会认同共同决定的[71]。Tsai等从社会影响理论的三个递进过程（即主观规范、群体规范和社会认同）入手，采用纵向准实验方法探究了虚拟社区中的用户贡献行为[72]，研究结果显示群体规范和社会认同对虚拟社区用户的贡献行为具有显著正向影响，主观规范对虚拟社区用户贡献行为的影响作用较小。Chou等从社会影响的分类理论切入，探讨了虚拟社区中知识获取行为的影响因素[73]，研究发现虚拟社区用户的知识获取行为受规范性社会影响和信息性社会影响的显著正向作用。

第二，电子商务中的在线评论对后续消费者态度和行为的影响。邬溪羽等经归纳分析，发现社会影响理论可用来研究电子商务在线评论影响机制，即社会影响理论包含了信息传递和社会规范两个方面的内容，认为在线评论的特征、用户的自我效能和动机是最终影响在线评论效果的因素[74]。Amblee 和 Bui 以社会影响理论为理论基础，通过对亚马逊平台电子书市场用户的实证研究，讨论了电子口碑对后续用户社交购物体验的影响作用，研究发现在控制了价格因素的影响后，电子口碑对后续用户的社交购物体验影响显著[75]。Köcher 等从社会影响理论的角度，研究了已有在线评论对后续用户评论的影响作用[76]，研究表明后续用户在线评论时会受已有评论的影响，并发现如果已有评论中正面评论较多，那么已有的负面评价不影响后续用户的评价。

2.1.2.2　社会认知理论

Bandura 提出的社会认知理论（social cognitive theory，SCT）强调个体的行为、认知和环境三者之间是动态交互影响的[77]，并构成三元交互模型（如图 2.1 所示），该模型是社会认知理论的核心。

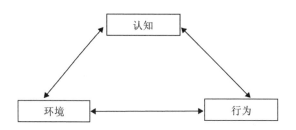

图 2.1　社会认知理论的三元交互模型

社会认知理论认为，社会环境中个体的行为、认知以及环境三者之间构成动态的关系，相互依赖，相互连接，这种交互关系的强度并不一定相同，交互作用的模式也会随着因素和环境而发生变化。三者之间的交互关系具体如下：

第一，个体认知与行为的交互反映了人的思维可以影响并指导行为，而个人或群体的行动也对个体原有的认知进行完善甚至改变。在使用开源软件社区的过程中，用户对开源软件社区的代码质量、自我开发能力、投入回报等的认知，影响着用户是否在该社区频繁地进行互动，是否在该社区持续地做出贡献；用户使用过开源软件社区后，会对该开源软件社区产生新的认知，即对该开源软件社区提供的各方面的服务和体验做出潜在评价，这将影响用户后续在该开源软件社区的贡献行为。

第二，环境与行为的交互则反映了个体或群体在不同的环境下会产生不同的行为，而行为作为环境的一部分，对环境有着重要影响。这里的环境包括静态环境和动态环境，静态环境是由开源软件社区的界面、搜索功能、个性化设置、开源项目的质量等反映系统质量的因素构成的，动态环境是指用户线上互动、参与开源项目开发等行为所营造的社区氛围。如果开源软件社区自身界面和系统是用户友好型的且有较好的开源项目，那么用户会尝试在该开源软件社区进行活动、参与该开源软件社区上发布的开源项目；用户进行的这一系列行为可以看作开源软件社区的动态环境，动态环境和开源软件社区的静态环境有效结合会吸引更多的用户参与到社区活动和开源项目开发中——这样，开源软件社区就形成了环境与行为之间良性的互动。

第三，个体认知通过环境进行检验、确认，从而在环境中不断调整更新。而由个体认知所产生的个人态度，也会对环境造成影响。个体认知可以通过用户的行为间接反映，进而影响开源软件社区的环境。环境的优劣直接反映在用户大脑中，从而形成认知。

社会认知理论在社会化网络研究中得到广泛应用，已有相关文献主要运用社会认知理论进行了以下两个方面的研究：

第一，网络借贷市场信任问题。陈冬宇从放贷人的角度入手，根据社会认知理论构建了网络借贷市场的信任模型[78]，通过对特定的网络借贷平台进行问卷数据收集、处理、分析，揭示了信任倾向、信息质量、关系型社会资本、安全保障通过交易信任显著正向影响放贷人的出借意愿，而环境因素中的结构性社会资本对放贷人的交易信任没有显著作用。徐小阳等从消费者的角度构建了网络借贷市场的购买意愿与行为理论模型[79]，采用实证研究的方法进行研究，结果发现网络氛围、风险控制认知、在线沟通显著正向影响消费者的购买意愿，消费者的自我效能和购买意愿与购买行为呈显著正相关。Yum 等重点研究了小额信贷中的信息不对称的问题[80]，在建立模型时结合了社会认知理论，研究结果显示当信用信息非常有限时，借款人会参考群体意见，但是当信用信息较多时，借款人偏向于自己做出是否借款的决定，并且自我效能高的借款人更偏向于自己做出决定。

第二，虚拟社区用户知识共享行为。Jin 等将社会认知理论与动机模型结合，构建了用户在虚拟社区贡献知识模型[81]。调查结果发现身份验证和性能预期都与满意度呈正相关，并通过满意程度影响用户的知识贡献，绩效期望受到自我效能感和焦虑感的影响，认知身份认证受到成员创新能力的影响。尚永辉等利用社会认知理论构建了虚拟社区成员知识贡献行为模型[82]，并通过实证研究发现社区氛围（包括互惠、公平及创新）对自我效能、个体结果预期以及知识共享起显著正向作用，自我效能与个体结果预期和知识共享呈显著正相关，个体结果预期对知识共享行为没有显著作用。Chiang 等将社会认知理论和使用与满足理论结合，构建了视频分享网站用户黏性的理论模型[83]，将持续动机和分享行为作为中介变量。作者以YouTube 平台用户为研究对象，研究结果表明环境因素中的社会规范、个人因素中的感知视频创作能力以及视频分享的自我效能感通过分享行为正向显著影响用户黏性，并且个人因素中的感知视频创作能力与视频分享的自我效能感呈正相关关系，环境因素中的社区认同对分享行为没有显著作用。

已有基于社会认知理论和社会影响理论对虚拟社区用户知识贡献行为研究的文献说明这两个理论适合运用到开源软件社区用户行为的研究中，但很少有文献整合社会认知理论和社会影响理论对虚拟社区用户行为进行研究。开源软件社区属于虚拟社区，但其作为开源软件的承载平台有着专业性强、门槛高、参与者脑力劳动贡献程度高、涉及参与者著作权等特点，这些特点可能导致影响虚拟社区用户行为的因素与影响开源软件社区用户行为的因素有所区别。

用户是在 OSS 平台上与其他用户交互，从而贡献知识，其行为将受到多种因素，包括社群、平台及个体认知的作用。社会影响理论主要考察社区（社群）其他成员对用户行为的影响，社会认知理论主要考察社区平台环境、个体认知等因素对用户行为的作用。整合这两个理论，可以提供更全面的研究视角。

2.1.3　研究模型和假设

2.1.3.1　贡献意愿与知识贡献

由于人的行为是受人的意识影响、控制的，本书将贡献意愿作为中间变量，所有因素通过贡献意愿作用于知识贡献行为。本书研究中将贡献意愿和知识贡献行为都看作社会认知理论中的行为因素，开源软件社区用户做出知识贡献行为的前提是该用户有知识贡献的意愿，只有当用户愿意在某个开源软件社区中进行知识贡献时，知识贡献的行为才可能发生。依据理性行为理论、计划行为理论、技术接受理论等，意向是用来反映用户实施特定行为的重要指标。Gudigantala 等认为网站满意度和购买意向正向影响转化率和用户购买行为[84]。Lin 发现网络用户的持续使用意愿可以很好地预测其使用行为[85]。Venkatesh 等在研究扩展的技术接受模型时，验证了使用意愿显著影响使用行为[86]。Hsu 等认为用户在线游戏的意愿正向影响其使用在线游戏的行为[87]。因此，本书假设：

H1：开源软件社区用户的知识贡献意愿将正向影响其知识贡献行为。

2.1.3.2　社会影响理论与贡献意愿

社会影响理论主要研究外界社会对个人认知、态度、行为方面的影响，用户在开源软件社区中的贡献行为受到外界社会的影响。首先，"开源"理念不是主流价值观，个人需要通过某种渠道和实践去认识了解该理念，在对"开源"的理念有认知之后个人才会考虑是否接受"开源"理念并付诸行动。其次，开源的核心是将个人编写的代码在某种开源协议的标准下公之于众，如果外界社会对开源没有需求，那么个人将看不到让渡个人劳动成果后的收益，不会主动参与开源软件社区的活动。最后，开源软件社区与我们传统教育中的知识产权、著作权等认知有所违背，如果没有外界合理地引导，那么大部分个人对开源项目会是一种排斥的态度。所以，在用户使用开源软件社区的过程中，外界社会的引导作用和整个软件领域对开源软件的态度很重要。

社会影响理论包括三种形成、转变个体意见和行为态度的机制，分别是顺从、认同、内化，三种机制呈递进关系。以下将根据这三种机制，分别阐述其与贡献意愿之间的关系。

（1）顺从

顺从是指外界社会对个人产生影响或压力，个人为了某些目的接受这种影响或压力并付诸实践。顺从是社会影响理论的逻辑起点，如果没有外界对个人的影响或者个人拒绝接受外界的影响，那么顺从机制就会失效。在这种情况下，进入认同和内化机制的个体认知和行为，基本属于自发性行为。

在信息系统领域，顺从通常被概念化为主观规范（subjective norm），反映了个人对是否执行某一行为所感知到的社会压力，强调外界强加给个人的影响。主观规范在理性行为模型和技术接受模型等中得到广泛运用，例如 Venkatesh 等认为主观规范是预测个人意愿和行为动机的重要因子[86]。Pavlou 等认为消费者的主观规范将正向影响其采用电子商务的意愿[88]。Cheung 等也认为主观规范对虚拟社区的成员参与具有正向影响作用[71]。因此，本书假设：

H2：主观规范将正向影响开源软件社区用户的知识贡献意愿。

（2）认同

认同是指个人从潜意识中接受了外界的影响，或者在自主认知和实践后对某种行为产生了认同感。个人采取某一行为不是纯粹因为外界影响，而是内心认可了该行为。从社会影响的角度来说，认同是顺从的递进层次，是个人行动由被动转向主动的过程。在开源软件社区中，认同层次的用户将普遍比顺从层次的用户参与活动积极且持续时间长。

认同可以通过社会认同（social identity）来反映。社会认同是指个人从感知、意识、精神层面对所处社会团体的识别与认可，是一种心理状态，包括认知维、情感维和评价维。

认知维是指个人通过对比自己与社会团体成员之间的相似性和差异性来辨别自己是否属于该社会团体。感知相容性可以用来反映认知维。感知相容性是用户对社会团体价值观、需求和经验的认知，以此来考察知识贡献的行为与其已有的价值体系是否相符，这与认知维的内涵是一致的。Jahn等认为，当消费者认为某个品牌的形象和自我形象趋于一致时，消费者更易于信任该品牌[89]。Lin等发现虚拟社区成员认为当知识共享与其个人价值观和需求相一致时，他们将倾向于在社区进行知识共享[90]。

情感维是指个人对于社会团体的情感参与，即个人在参与社会团体活动的过程中，是否形成了对社会团体的依附感、归属感等。身份认同可以用来反映情感维的内涵。身份认同是个人对虚拟社区归属感和自豪感等情感的认知。开源软件社区是非正式的实体，存在于社区成员彼此之间的联系、交流、互动之中，由成员共同的目标、共同的项目、共同的兴趣爱好黏合在一起。如果开源软件社区中成员没有归属感、依附感以及对社区的承诺，那么缺乏认同将会成为社区中信息共享、学习和创造的障碍。Nahapiet等指出，身份认同影响用户交换知识的行为意愿[91]。Chiu等通过研究发现，身份认同对虚拟社区知识分享的数量有正向影响作用[92]。

评价维是指个人对自己在社会团体里的重要性和价值的自我评估，可以用声誉资本反映。声誉资本是用户在知识专业程度高的虚拟社区中，由于自己对社区的贡献而被识别为有价值成员的过程积累；是基于个人与社区成员间的互动，通过对比个人与社区中其他人的贡献，经过一段时间的积累而产生的。开源软件社区用户可以通过提交高质量的源代码补丁、发布开源项目、回答专业性强的问题等活动积累声誉资本。大部分的开源软件社区会通过用户的行为，评定用户虚拟等级，通常这些等级会被看作声誉资本。声誉资本高的用户，发布的开源项目会有更多的人参与，因而更容易在业内成为话题，获得更多的关注。刘晓等通过对开源软件社区中开发者合作网络的分析，发现新加入的开发者倾向于与声誉高的开发者合作[93]。Tiwana等认为，在知识专业化程度高的虚拟社区中，声誉资本正向影响用户持续分享知识的意愿[94]。

综上所述，认知维、情感维、评价维作为社会认同的构成要素，将对开源软件社区成员的知识共享意愿产生正向影响作用。其中认知维用感知相容性反映，情感维用身份认同反映，评价维用声誉资本反映。因此，本书假设：

H3：社会认同将正向影响开源软件社区用户的知识贡献意愿。

（3）内化

内化是社会影响理论中外界社会对个人影响最高层次的机制。在这个层次中，个体已经完全认同了社会团体的理念和价值观，个体行为将自动与社会团体所提倡的行为保持高度一致。如果开源软件社区的用户已经把开源项目看作工作生活中不可或缺的部分，那么该用户会经常参与开源软件社区的活动。

群体规范（group norm）是内化机制的体现。群体规范可以通过社会团体中个体对社区规范的遵守力度表现。通常用户了解社区群体规范的方式有三种：①加入社区后，用户主动寻找小组的目标、价值观和惯例等文档或帖子进行学习；②用户通过一段时间重复参与社区活动，在实践中发现社区的规范；③用户在加入社区前学习社区的规范，认为社区的规范符合自己的价值观而加入社区。开源软件社区在制定群体规范时，应该全面考虑社区的目标、定位、发展战略等，以吸引志同道合的用户参与社区活动，与社区一同发展。用户个人价值规范和社区的群体规范逐渐趋于一致以后，用户不用刻意地去完成某种行为以符合社区规范，而是自觉地、无意识地采取与社区规范一致的行为。Dholakia 等通过研究发现，群体规范有助于用户参与虚拟社区的活动[36]。因此，本书假设：

H4：群体规范将正向影响开源软件社区用户的知识贡献意愿。

2.1.3.3 社会认知理论与贡献意愿

个体行为受个体认知和社会环境的影响。在使用开源软件社区时，只有当用户认为自己有能力提供相关专业知识，并且提供的相关知识能使自己在某方面得到满足时，用户才会参与开源软件社区的活动。用户在参与开源软件社区的活动中，会逐渐积累相关开源代码知识，不断强化自我能力，在此过程中认知因素得到加强、更新。用户使用了某一开源软件社区之后，会不断更新对该社区知识质量、系统质量、线上互动等方面的印象，根据不断更新的印象来决定是否持续在该开源软件社区进行知识贡献以及维持参与该开源软件社区活动的频率。

认知因素、行为因素以及环境因素之间的三元交互关系是社会认知理论的核心，其中行为因素表现为贡献意愿。以下重点考察认知因素和环境因素对行为因素（贡献意愿）的作用。

（1）认知因素与贡献意愿

认知是主体关于自身、社会现象、社会关系等方面的认识，是主体对自身能力的认知，通常用自我效能（self-efficacy）反映。自我效能指个体对自己能够胜任某项任务或活动的信念，在个体完成目标、任务和挑战等活动中起着非常重要的作用。开源软件社区的用户只有认识到自己有能力编写出与开源项目有关的代码，才会在开源软件社区中积极参加活动，否则只是潜水用户，不能给开源软件社区做出贡献。现有文献已揭示了自我效能对用户行为意向的作用。如 Chen 等验证了自我效能对虚拟学习社区用户参与意向具有重要影响[95]；Lee 等在研究网络论坛的知识分享行为时发现，如果用户感觉到自身缺少对他人有用的知识，那么他们的知识贡献意愿比较低[96]。因此，本书提出以下假设：

H5：自我效能将正向影响开源软件社区用户的知识贡献意愿。

（2）环境因素与贡献意愿

社会认知理论强调人的认知和行为与环境之间的互动关系。从某种程度上说，个体认知和行为的积累造就了环境，而个体的认知和行为又离不开环境，并受环境的影响。本书将从三个维度考察环境因素对用户行为的影响，包括系统质量（system quality）、知识质量（knowledge quality）及线上互动（online interaction）。

系统质量指知识型社区的性能和功能，包括社区的稳定性、易用性和美观性等，这是开源软件社区吸引用户使用该社区并做出贡献的基础。Lin认为信息质量和系统质量影响成员的满意度[97]，Fang等认为网站质量显著影响用户购买意愿[98]。基于上述分析，提出以下假设：

H6：系统质量将正向影响开源软件社区用户的知识贡献意愿。

知识质量指开源软件社区中用户交流信息（主要是与开源代码相关）的可靠性、完整性、相关性、有用性、易理解性等。很多用户最初使用开源软件社区的目的是获取高质量的原始开源代码，所以只有当这个社区提供的知识质量令用户满意时，用户才会考虑是否参与该社区的线上互动并做出知识贡献。张婉采用层次分析法，确定了评价信息质量的四个角度（信息内容质量、信息表达质量、信息系统质量、信息效用质量），其中信息内容质量和信息效用质量的评价权重较高[99]。Lai等发现知识质量显著影响用户知识搜索的态度，进而影响知识搜索意愿[100]。基于上述分析，提出以下假设：

H7：知识质量将正向影响开源软件社区用户的知识贡献意愿。

线上互动指开源软件社区中用户互动频率以及用户间相互影响的过程。用户互动将"用户—用户"及"用户—信息"联系在一起，使得彼此之间直接或间接的相互影响，会对个体的内部认知、其他用户及所在社区等三方面产生影响。网络社区能够持续经营的核心是有足够多的活跃用户，若一个开源软件社区活跃用户少，用户之间互动少，将会严重影响用户黏性，影响用户在该社区做出知识贡献。周军杰经实证研究发现，用户互动通过虚拟社区感、自我效能等中介变量间接影响用户黏性[101]。Chiu等的研究发现，学习型社区用户线下互动的频率会显著影响其线上互动的信任度，而信任度又影响用户持续使用意愿[92]。基于上述分析，提出以下假设：

H8：线上互动将正向影响开源软件社区用户的知识贡献意愿。

具体理论模型如图2.2所示：

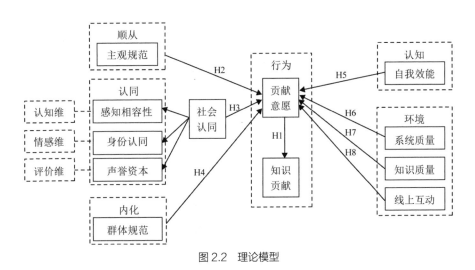

图2.2 理论模型

2.1.4 问卷设计与数据收集

根据理论基础以及研究模型，本书选取了11个因素进行量表设计，采用李克特七级量表进行数据收集。其中，11个因素的测量指标均来自现有文献，保证了测量的科学性、合理性。

（1）顺从机制

主观规范强调外界压力对个体行为的影响，这与顺从机制的内涵是一致的。这里主要侧重于研究在能对个体产生影响的人或群体的提议或劝说下，个体行为是否受其影响。本书参照 Hamari 和 Koivisto 的文献[102]，设计了两个指标来衡量主观规范因子，具体见表2.1。

表2.1　主观规范的测量指标

变　量	指　标	指标内容	来　源
主观规范 （SN）	SN1	大部分影响我行为的人认为我应该在社区分享开源软件或代码。	[102]
	SN2	大部分对我重要的人认为我应该在社区分享开源软件或代码。	

（2）认同机制

认同机制是指个人在实践过程中慢慢将外界的影响化作自身认知和主动行为的过程，用社会认同来体现。认同机制下又包含认知维、情感维、评价维三个维度，与这三个维度对应的感知相容性、身份认同、声誉资本三个因子是社会认同的一阶因子。

感知相容性关注的是用户在开源软件社区进行活动、知识贡献，是否与用户个人的价值理念、以往经历以及目前工作学习有内在一致性。本书参照 Lin 等[90] 的研究，设计了四个指标衡量感知相容性因子，具体见表2.2。

表2.2　感知相容性的测量指标

变　量	指　标	指标内容	来　源
感知相容性 （PC）	PC1	在社区分享开源软件或代码和我的价值理念相符。	[90]
	PC2	在社区分享开源软件或代码能够满足我现在学习或工作的需要。	
	PC3	在社区分享开源软件或代码和我的以往经历相符。	
	PC4	在社区分享开源软件或代码和我的工作风格相符。	

身份认同主要研究开源软件社区的用户在社区活动过程中，有没有归属感和依附感，有没有把自己看作开源软件社区这个群体中的一员。根据 Chiu 等[92] 的文献，设计了三个衡量身份认同的指标，具体见表2.3。

表 2.3　身份认同的测量指标

变　量	指　标	指标内容	来　源
身份认同 （ID）	ID1	这个社区让我有一种团结亲密的感觉。	[92]
	ID2	我感觉自己是这个社区的一员。	
	ID3	作为社区的一员我很自豪。	

声誉资本体现了个人在开源软件社区进行知识贡献的反馈，通过反馈用户可以对自己的智力劳动所产生的实际贡献做出评估。这种评估会影响用户继续在开源软件社区进行知识贡献的行为。本书参考 Tiwana 和 Bush 的研究[94]，设计了四个衡量声誉资本的指标，具体见表 2.4。

表 2.4　声誉资本的测量指标

变　量	指　标	指标内容	来　源
声誉资本 （RPC）	RPC1	社区其他用户认为我提供的开源软件或代码是有价值的。	[94]
	RPC2	社区其他用户认为我提供的开源软件或代码是有用的。	
	RPC3	社区其他用户认为我提供的开源软件或代码是有帮助的。	
	RPC4	社区其他用户认为我提供的开源软件或代码是重要的。	

（3）内化机制

内化机制是指用户从潜意识里赞同"开源"的理念和精神，用户的个人行为自觉地与开源软件社区所提倡的行为保持一致。群体规范侧重研究开源软件社区用户对自己以及社区其他用户遵守社区规范的评价。根据 Dholakia 等的文献[36]，本书设计了两个衡量群体规范的指标，具体见表 2.5。

表 2.5　群体规范的测量指标

变　量	指　标	指标内容	来　源
群体规范 （GN）	GN1	请估计作为社区中一员的你自我坚守共同目标（如促进代码分享、促进社区发展）的力度。	[36]
	GN2	请估计社区中其他成员坚守共同目标的平均力度。	

（4）认知因素

认知因素在社会认知理论中与行为因素、环境因素相互影响，形成三元交互模型。本书中的认知因素，主要指个人对自我能力的认知，即开源软件社区用户对自己是否能在开源软件社区做出知识贡献的自我认知。根据对相关文献的研究，这里选取了使用最广泛的自我效能因子。自我效能关注用户是否有能力、有信心、有经验在开源软件社区中进行知识贡献。参考Lin等[90]的研究，本书设计了三个指标考察自我效能因子，具体见表2.6。

表2.6　自我效能的测量指标

变　量	指　标	指标内容	来　源
自我效能（SE）	SE1	我有能力给社区成员提供有价值的开源软件或代码。	[90]
	SE2	我有专业技能、经验和见解，能给社区成员提供有价值的开源软件或代码。	
	SE3	我有信心给社区成员提供有价值的开源软件或代码。	

（5）环境因素

环境是影响开源软件社区用户是否会在开源软件社区进行知识贡献的外界因素。根据开源软件社区的特点，本书选取了系统质量、知识质量和线上互动三个因素来研究环境因素对开源软件社区用户知识贡献行为的影响。

系统质量将影响开源软件社区给用户的第一印象，如果知识质量是需要用户通过一段时间使用后才能得出的认知，那么系统质量是用户在第一次接触开源软件社区时便会产生的认知，并且在后续使用中，用户会根据体验不断强化这种认知。这里主要研究开源软件社区的界面友好与否、社区平台反应的速度和稳定性。根据Wu等的文献[103]，本书设计了四个指标考察系统质量因子，具体见表2.7。

表 2.7　系统质量的测量指标

变　量	指　标	指标内容	来　源
系统质量（SQ）	SQ1	社区平台使用简单。	[103]
	SQ2	社区平台的界面设计是有吸引力的。	
	SQ3	社区平台是稳定的。	
	SQ4	社区平台的响应速度较快。	

　　知识质量主要指开源软件社区中开源程序代码的质量。在开源软件社区中，开源代码是其核心，尤其是该开源软件社区主导的开源项目所产生的原始开源代码。如果一个开源软件社区中充斥着大量劣质的、没有价值的原始开源代码，那么用户将不会使用该开源软件社区。根据开源代码的特点，本书主要关注知识质量的准确性、完整性以及相关性。依据 Chiu 等[92]的研究，本书设计了三个指标用来测量知识质量，具体见表 2.8。

表 2.8　知识质量的测量指标

变　量	指　标	指标内容	来　源
知识质量（IQ）	IQ1	用户在社区分享的开源软件和代码是与我的需求相关的。	[92]
	IQ2	用户在社区分享的开源软件和代码是准确的。	
	IQ3	用户在社区分享的开源软件和代码是完整的。	

　　线上互动是用户之间的交互行为，这种行为的总和可以看成一种动态环境。线上互动是网络社区的精髓所在，没有足够多活跃用户之间的互动，社区将会缺乏活力，无法持续运营。开源软件社区是开源软件的载体，开源软件社区中的项目只有通过用户参与互动才能完成。因此，在开源软件社区中，线上互动显得尤为重要。本书根据 Chiu 等[92]的研究，选取了四个指标测量线上互动因子，具体见表 2.9。

表2.9　线上互动的测量指标

变　量	指　标	指标内容	来　源
线上互动 （SIT）	SIT1	我在社区与其他用户保持密切联系。	[92]
	SIT2	我在社区花了很多时间与其他用户互动交流。	
	SIT3	我在社区与一些用户交流频繁。	
	SIT4	我与社区里的某些用户线下认识。	

（6）行为因素

由于个人行为是受个人意愿直接影响的，因此本书把意愿纳入行为因素的范畴——外界环境、个人认知首先影响的是个人意愿，再通过意愿影响行为。贡献意愿指标从时间、个人意愿等方面对该因子进行了测度。贡献行为将通过用户在开源软件社区知识贡献的频次进行测度。根据 Aunola 等 [104] 和 Dholakia 等 [36] 的研究，本书选取了相应的指标对贡献意愿和贡献行为进行测量，具体见表2.10。

表2.10　行为的测量指标

变　量	指　标	指标内容	来　源
贡献意愿 （CI）	CI1	我将继续在社区分享开源软件或代码。	[104]
	CI2	接下来半年，我打算在社区分享开源软件或代码。	
	CI3	如果我有能力，我将在社区分享开源软件或代码。	
贡献行为 （CB）	CB	最近半年，我在社区分享开源软件或代码的次数。（"没有分享""一次""两次""三次""四次""五次""六次及以上"）	[36]

本书通过问卷调查的形式收集数据。在筛选和剔除了无效问卷（填写不完整或所有答案一致的问卷）以后，共得到有效问卷302份。调查的开源软件社区包括 CSDN、GitHub、开源中国社区（OSCHINA）、Stack Overflow、Linux 中国等，涵盖了最近流行的开源软件社区以及各大类开源软件社区平台。

在开源软件社区用户中，男性比例高达71.2%，女性比例为28.8%。年龄方面，由于数据收集对象包括学生、科研人员、企事业单位工作人员等，其中主要以高校学生为主，所以年龄集中在 20 ～ 29 岁。

教育程度方面，所有用户的受教育程度都在本科及以上，然而硕士群体占比高达 82.9%。本书根据问卷调查的主题"开源软件社区"，数据的收集偏重于高校中的研究生群体。相对于其他的虚拟社区，开源软件社区对专业性知识要求高，进入社区活动的门槛较高。高校本科生大多数处于计算机基础学习阶段，少有学生具备在此类社区做出知识贡献的能力；而研究生阶段已经完成了软件知识的基础学习，进入实践学习阶段，接触此类社区机会较多。因此，问卷大部分数据来源于研究生。

社龄方面，初始接触开源软件社区（社龄 3 个月以内）的用户占33.2%，对开源软件社区有一定接触 [社龄 3 个月至 1 年（不含）] 的用户占 24.7%，对开源软件社区比较熟悉 [社龄 1 年至 3 年（不含）] 的用户占30.5%，对开源软件社区特别熟悉（社龄 3 年及以上）的用户占 11.6%。

经常使用的开源软件社区方面，有 251 位用户使用过 CSDN，207 位用户使用过 GitHub，112 位用户使用过开源中国社区（OSCHINA），58 位用户使用过 Stack Overflow，44 位用户使用过 Linux 中国，39 位用户使用过 Java 世界中文论坛，35 位用户使用过百度贴吧中与开源软件相关的贴吧（如"java 吧"）。由此可见，全球范围内的开源软件社区更受欢迎（例如GitHub），专业化程度高的开源软件社区使用范围远高于非专业化的开源软件社区（例如国内最大虚拟社区之一百度贴吧的使用者较少）。由于问卷数据大部分来自高校学生，门户网站类型的开源软件社区 CSDN 的使用者最多，这可能是因为使用者习惯从门户型网站获取开源软件代码以及相关资讯和知识。

2.1.5 研究结果

研究结果包括效度检验、信度检验和模型假设检验三部分。

（1）效度检验

根据 Anderson 和 Gerbing 的研究和推荐[38]，将数据分析分成两个步骤进行：首先对测量模型进行分析，考察该量表的信度和效度。然后对结构模型进行分析，计算模型路径系数值，检验模型假设是否成立。

首先，采用验证性因子分析，验证量表的收敛效度和判别效度。表 2.11 中列出了各因子指标的标准负载、AVE 值和 CR 值。AVE 衡量的是每个因子解释的方差与对应的测量误差之间的比率。AVE 值大于 0.5 说明该因子解释了大部分的方差，即量表的收敛效度较好。由表 2.11 可知，本篇研究中的 AVE 值基本在 0.7 以上，说明该量表具有良好的收敛效度。

表 2.11　验证性因子分析结果

因　子	指　标	标准负载	AVE	CR
主观规范（SN）	SN1	0.93	0.87	0.93
	SN2	0.93		
感知相容性（PC）	PC1	0.87	0.74	0.92
	PC2	0.87		
	PC3	0.86		
	PC4	0.84		
身份认同（ID）	ID1	0.87	0.80	0.92
	ID2	0.92		
	ID3	0.88		
声誉资本（RPC）	RPC1	0.89	0.80	0.94
	RPC2	0.88		
	RPC3	0.91		
	RPC4	0.89		
群体规范（GN）	GN1	0.87	0.78	0.87
	GN2	0.89		
自我效能（SE）	SE1	0.89	0.76	0.90
	SE2	0.92		
	SE3	0.80		

续　表

因　子	指　标	标准负载	AVE	CR
知识质量（IQ）	IQ1	0.85	0.73	0.89
	IQ2	0.88		
	IQ3	0.82		
线上互动（SIT）	SIT1	0.91	0.78	0.93
	SIT2	0.94		
	SIT3	0.91		
	SIT4	0.76		
系统质量（SQ）	SQ1	0.79	0.62	0.86
	SQ2	0.78		
	SQ3	0.83		
	SQ4	0.74		
贡献意愿（CI）	CI1	0.88	0.73	0.89
	CI2	0.89		
	CI3	0.79		

　　根据验证性因子分析的结果，在表 2.12 中列出了各个因子之间的相关系数和每个因子对应的 AVE 值的平方根，平方根以粗体显示在表中对角线的位置。由表 2.12 可以看出，各因子间的相关系数均小于每个因子 AVE 值的平方根，说明判别效度较好。

表 2.12　各因子之间相关系数及 AVE 值的平方根

	SN	PC	ID	RPC	GN	SE	IQ	SIT	SQ	CI
SN	**0.93**									
PC	0.62	**0.86**								
ID	0.64	0.63	**0.89**							
RPC	0.55	0.49	0.67	**0.89**						
GN	0.36	0.43	0.53	0.54	**0.88**					
SE	0.42	0.39	0.48	0.66	0.66	**0.87**				
IQ	0.46	0.47	0.56	0.56	0.64	0.66	**0.85**			

续　表

	SN	PC	ID	RPC	GN	SE	IQ	SIT	SQ	CI
SIT	0.44	0.27	0.54	0.61	0.63	0.69	0.51	**0.88**		
SQ	0.39	0.45	0.53	0.52	0.60	0.62	0.75	0.46	**0.78**	
CI	0.38	0.59	0.48	0.52	0.52	0.64	0.69	0.40	0.73	**0.85**

（2）信度检验

信度检验用来判定测量的结果是否具有一致性或稳定性。CR 值可用来检验量表设计的一致性与稳定性。通常认为 CR 值在 0.70 以上，表明量表的信度良好。本章研究中的因子 CR 值均在 0.80 以上，说明指标信度良好。

（3）模型假设检验

接下来对结构模型进行分析，计算模型路径系数，检验模型假设是否成立。本书将采用结构方程模型（SEM）软件 LISREL8.72 对模型进行假设检验。

图 2.3 显示了研究结果。从图中可以看出，社会认同（SC）作为二阶因子包括身份认同（ID）、感知相容性（PC）、声誉资本（RPC）三个一阶维度，并且三个维度在二阶因子上的负载均较高，分别为 0.84、0.73、0.78，说明用二阶因子社会认同来整合三个维度是合适的。从表 2.13 中可以看出，除了 AGFI 略低于推荐值，其他指标都在推荐值的范围之内，说明研究的假设模型与样本数据的拟合度良好。

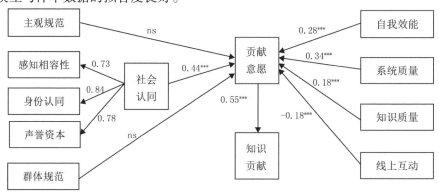

注：***表示 $p<0.001$；ns 表示不显著。

图 2.3　LISREL 估算结果

表 2.13　模型拟合指数推荐值和实际值

	χ^2/df	RMSEA	AGFI	GFI	NFI	CFI	NNFI	RFI
推荐值	< 3	< 0.08	> 0.80	> 0.80	> 0.90	> 0.90	> 0.90	> 0.90
实际值	2.84	0.07	0.79	0.84	0.96	0.97	0.97	0.95

2.1.6　研究结论

2.1.6.1　社会影响对开源软件社区用户知识贡献的作用

研究结果显示，贡献意愿显著影响知识贡献行为，社会认同显著正向影响开源软件社区用户的贡献意愿，主观规范和群体规范对开源软件社区用户贡献意愿没有显著作用。

本书发现社会认同是影响开源软件社区用户知识贡献意愿的主要因素。Tsai 等通过实证研究证实社会认同对虚拟社区用户的贡献行为具有显著作用[72]，Cheung 与 Lee 也通过研究发现社会认同是用户使用社交网站的主要动机[71]。社会认同作为二阶因子，包括感知相容性（认知维）、身份认同（情感维）、声誉资本（评价维）三个一阶维度。

身份认同的负载是三个维度中最高的，表明用户非常重视平台氛围是否让自己有归属感、依附感等。开源软件社区可以从用户的角度出发，不断增强用户对社区的好感和归属感，以下几个方面可以作为借鉴：首先，开源软件社区需要引入一定数量的优质开源项目，根据用户的使用习惯整合社区资源，不断维护和更新开源项目，从各方面提升社区的质量和声誉，从而吸引潜在用户主动成为社区的活跃用户，使用户感受到成为有质量、有声誉社区成员的自豪感。其次，提供渠道让用户对社区的使用情况进行反馈，定期听取并分析用户的反馈和意见，特别是活跃用户的建议，着手解决用户的痛点，使用户感受到社区的服务质量。最后，可以定期举行活动，例如针对某一个特定问题举办编程比赛并提供一定数量的礼品，鼓励用户参与社区活动，活跃社区氛围，使用户感受到社区是一个活跃、可以经常互动的地方。

研究发现，声誉资本是社会认同的重要构成要素。声誉资本属于沉没资本，其形成需要用户在社区投入大量的时间、精力甚至资金等，这些成本是不可回收的。声誉资本是用户在开源软件社区不断参与开源项目、发布源代码或者回答相关问题等行为一点一滴慢慢积累的，这其中有用户脑力成果的付出、时间的付出等。声誉资本高的用户会珍惜自己在社区所做出的所有努力，因此声誉资本高的用户不会轻易离开自己经常活动的社区，并且会因为已经付出的沉没成本，继续习惯性地在该社区进行知识贡献。这提醒开源软件社区的运营方，社区能够持续运营的核心是培养一批能够且愿意通过自我努力提高声誉资本的核心用户，这批用户会源源不断地为社区贡献知识——这对初始运营的开源软件社区是一个挑战。

感知相容性是用户愿意在开源软件社区活动的前提，如果用户觉得某个开源软件社区的价值体系与自己的价值观相违背，那么用户不会使用该社区，更不会在平台投入时间和精力分享知识。只有当用户认可"开源"的理念和精神，并且认可某个开源软件社区的经营模式、社区氛围等各方面的因素之后，用户才会愿意在开源软件社区进行知识贡献。因此开源软件社区的运营方从一开始就需要明确平台的发展方向，周密考虑社区的经营模式，耐心培养社区的知识交流氛围，以期吸引有相同需要、能与社区一同发展的用户。

本书没有发现群体规范对知识贡献意愿有显著影响，Cheung 与 Lee 在研究用户使用社交网络的研究中，也未发现群体规范对用户使用社交网站动机的影响作用[71]。群体规范对知识贡献意愿的不显著作用可能包含以下两个方面的原因：第一，很多用户只是把开源软件社区当成获取免费代码的渠道，没有参与过开源软件社区的活动，也没有感知到社区的群体规范，更不会有知识贡献的意愿。由于我国开源软件起步相对较晚，很多用户对开源软件的理解还停留在"免费软件"的观念上，造成理解和认知上的误区。实际上，开源项目的存在与发展需要有能力、有需求、有意愿的用户一同维护和更新，以促使该项目能持续发展和良性发展，承载开源项目运行的平台更需要用户积极参与其中，而不是仅是用户从开源软件社区中免费获取代码。第二，由于开源软件社区是一个专业性强的社区，大多加入开源软件社区的用户都有自己不同的目的。除了寻找免费代码的用户以外，其他用户可能出于提高编程能力、解决工作中的问题、提升自己在该领域的名气或在某段时间内对某个脚本语言特别偏爱等目的参与开源软件社区的活动，一旦目的达成或者问题解决，用户可能很长一段时间不参与社区活动。大部分参与开源软件社区的用户可能从未了解过社区的目标和愿景，让用户主动朝着社区的目标努力更难。这提醒开源软件社区的经营者，需要以某种恰当的方式让用户了解社区或者社区内某一板块的目标，使用户对社区的目标有所认知，以吸引那些自身目标与社区目标相近的用户。如果用户的长远目标和开源软件社区的不一致，社区价值体系并不能长久维持用户在社区的贡献意愿。

本书没有发现主观规范对知识贡献意愿有显著影响，Zhou 在研究虚拟社区用户知识共享的模型时，也未发现主观规范对知识共享的作用[105]。主观规范对知识贡献意愿不产生影响可能是以下几个原因造成的：第一，外界的期望和推荐大多是来自老师布置的作业或者公司 KPI（关键绩效指标）的考核规定，这是工作和课程以外的额外任务，用户可能把参与开源软件社区的活动当作任务，抱着敷衍的心态去对待，没有去体验、认知开源软件社区的意愿。这种消极参与开源软件社区的态度肯定不能为开源软件社区带来知识贡献，即使有知识贡献，其质量也需斟酌。例如很多公司员工为了考核而贡献的源代码，甚至欠缺最基本的说明文档。只有当潜在用户内心真正认可开源，认为参与开源软件社区的活动有助于自己近期或远期目标的实现，才会认真使用和体验开源软件社区，才有可能对开源软件社区进行知识贡献。第二，根据收集问卷时的一些反馈，有些调查对象是主动参与社区活动的，并没有任何人推荐他们使用，他们可能是由于某个开源软件社区的名气或者是该社区专攻的领域而进入该开源软件社区活动的。这些用户比受外界影响而使用开源软件社区的用户有着更加明确的自我提升目的，他们更倾向于积极参与社区活动、尝试参与开源项目的开发，因此这些用户的知识贡献程度比较大。这导致在收集这类用户的数据时，主观规范的得分偏低，而贡献意愿的得分偏高，可能影响了主观规范对贡献意愿的分析结果。

2.1.6.2 社会认知对开源软件社区用户知识贡献的作用

根据本书研究结果，认知因素中的自我效能显著正向影响开源软件社区用户的贡献意愿。环境因素中的系统质量、知识质量对开源软件社区用户的贡献意愿产生正向作用，而线上互动对开源软件社区用户的贡献起负向作用。

认知因素中的自我效能对开源软件社区用户的贡献意愿产生显著的正向影响。Chen 等验证了自我效能对虚拟学习社区用户参与意向具有重要影响[95]，Lee 等也在研究网络论坛的知识分享行为时发现，如果用户感觉到自身缺少对他人有用的知识，那么他们的知识贡献意愿就会比较低[96]。自我效能这里具体是指用户认为自己是否有能力、有信心在开源软件社区中发布源代码、参与开源项目的开发，贡献自己的脑力知识。这是用户在开源软件社区中进行贡献的前提因素。有能力的用户可以通过不断参与开源项目、贡献源代码来进一步提升自己的能力以及在某个领域内的影响。有信心的用户如果能力足够，大多会在社区进行知识贡献；如果能力不够，可以通过在社区中的学习和交流慢慢积累学习技能，在可以预见的未来给社区贡献知识。自我效能是用户在开源软件社区进行知识贡献的先决条件，如果用户对编写代码方面既没有能力也没有信心，那么该用户不会在开源软件社区进行知识贡献。开源软件社区的运营方既要在初期招募、吸引一批有能力的用户并以各种方式鼓励他们参与开源软件社区的活动，又要在社区形成交流学习的氛围，吸引有学习需求但是目前没有能力提供知识贡献的用户，这些用户一旦有能力独自发布源代码或参与开源项目的开发，将会给社区带来大量的知识贡献。

环境因素中的三个因素对开源软件社区用户贡献意愿都产生影响，其中系统质量和知识质量对开源软件社区用户的贡献意愿产生正向影响，线上互动对开源软件社区用户的贡献意愿产生负向影响。

在环境因素的三个影响因子中，系统质量的路径系数最大，说明系统质量对开源软件社区用户贡献意愿具有重要影响。系统质量包括系统是否好用、系统使用过程中是否稳定、系统界面是否吸引人、系统响应速度是否迅速等，是开源软件社区用户能直观接触到的、能最快产生认知的因素。开源软件社区的界面设计不符合用户使用习惯、使用开源软件社区的过程中经常出现卡顿、上传的开源代码无法让其他用户下载或者仅仅是社区的注册流程较为烦琐等细节，都会直接导致用户的流失，用户流失率高则直接导致开源软件社区用户的知识贡献少。开源软件社区的良好系统质量，是对用户脑力劳动成果、知识贡献行为的一种尊重。参与开源代码的编写耗时耗力，没有用户愿意由于开源软件平台系统的原因给自身劳动成果带来隐患。因此，开源软件社区运营商需要提供安全、稳定的社区平台，定期迭代完善社区界面、性能，确保社区界面用户友好，使用简单快捷。

知识质量对开源软件社区用户贡献行为产生正向影响，表明用户对开源软件社区提供的与开源代码相关知识的可靠性、完整性的关注。Lai等也发现知识质量通过知识搜索的态度显著正向影响知识搜索意愿[100]。用户所接触、参考的开源代码质量会影响用户以后自己编写的代码质量，用户希望接触的开源代码多为质量高的并且是易于参考和再次编译的。如果一个开源软件社区充斥着低质量的开源代码，那么用户会不断流失，该社区也不太可能发起有影响力的开源项目。为此，开源软件社区运营商需要采取各种手段来提高开源软件社区所提供的和开源代码相关的知识质量。这一方面需要运营商在社区中主动提供一些高质量的开源代码，以奠定社区知识质量的基调；另一方面也需要运营商有效整合用户所提供的与开源代码相关的知识信息，使整个社区的知识信息有条理且满足用户需要。

本书发现线上互动对开源软件社区用户的贡献意愿起负向作用，这个结果与已有文献的研究结果不一致。导致不一致的原因可能有以下几个方面：

第一，开源软件社区中存在灌水现象。首先，部分用户为了获取下载他人代码所需要的社区积分或社区货币，会上传一些质量较低的源代码，这些源代码影响着整个社区的环境，会导致其他用户对该社区的使用产生逆反情绪。其次，部分用户可能把开源软件社区当成与其他兴趣类虚拟社区相类似的平台，在社区中讨论与开源软件社区和开源代码无关的内容。而很多真正在社区上进行讨论或寻求帮助的帖子被沉没，从而无人问津。这会在用户中造成该开源软件社区的线上互动无用的印象，甚至使用户对社区的线上互动产生反感。

第二，开源软件社区中存在着严重的"搭便车"现象，这一点和知识型社区类似。很多用户都以获取免费代码的心态使用开源软件社区，没有参与开源软件社区活动；而积极贡献知识的用户得不到相应的反馈和回报，其知识贡献的积极性逐渐减弱，甚至对该社区线上互动产生抵触情绪。

第三，由于开源软件社区是专业性极强的虚拟网络社区，一些帖子中没有意义的回答可能削弱知识贡献用户的积极性。用户在某开源软件社区分享自己耗费时间和精力编译的开源代码，有些用户会在没有看完代码的情况下很不负责任地对此源代码进行评价，这会在很大程度上打击贡献源代码的用户继续进行知识贡献的积极性。

第四，中国互联网信息中心（CNNIC）发布的《2015年中国社交应用用户行为研究报告》显示，目前市场上的社交应用中，用户活跃程度高的应用都是基于现实生活中熟人关系链而建立的在线社交关系链，因此在社交网站的联系人中，以同学、同事、亲朋好友为主，而目前很少有用户在开源软件社区中以真实姓名进行活动，这可能在某种程度上阻碍了用户间互动频率。

综合以上几点造成线上互动对开源软件社区用户贡献意愿产生负向作用的原因，开源软件社区的运营商需要采取措施加强开源软件社区源代码上传的审核力度，净化社区的环境，不定期举行一些活动将更多的潜水用户转变为活跃用户，以提升开源软件社区的开源代码质量，增强用户黏性，慢慢改变用户不愿进行线上互动的行为习惯。

2.1.7　研究启示

本书的研究对开源软件社区的运营和管理有以下启示：

其一，运营者应注重开源软件社区战略目标建设，从社区成立的第一天就应明确平台的长远目标，与客户价值体系保持一致，以此来建立用户对社区的认同，吸引用户的积极参与并与社区一同发展。

其二，开源软件社区的运营者应该把运营重点放在社区自身成长上，例如提供高质量的服务和开源项目，而不是放在大力宣传、推广社区上，避免本末倒置。

其三，应重点关注社区中开源代码的质量。开源代码的高度专业化是开源软件社区区别于其他社区最根本的特征。开源软件社区的运营商和管理者可以从源代码的内容质量、表达质量、系统质量、效用质量四个维度对用户的贡献进行评价，以提高社区源代码的可靠性和有用性。

其四，开源软件社区的运营者应注重系统更新升级。随着手机和平板电脑等移动终端产品的普遍使用，开源软件社区需要不断推出新的应用功能，及时更新系统和应用，以确保良好的用户体验。

其五，积极营造良好的知识交流氛围，大力鼓励用户积极参与社区活动，给用户提供一个能迅速解决问题、开源项目质优量多、用户社区互动友好的平台。对灌水用户实施惩罚，加大对积极贡献知识用户的奖励力度，不定期举行一些社交活动吸引长期"搭便车"的潜水用户参与线上互动，以提高开源软件社区用户的知识贡献意愿。借此让用户慢慢习惯参与社区的活动，逐渐积累声誉资本，建立他们对社区的归属感、依附感和自豪感。

2.2　在线健康社区用户知识分享行为研究

根据中国科协发布的报告，2017 年，"健康与医疗"在网民所有搜索主题中占 63.16%，同比 2016 年增长 43.53%，位居第一，显示我国网民对网络医疗健康信息的需求与日俱增。在互联网和健康医疗行业相互渗透的背景下，庞大的医疗健康信息需求刺激"互联网＋健康医疗"模式的快速发展，涌现出一大批在线健康社区（online health communities，OHCs）。

在线健康社区是指用户基于互联网对健康或医疗相关信息进行知识分享、专家咨询和成员交流等活动的在线社区。国内典型的在线健康社区按社区性质分类，主要有以"好大夫在线""春雨医生"为代表的综合型专业医疗互动平台，以"百度戒烟吧""知乎健康"为代表的综合型社交平台中的健康板块，以及以"美柚""宝宝树孕育"为代表的专业型健康社交平台。由于具备便利、高效等优势，在线健康社区已经成为人们获取健康信息的重要来源。用户在社区中不仅进行包括浏览、搜索和咨询等方式的信息获取行为，也进行包括发布医疗信息、解答他人健康疑问、分享自身治疗经验和自身感受等贡献行为。

在线健康社区为用户提供了获取和分享健康信息和知识的平台。一方面，在线健康社区为用户提供了便捷的信息获取平台，提高了信息搜索效率；另一方面，社区成员在与具有相似经历或相同病症的患者交流的过程中，获得的情感支持有利于减轻自身的压力和焦虑等。但目前，由于种种原因如缺乏信任、信息隐私风险等，用户对在线健康社区的参与度不足。用户在社区中的活动主要以知识获取行为为主，而对健康知识的分享意愿不强，这可能导致在线健康社区运营的失败。因此，研究在线健康社区用户知识分享行为，发现影响用户分享的显著因素，从而采取措施提高用户知识分享意愿，对促进公众健康知识的传播和国内在线健康社区的持续健康发展具有重要意义。

2.2.1　文献综述

作为一种新兴模式，在线健康社区得到了国内外学者的广泛关注。部分学者发现社会支持是影响用户行为的一个显著变量。翟羽佳等认为百度戒烟吧中短期用户参与社区活动的目的是寻求社会支持和自我满足，长期用户则为其他用户提供帮助和支持[106]。Keating[107]、Yan 和 Tan[108]等学者发现在线健康社区能够为患者提供有效的社会支持，这种社会支持有利于患者的健康，例如缓解患者的压力和焦虑。

另外一些研究从社会交换视角包括成本和收益方面研究了在线健康社区用户行为。Yan 等构建了知识共享的成本和收益模型，研究了在线健康社区公共和个人健康知识分享行为的影响因素[109]。侯贵生等构建了在线健康社区用户知识转化与共享的演化博弈模型，指出知识收益能够满足社区用户时，用户会积极参与知识转化与共享[110]。邓朝华和蒙江对丁香园的用户开展问卷调查研究，结果表明利他主义、归属感、等价性、交互感知性等显著影响知识共享意愿[111]。Zhang 等发现声誉和自我效能对医疗专业人员知识共享意愿的影响更显著，而互惠、利他主义和移情对普通用户的知识分享意图更显著[112]。

由于感知的不确定性和风险，信任也是影响在线健康社区用户行为的一个显著变量。Fan 等研究了在线健康社区用户之间的信任关系，研究表明信任会显著影响用户参与健康知识共享的意愿[113]。陈星等指出社会交互和社会信任对健康知识共享的意愿影响均显著[114]。

从上述文献可以发现，已有研究从多个视角包括社会支持、社会交换、信任等研究了在线健康社区用户行为。但这些研究主要考察了社会层面的因素，而忽视了技术层面的因素，使得研究结果不够完整。基于此，本书将整合信息系统成功模型和社会支持理论，综合考察技术因素（社区质量）和社会因素（社会支持）对用户分享健康知识行为的影响。

2.2.2 研究模型与假设

2.2.2.1 社区质量

社区质量反映了在线健康社区的平台质量。基于信息系统成功模型，本书采用系统质量、信息质量、服务质量三个因素来反映社区质量。

系统质量反映了在线社区技术层面的特征，如社区运行的稳定性、访问速度、导航的有效性、页面设计等。如果用户访问在线社区所需等待的时间过长、无法加载需要访问的请求或者不能流畅地浏览、发表和评论健康信息，将严重损害用户的使用体验，降低用户对在线健康社区的信任。社区平台不断地更新应用，目的是提升系统的性能，修复漏洞，带来更加美观的界面，从而提升用户的满意度，建立用户对社区平台的信心。研究表明，信息系统质量显著影响用户的满意度，能够增强用户的信任和购买意愿。因此，本书假设：

H1：系统质量显著影响用户对社区的信任。

信息质量是对社区提供的健康信息的完整性、准确性、及时性以及信息内容是否能满足用户需求等的相关评价。好大夫在线、丁香园等在线健康社区丰富和拓宽了健康信息传播的渠道，为大众提供了一个高效率的知识交流平台。但是在线健康社区中的内容往往是用户（专业或非专业医疗人员）自己产生的，信息质量良莠不齐，在庞杂的信息流中包括广告信息、冗余信息甚至是虚假信息。如果用户相信并采用不当的健康信息可能对身体造成严重的伤害。Kettinger 和 Lee 的研究也发现网站信息质量会影响消费者的信任 [115]。因此，本书假设：

H2：在线健康社区的信息质量显著影响用户对社区的信任。

服务质量可用可靠性、响应性、保证性、移情性四个维度来测量。已有研究表明移动服务提供商和网络运营商提供卓越的服务能够提高用户的满意度、信任和忠诚度。在线健康社区如果能及时回复用户咨询的问题，给出准确的反馈，并根据用户信息包括注册信息、浏览信息等提供个性化的健康信息或服务，将提高用户对社区的能力、诚实、善意的信念，建立用户对社区的信任。因此，本书假设：

H3：在线健康社区的服务质量显著影响用户对社区的信任。

2.2.2.2 社会支持

用户参与在线社区互动的一个主要目的是获取信息支持和情感支持。情感支持是指个体被他人尊重和接纳，或者说个体身处困境时所得到的情感上的安慰和鼓励。信息支持即有助于他人解决问题的建议或对策。在线健康社区中，如果其他成员能够给予用户及时、准确的信息支持，帮助用户解决健康问题或者提供意见，将使用户感受到其他成员值得信赖。此外，社区其他成员与某个用户拥有相同的经历或者相似的病症时，更加容易表现出对该用户的同情、关心和安慰，能够提供一种情感依赖，促进建立信任关系。已有研究表明，社交网络中的社会支持能够影响用户对其他用户的信任以及社区承诺，丁道群和沈模卫的研究也证明了网络社会支持对网络人际信任具有直接影响 [116]。因此，本书假设：

H4：信息支持显著影响用户对其他成员的信任。

H5：情感支持显著影响用户对其他成员的信任。

2.2.2.3 信任

知识共享机制和信任机制紧密相关，一方面消费者倾向于从社区和他们能够信任的对象那里寻求建议，另一方面，由于隐私问题，消费者更可能与值得信赖的人分享个人信息。甘春梅和王伟军认为，人际信任为知识共享创造氛围，而系统信任是知识共享发生的前提条件 [117]。本书采用 Chen 和 Shen 的观点把信任分为对社区的信任和对成员的信任 [37]。

（1）对社区的信任

对社区的信任是指用户对在线健康社区作为社交互动场所是可靠的、

值得信赖的、能够满足用户的需求等的感知。用户在注册社区账号时提供的很多个人真实信息，例如姓名、手机号、电子邮箱等以及在使用过程中向社区披露的偏好、浏览痕迹、搜索记录、咨询经历等都会增加用户对隐私信息泄露的担忧。当用户信任该社区时，其更可能认为该社区具备专业的技术和能力确保隐私信息完整，不会滥用或泄露用户个人隐私。因此，信任可以降低用户对隐私风险的感知。已有研究表明，SNS用户的信任可以减少用户对隐私风险的感知，促进用户的信息披露行为。因此，本书假设：

H6：用户对社区的信任负向影响其隐私风险。

用户对在线健康社区的信任感将促进其从该社区寻求更多的健康信息服务，并分享自己的知识和体验。Bansal等的研究表明用户对健康网站的信任显著影响其信息披露意愿[118]。徐美凤和叶继元指出在虚拟学术社区中，用户对社区的信任显著影响他们的回帖行为[119]。因此，本书假设：

H7：用户对社区的信任显著影响用户的知识分享意愿。

（2）对成员的信任

在线健康社区中成员之间的信任是指用户对其他个体或团体的承诺或声明值得信赖的一种预期。当社区成员提供一种良好的信任氛围时，用户更愿意遵守社区的制度，并且认为其他成员能够为自己提供可靠的健康信息，不会以非法的方式侵害自己的利益和隐私。因此，本书假设：

H8：用户对成员的信任负向影响其隐私风险。

用户之间良好的信任关系更容易让其以互惠的方式积极参与社区活动。用户在社区互动过程中可以增强对他人的情感依赖和认同，从而更加乐于提供愉悦的交流和共享体验。Fang和Chiu认为用户信任通过利他主义间接影响知识共享意愿[120]。因此，本书假设：

H9：用户对成员的信任显著影响用户知识分享意愿。

（3）信任转移

根据信任转移理论，主体对一个已知客体的信任可以通过客体之间的关联转移到另一个相对陌生的客体上。社区成员之间的互动有助于将用户对其他成员的信任转移到用户对社区的信任。当用户间具有高度的信任时，用户更加容易感受到虚拟社区感，更容易信任社区服务提供商。赵玲等指出成员间的信任影响成员对商家或虚拟社区服务提供商的信任[28]。因此，本书假设：

H10：用户对成员的信任显著影响用户对社区的信任。

2.2.2.4　隐私风险

隐私风险是指用户在参与社区活动时，对个人信息泄露所带来损失的预期。随着互联网技术的发展，用户在享受信息系统带来效益的同时也越来越担心个人隐私的泄露。例如2018年3月，Facebook平台上超过5000万名用户的信息外泄事件动摇了人们对该平台的信任，大大增加了用户的隐私风险担忧。

在线健康社区的用户在寻求治疗经验或方法时，需要披露更多的隐私信息（年龄、婚姻状况、生活习惯、病史等）来获取更加准确可靠的建议或意见。因此，相比其他类型的虚拟社区，在线健康社区的用户对个人的隐私信息更加担忧。Bansal等指出用户对健康信息的隐私关注负向影响其健康信息披露意愿[118]。因此，本书假设：

H11：隐私风险负向影响知识分享意愿。

理性行为理论、计划行为理论等认为行为意向是影响实际行为最直接的因素，可以用来预测实际行为。Bartol和Srivastava指出用户的共享期望是影响知识共享决策的重要因素[121]。已有研究也验证了共享意愿对虚拟社区成员的知识共享行为有显著的正向影响。因此，本书假设：

H12：在线健康社区用户的知识分享意愿显著影响知识分享行为。

研究模型如图 2.4 所示。

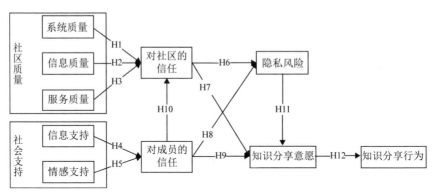

图 2.4　研究模型

2.2.3　数据收集与分析

（1）量表设计与数据收集

研究模型包括 10 个因子，其中除了"知识分享行为"为单指标变量外，其他每个因子至少包含 3 个测量指标，采用李克特五级量表进行测量。各指标内容及来源如表 2.14 所示。问卷设计完成后，在 10 名具有在线健康社区使用经历的用户中进行预调查，并根据被调查者反馈的意见对问卷的部分指标进行了修改，保证问卷的有效性。

问卷调查主要针对高校师生和企事业单位工作人员展开，以问卷链接的形式发布在微信朋友圈、QQ 空间、微博、知乎和百度贴吧五种使用率最高的社交平台上，共得到有效问卷 326 份，其中男性占 51.2%，女性占48.8%；被调查者中 49.1% 是学生，98.2% 的用户年龄在 40 岁以下，90.5%的用户具有本科及以上学历；46.6% 的用户使用在线健康社区的时间在 1 年以上。用户经常使用的在线健康社区平台包括：百度知道（46%）、知乎（43.8%）、微博（33.4%）、百度贴吧（28.2%）、微信（27.9%）等综合社交平台上的健康板块，好大夫（16.2%）、丁香园（16.2%）等专业医疗健康交流平台，Keep（26%）、美柚（15.6%）等运动健康社交社区。

表 2.14　变量及测量指标

因　子	指　标	指标内容	来　源
系统质量 （SYQ）	SYQ1	该社区运行稳定、访问快速。	[122]
	SYQ2	该社区的使用是简单的。	
	SYQ3	该社区的导航服务是有效的。	
	SYQ4	该社区的视觉设计是有吸引力的。	
服务质量 （SEQ）	SEQ1	该社区为我提供便捷的服务。	
	SEQ2	该社区对我提出的问题提供迅速的回应。	
	SEQ3	该社区提供的健康服务是专业的。	
	SEQ4	该社区提供的健康服务是个性化的。	
信息质量 （INQ）	INQ1	该社区提供的健康信息能够满足我的需要。	
	INQ2	该社区提供的健康信息是全面的。	
	INQ3	该社区提供的健康信息是准确的。	
	INQ4	该社区提供的健康信息是最新的。	
信息支持 （IS）	IS1	该社区的其他成员会在我需要帮助时提供建议。	[34]
	IS2	当我遇到健康问题时，该社区的成员向我提供信息帮助解决问题。	
	IS3	当我遇到健康问题时，该社区的成员帮助我找到问题的原因并提供建议。	
情感支持 （ES）	ES1	当我遇到健康问题时，该社区的成员会和我共同面对。	
	ES2	当我遇到健康问题时，该社区的成员会安慰和鼓励我。	
	ES3	当我遇到健康问题时，该社区的成员会倾听我的感受。	
	ES4	当我遇到健康问题时，该社区的成员会对我表示关切。	
对社区的 信任 （TC）	TC1	该社区提供的健康信息和服务能够满足用户的需求。	[37]
	TC2	该社区保护用户的信息隐私。	
	TC3	该社区是可靠的、值得信赖的。	
对成员的 信任 （TM）	TM1	该社区成员总会尽力给其他人提供健康帮助。	
	TM2	该社区成员能遵循自己对其他人的承诺。	
	TM3	该社区成员是诚实的。	
隐私风险 （PRR）	PRR1	在该社区披露个人健康信息是有风险的。	[123]
	PRR2	在该社区披露个人健康信息存在很多不确定性。	
	PRR3	在该社区披露个人健康信息会带来很多潜在损失。	
知识分享 意愿 （KSI）	KSI1	我打算以后更频繁地与该社区成员分享健康知识。	[124]
	KSI2	我将试着与该社区成员分享健康知识。	
	KSI3	我将尽力与该社区成员分享健康知识。	
	KSI4	我将给该社区中寻求帮助的人提供知识。	

续 表

因 子	指 标	指标内容	来 源
知识分享 行为 （KSB）	KSB	在该社区每周发布、评论或转发健康消息（文章） 的次数。 （1代表"从不分享"，2代表"每月小于一次"， 3代表"每月一到三次"，4代表"每周一次"，5 代表"每周多次"）	[125]

（2）数据分析

首先，使用 SPSS 20.0 进行信度分析，得到每个因子的克龙巴赫 α 系数，均大于 0.9，显示量表具有良好稳定性和内部一致性。此外，效度分析显示，各指标对应的因子负载均大于 0.7，AVE 值和 CR 均大于 0.7，说明测量模型具有良好的效度。

然后，运用 LISREL 软件对结构模型进行检验。模型中各路径系数值及显著性水平如图 2.5 所示。表 2.15 列出了部分拟合指数，大部分拟合指数实际值均大于推荐值，表示该模型的拟合优度较好。

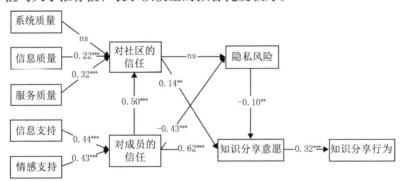

注：**表示 $p<0.01$；***表示 $p<0.001$；ns 表示不显著。

图 2.5 路径系数及显著性

表 2.15 模型拟合指数推荐值和实际值

	χ^2/df	GFI	AGFI	CFI	NFI	NNFI	RMSEA
推荐值	< 3	> 0.90	> 0.80	> 0.90	> 0.90	> 0.90	< 0.08
实际值	2.17	0.83	0.80	0.99	0.97	0.98	0.06

2.2.4 讨论

从图 2.5 中可以发现，除了 H1 和 H6 以外，其他假设都得到了支持。对社区的信任被解释的方差比例为 80.1%，对成员的信任被解释的方差比例为 70.2%，在线健康社区用户知识分享意愿被解释的方差比例为 61.1%，显示本书的模型是有效的。

在影响社区信任的因素中，服务质量的作用最大（0.32），信息质量的作用次之（0.22），而系统质量对社区信任没有显著影响。对于在线健康社区的用户来说，他们使用在线健康社区的目的在于获取便捷的医疗信息服务。因此，社区服务提供商需要不断完善平台的管理和运营机制来提高社区的服务质量，例如提高用户咨询的回复效率，及时为患者提供专业、个性化的服务。信息质量是影响用户对社区的信任的关键因素。在线健康社区中的大部分内容由成员创造，信息内容的专业性和可靠性有待考量。而在线健康信息质量与用户的身体健康密切相关。因此，在线健康社区服务提供商需要对社区中发布的健康信息进行严格筛选，规范信息表达格式，建立专业的健康知识库，从而建立用户信任。

研究没有发现系统质量对社区信任的作用，可能存在以下两个原因。第一，随着"互联网＋医疗健康"体系的快速发展，在线健康社区的服务提供商有足够的技术保障网络服务的连续性和安全性，用户对其已经建立信任。提高在线社区的访问速度、优化页面设计等不能再增强用户对社区的信任。第二，在线健康社区的用户大多为患者和家属，他们参与社区活动（浏览、搜索和发表健康信息，咨询和回复健康问题）主要是为了获取相关的健康信息满足自己的健康需求，因此用户更加关注在线健康社区提供的信息质量和服务质量，对系统质量要求不高。

研究发现信息支持和情感支持是影响用户对成员信任的重要因素，这与前人的研究结果一致 [37, 126]。为了进一步加强用户之间的信任关系，提高用户对社区的认同感和归属感，在线社区的管理者一方面需要保证健康信

息的完整性、专业性和个性化来满足用户的需要，另一方面需要为成员创
造一个互惠互利的氛围，让成员感受到友善、诚实和关切，提供持续的信
息和情感支持。

研究结果显示，对成员的信任显著影响隐私风险，没有发现社区信任
对隐私风险的作用。这可能是由于：第一，在线健康社区中，用户的发布、
评论和回复等行为都是面向社区的所有成员。相对于用户对社区的信任来
说，用户在社区互动中感受到的个体或群体的能力、友善和诚实对用户感
知的隐私风险作用更加显著。第二，用户对社区的初始信任主要以技术和
管理制度为依托。当用户最初接受并使用在线健康社区时，已经形成了对
社区的信任和隐私风险的感知。一个虚拟社区的信息技术水平是相对稳定
的，管理制度也不会频繁更改。因此，在用户使用在线健康社区进行知识
分享阶段，用户对社区的信任对隐私风险没有显著作用。

在显著影响在线健康社区知识分享意愿的因素中，对社区的信任的标
准系数是 0.14，对成员的信任的标准系数是 0.62，隐私风险是 - 0.10。可
见用户对成员的信任对知识分享的作用较大。如果社区成员值得信任，首
先用户相信当自己遇到健康问题时，其他成员会尽力对自己的健康疑问做
出迅速的回复，提供准确的信息和专业的建议。其次，用户相信其他成员
不会恶意泄露或者利用自己的健康信息用于不法用途。这些都将促进用户
的知识分享。

2.2.5 结论

本书整合信息系统成功模型和社会支持两个视角，研究了在线健康社
区用户知识分享行为。研究发现，信息质量和服务质量显著影响对社区的
信任，信息支持和情感支持显著影响对成员的信任。这两种信任和隐私风
险影响用户的知识分享意愿。

本书研究结果为在线健康社区的管理者提供以下启示：第一，提高社
区的信息质量。为用户提供准确、可靠的信息可以加强用户对社区的信任

和信赖。此外，根据用户的健康状况提供个性化信息也是衡量在线健康社区信息质量的标准之一。例如，在甜蜜家园中，社区的服务提供商为糖尿病患者推送饮食禁忌、糖尿病的病理和相关治疗方案等。第二，为用户提供及时、专业化的服务。及时回复用户提出的问题，提高社区服务的响应性和回答率。这样可以让社区成员感受到社区服务提供商是站在用户的立场，关心用户的切身利益。第三，对社区成员的互动行为实施有效监控，创造良好的互惠氛围。社区管理者应当禁止用户发布任何形式的商业产品信息，不允许用户在社区中以任何形式发布他人隐私信息。第四，建立投诉和评分制度。社区成员可对存在损害他人利益、散播虚假信息等恶劣行为的用户进行投诉和差评。社区管理者以此来对不良用户给予警告、惩罚或收回会员资格，保障社区成员间持续信任的良性循环。

2.3 基于社会资本理论的在线健康社区用户参与行为研究

互联网技术与健康医疗的相互渗透，以及大众对医疗健康服务的多样化和实时性的需求，促进了在线健康社区的产生和发展。在线健康社区是一类以互联网技术为载体，汇集大量医疗和健康相关信息，为大众提供健康教育、知识分享、专家咨询和成员交流的开放式平台。由于用户可以在社区中不受地域和时间限制传递健康信息资源，在线健康社区已经成为大众获取健康知识、提升健康素养和求医问诊的重要渠道。国内典型的在线健康社区有"好大夫在线""微医""有问必答"等。据统计[127]，中国互联网医疗行业市场规模达 223 亿元，用户规模达 2.53 亿人，网民使用率约 32.7%，显示了我国在线医疗与健康市场的巨大发展潜力。

在线健康社区的持续发展依赖于用户积极的参与包括获取和贡献健康知识。用户的参与行为主要包括浏览、搜索和咨询等方式的健康知识获取行为，也包括发布医疗信息、解答他人健康疑问、分享自身治疗经验和感受等健康知识贡献行为。除信息交流外，在线健康社区还具有交友、自我反馈等功能，能够帮助患者更好地进行健康的自我管理，对用户的健康产生积极作用。然而，用户的参与行为往往以健康知识获取为主，个体的健康知识贡献意愿不高，这将阻碍在线健康社区的可持续发展。因此，在线健康社区的经营者需要采取有效措施来促进用户的参与行为。在线健康社区用户通过频繁的交互构建了社会交互网络，发展了社会网络关系和社会资本，这将对其行为产生显著影响。基于此，本书将从社会资本视角来研究在线健康社区用户知识获取和贡献行为。研究结果将为在线健康社区运营者提供实证依据，他们可据此制定有针对性的策略以促进用户参与行为。

2.3.1 文献综述

用户的积极参与是在线健康社区成功的关键，国内外学者从多个视角对此进行了研究。

第一个角度是基于需求动机理论，包括愉悦、自我效能、个人收益、利他主义、社区利益、同情、声誉和互惠等因素对用户的健康知识分享意愿有激励作用[128]。Lin 等结合内外动机研究了专业健康医疗人员知识分享意愿的影响因素，指出共享愿景是影响知识共享态度的最重要因素，其次是知识共享自我效能、声誉和利他主义[129]。Zhang 等将声誉和互惠作为外在动机，将知识的自我效能、利他主义和同情心作为内在动机，研究了内外动机对在线健康社区中的专业人员和普通用户的知识分享意愿作用的异同[112]。张星等进一步研究了外部动机对个体内部动机的影响，探究个体动机对一般健康知识和特殊健康知识共享行为的作用[130]。

第二个角度是基于社会支持理论。在线医疗社区主要为用户提供医疗健康信息和情感支持，并且这两种支持对参与在线健康社区的患者的健康状况有积极影响。唐旭丽等指出在线健康社区用户的信任主要来源于信息支持，信息支持依赖于健康信息的论据质量和来源可信度[131]。莫秀婷和邓朝华的研究指出信息支持显著影响用户对 SNS 健康信息的采纳意向[132]。吴江和李珊珊以患者交互的在线健康社区为研究对象，指出社会支持对用户信息服务使用意愿具有显著促进作用[133]。周军杰的研究指出，情感支持和知识分享是在线健康社区用户最主要的行为类型，并且用户获得的社会支持与知识共享行为有正向关系[134]。

第三个角度是基于社会交换理论，主要考察成本和收益因素对在线健康社区用户行为的影响。Yan 等构建了知识共享的成本和收益模型，验证了感知自我价值、社会支持和声誉对健康知识分享行为的积极作用，并指出面子对公共健康知识有正向显著作用，而对个人健康知识分享行为存在负向作用[109]。侯贵生等构建了在线健康社区用户知识转化与共享的演化博弈模型，指出当知识收益能够满足社区用户需求时，用户会积极参与知识转化与共享[110]。

此外，一些研究也考察了社会资本对在线健康社区用户行为的作用。研究表明，在线健康社区的网络回帖行为具有互惠性和传递性，且社会资本高的用户更有可能收到回帖[135]。Zhao 等研究了社会资本对在线健康社区知识创造的影响，指出网络密度在知识外化和组合中起着关键作用，知识的外化能够影响用户持续参与的意愿[136]。张克永和李贺的研究也验证了社会信任和社会认同能够促进用户的知识共享的意愿[137]。

综合上述分析可以发现，已有文献从多个视角包括动机理论、社会支持理论、社会交换理论等研究了在线健康社区用户行为，但这些研究忽视了用户彼此交互所形成的社会关系网络（社会资本）对其行为的影响。在"39健康网""家庭医生在线""微医"等在线健康社区中，用户在信息互动过程中建立信息支持网络，在情感交互中形成情感支持网，这些网络体现了用户参与社区互动所形成的社会资本。一些文献也考察了社会资本对用户行为的作用。但这些文献往往仅考察社会资本的单个维度如关系维（信任、认同等）的作用，而忽视了社会资本的其他维度如结构维、认知维的作用。因此，有必要全面考察社会资本对在线健康社区用户的参与行为（健康知识获取行为、健康知识贡献行为）的作用。

2.3.2 研究模型与假设

2.3.2.1 社会支持

社会支持（social support）的概念源自 20 世纪 70 年代社区心理学的研究。早期的研究认为，在社会环境中，社会支持对人的心理和身体健康有积极作用。随着网络应用的发展，越来越多的人在虚拟社区中获取社会支持。Turner 等认为网络社会支持是个体在网络人际互动中受尊重、支持和理解的程度[138]。Hajli 和 Sims 认为社会支持是个体在社交网络中得到其他成员的帮助、尊重和关心时所产生的归属感[139]。Liang 等认为，信息支持是指向他人提供能够解决问题的建议、意见或知识[34]。由此可见，社会支持强调人们在其人际关系中所得到的有利于个体健康发展的各种帮助，这将影响社会资本的形成。

（1）信息支持

在线健康社区中，由于不存在面对面的交流，社区成员间的社会支持主要以信息支持和情感支持为主。信息支持是指用户通过搜索、咨询、回答和讨论等形式获得健康医疗相关的信息，包括药物信息和治疗建议等，情感支持是指用户在交互过程中得到的情感方面的关注，例如被他人尊重和接纳，获得他人的安慰、理解或鼓励等。首先，如果在线健康社区中其他成员能够提供有价值的建议或及时的帮助，用户将更愿意与信息提供者建立并维持联系。其次，用户能够在信息交流和互动的过程中形成对对方仁慈、正直、能力等方面的判断，产生信任感。高水平的信息支持能够帮助用户快速融入其所在的社区，产生认同和归属感。再次，用户能够在频繁的信息互动中了解彼此、掌握更多与健康相关的知识，有利于用户之间使用共同的行话、可理解的方式进行交流（例如某个疾病的指标、药物名称和治疗方法等），从而提高沟通的效率。因此，本书假设：

H1a：信息支持显著影响社会交互联结。

H1b：信息支持显著影响信任。

H1c：信息支持显著影响认同。

H1d：信息支持显著影响共同语言。

（2）情感支持

情感支持反映了来自其他用户的情感慰藉如关注、关心、鼓励等。在线健康社区中的成员大多是拥有相同的疾病或者相似的病症的用户，他们在情感上往往更容易产生共鸣，从而建立亲密的人际关系并相互依赖，形成对彼此的信任和认同。张星等的研究指出评价支持和情感支持通过影响在线健康社区用户的社区归属感间接影响用户的忠诚度[140]。此外，强情感支持有助于增进用户间的相互理解和关怀，不仅满足了用户的情感需求，而且能够促进他们更加积极地参与疾病话题讨论。用户也更愿意用彼此理解的方式分享医疗健康信息、为他人提供帮助。因此，本书假设：

H2a：情感支持显著影响社会交互联结。

H2b：情感支持显著影响信任。

H2c：情感支持显著影响认同。

H2d：情感支持显著影响共同语言。

2.3.2.2 社会资本

社会资本是一个多维度的概念，在不同的研究情境中关于社会资本的概念以及测量指标存在差异。其中，Nahapiet 与 Ghoshal 对社会资本维度的划分应用最为广泛，他们认为社会资本反映了嵌入在关系网络中的各种资源，包括结构维资本、关系维资本和认知维资本三个方面[91]。结构维资本描述的是网络成员之间交互的频率和持续时间。关系维资本指个体之间经过交流互动所发展出的人际关系，包括信任、互惠和认同。认知维资本指个体形成的对于事物的共同看法、共同价值观以及使用的共同语言。社会资本的各个维度，通过资源的联结和交换，将有助于知识的创造、交换和传递。

根据 Chiu 等的研究，结构维资本包括社会交互联结，关系维资本包括信任、认同、互惠规则（norm of reciprocity），认知维资本包括共同语言、共同愿景[92]。本书选取这些变量来反映社会资本，但去掉了互惠规则、共同愿景两个变量。互惠规则强调的是交换的公平性，即社区成员在分享健康知识的同时也期望获取其他成员提供的知识，这实际上在本书的两个因变量包括健康知识获取行为、健康知识贡献行为中得到了体现，因此本书模型没有包含互惠规则。共同愿景反映了社区成员共同的价值观和信念等，而社会支持作为在线健康社区的一个重要特征，也体现了其价值观和愿景，即在线健康社区的一个重要使命是为用户提供健康信息支持和情感慰藉，因此本书模型没有包含共同愿景。

（1）结构维资本

社会交互联结是虚拟社区成员建立关系的第一步，表现为成员间交互的频率和关系强度。在线健康社区中，用户对某个健康相关的问题进行咨询、回答、讨论等互动都是一种社会交互联结。强关系网络下，用户不仅可以实现社区中健康知识、医疗信息等资源的传递，而且能够通过频繁的互动增强用户间的了解和信任，促进有效的沟通和交流。用户也更容易将社区中其他与自己互动关系密切的用户看作是自己的朋友从而更倾向于参与在线社区的活动。Chiu 等指出虚拟社区中成员之间的联系越紧密，知识共享的效果越好[92]。刘海鑫等的研究表明，个体在企业虚拟社区中的社会交互关系对其知识贡献行为具有显著作用[141]。因此，本书假设：

H3：社会交互联结显著影响用户的健康知识获取行为。

H4：社会交互联结显著影响用户的健康知识贡献行为。

H5：社会交互联结显著影响用户的信任。

（2）关系维资本

关系资本是指人们参与虚拟社区互动所建立的人际关系。当用户对网络形成强烈的信任和认同时，社会关系网络就形成了。周涛和鲁耀斌认为信任和认同对移动社区用户参与行为具有促进作用[142]。信任意味着成员对其他社区成员所提供的健康信息和参与社区讨论能力的认可，直接影响其参与社区互动的行为。信任水平越高，表示用户间的亲密程度越高，用户更愿意向信任度高的用户分享自己的健康知识。而用户也更相信信任度高的成员所提供的健康信息是真实可靠的，有利于促进其在该社区中获取健康知识的意愿。邓朝华和洪紫映的研究指出在线医疗健康网站中患者信任显著影响患者行为意向[143]。同时，用户之间的信任关系能够降低用户对于隐私泄露、非法利用等的担忧，培养认同和归属感，有助于创造一种鼓励用户积极参与的氛围。因此，本书假设：

H6：信任显著影响用户的健康知识获取行为。

H7：信任显著影响用户的健康知识贡献行为。

H8：信任显著影响用户的认同。

认同反映了个体对于虚拟社区的归属感和成员感等情感。用户对虚拟社区缺乏认同将会阻碍其知识的分享、学习以及知识创造，而成员对社区的团结和一致的感知将提高成员知识共享的主动性，用户健康知识获取和贡献的密度、频率和广度都将大大提高。刘丽群和宋咏梅对虚拟社区成员参与知识交流与共享的动机的研究中指出成员的相似性和团体认同感是虚拟社区成员知识交流的基础[144]。健康社区中设置的健康专栏、话题等功能将有相同健康问题或相似疾病经历的用户聚集在一起，并依靠共同遵循的规范和价值观得以维持。对社区具有认同感的忠实用户将自己视为群体中的一分子，会更加积极地参与社区活动并促进利他行为的产生。因此，本书假设：

H9：认同显著影响用户的健康知识获取行为。

H10：认同显著影响用户的健康知识贡献行为。

（3）认知维资本

共同语言是虚拟社区用户知识交换的工具，指个体之间共通的专业术语、符号、图片、表达方式、经历等。个人之间的沟通会随着共同语言的增加而变得更加有效。比如在线健康社区中，具有相似疾病经历的用户往往了解某种疾病、治疗方案、药品等的术语、描述方式等，社区成员使用这种共有的规范性语言，能够使成员更容易理解彼此的行为含义，减少知识传递的成本，有利于提高成员间的沟通效率。包凤耐和曹小龙指出在虚拟社区建立可供其成员广泛使用的共同语言规范对提高社区内的知识共享程度有显著的促进作用[145]。此外，共同语言有助于信息的传递和沟通，增进用户之间的相互了解，从而建立用户的信任和认同感。因此，本书假设：

H11：共同语言显著影响用户的健康知识获取行为。

H12：共同语言显著影响用户的健康知识贡献行为。

H13：共同语言显著影响用户的认同。

H14：共同语言显著影响用户的信任。

研究模型如图 2.6 所示。

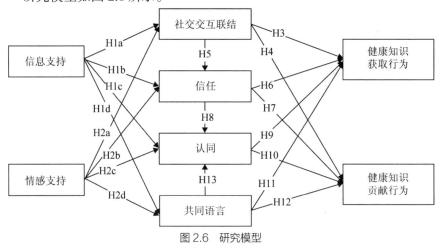

图 2.6 研究模型

2.3.3 数据收集与分析

（1）问卷设计与数据收集

模型共包括 8 个因子，每个因子均有三到四个指标衡量，采用李克特五级量表进行测量。表2.16列出了各因子及测量指标。

调查问卷主要以网络链接的形式发布在好大夫在线、微医、丁香医生和春雨医生等具有代表性的在线健康平台上，以尽量提高用户的代表性，此外还邀请了微信、QQ、微博和百度贴吧等社交平台上具有网络健康医疗使用经历的用户参与调查，以保证调查对象特征的多样性及丰富性。问卷发放时间持续2个月，共得到有效问卷312份。其中，男性用户占54.5%，女性用户占45.5%；81.7%的用户年龄在20岁到29岁之间，85.5%的用户具有本科及以上学历，38.7%的用户使用在线健康社区的时间在1年以上。从社区的性质分类来看，用户经常使用的平台包括健康医疗话题的社交平台如百度知道（42.3%）、知乎（40.7%）、微博（29.8%）、微信（27.5%）等，以及专业型在线健康社区如好大夫在线（24.6%）、丁香医生（20.8%）、美柚（12.8%）、春雨医生（12.1%）等。

表2.16 变量及测量指标

因 子	指 标	指标内容	来 源
信息支持 （IS）	IS1	该社区的成员会在我需要帮助时提供建议。	[34]
	IS2	当我遇到健康问题时，该社区的成员向我提供信息帮助解决问题。	
	IS3	当我遇到健康问题时，该社区的成员帮助我找到问题的原因并提供建议。	
情感支持 （ES）	ES1	当我遇到健康问题时，该社区的其他成员和我共同面对。	
	ES2	当我遇到健康问题时，该社区的其他成员安慰和鼓励我。	
	ES3	当我遇到健康问题时，该社区的其他成员倾听我的感受。	
	ES4	当我遇到健康问题时，该社区的其他成员对我表示关切。	

续　表

因　子	指　标	指标内容	来　源
社会交互联结（SI）	SI1	我与该社区的部分成员关系密切。	[92]
	SI2	我花了很多时间与该社区的成员进行交流。	
	SI3	我与该社区的部分成员有着频繁的联系。	
信任（TR）	TR1	即使有机会，该社区的成员也不会做损人利己的事情。	
	TR2	该社区的成员会信守自己对其他成员的承诺。	
	TR3	该社区的成员真诚对待彼此。	
认同（IDT）	IDT1	在该社区中，我有一种归属感。	
	IDT2	在该社区中，我感受到团结和亲密。	
	IDT3	我为成为该社区的一员而感到自豪。	
共同语言（SLA）	SLA1	该社区的成员和我使用行话进行交流。	
	SLA2	该社区的用户与我使用可理解的方式沟通。	
	SLA3	该社区的用户使用可理解的陈述方式发布健康信息。	
健康知识获取行为（KGB）	KGB1	我经常访问该社区以获取关于某个健康问题的相关知识。	[146]
	KGB2	当我想了解与健康相关的问题时，我将在该社区中寻找信息。	
	KGB3	当我遇到健康问题时，我会到该社区中寻求帮助。	
健康知识贡献行为（KDB）	KDB1	我经常在该社区发布与健康相关的信息。	
	KDB2	我会在该社区中分享自己的健康经验和技能。	
	KDB3	我今后将在该社区提供更多与健康相关的知识。	

（2）数据分析

本研究使用 SPSS 20.0 和 LISREL 软件对数据进行分析。首先，对测量模型进行分析，考察量表的信度、效度和标准负载。表 2.17 显示各因子的克龙巴赫 α 系数均大于 0.7，说明量表的内部一致性和可靠性较好。AVE值均大于 0.6，CR 值均大于 0.8，除了 SLA1 的标准负载为 0.69 外，其他指标的标准负载均大于 0.7，说明量表具有良好的效度。

表 2.17 验证性因子分析结果

因 子	指 标	标准负载	AVE	CR	α
信息支持 （IS）	IS1	0.83	0.65	0.85	0.84
	IS2	0.81			
	IS3	0.77			
情感支持 （ES）	ES1	0.81	0.66	0.88	0.88
	ES2	0.79			
	ES3	0.82			
	ES4	0.81			
社会交互联结 （SI）	SI1	0.82	0.75	0.90	0.90
	SI2	0.89			
	SI3	0.88			
信任 （TR）	TR1	0.79	0.63	0.83	0.83
	TR2	0.74			
	TR3	0.83			
认同 （IDT）	IDT1	0.83	0.70	0.87	0.87
	IDT2	0.84			
	IDT3	0.83			
共同语言 （SLA）	SLA1	0.69	0.62	0.83	0.82
	SLA2	0.86			
	SLA3	0.81			
健康知识获取 行为 （KGB）	KGB1	0.79	0.67	0.86	0.86
	KGB2	0.85			
	KGB3	0.81			
健康知识贡献 行为 （KDB）	KDB1	0.82	0.71	0.88	0.88
	KDB2	0.88			
	KDB3	0.84			

　　然后，对结构模型进行分析，模型中各路径系数值及显著性水平如表2.18所示。社会交互联结、信任、认同、共同语言、健康知识获取行为和健康

知识贡献行为被解释的方差分别是 38.6%、64%、64.9%、50.3%、62.6% 和 37.9%，显示模型具备较强的解释能力。表 2.19 列出了部分拟合指数，所有拟合指数实际值均优于推荐值，表示该模型的拟合优度较好。

表 2.18　路径系数及显著性

假　设	路　径	系　数	是否得到支持
H1a	信息支持 → 社会交互联结	0.18*	是
H1b	信息支持 → 信任	ns	否
H1c	信息支持 → 认同	ns	否
H1d	信息支持 → 共同语言	0.39***	是
H2a	情感支持 → 社会交互联结	0.48***	是
H2b	情感支持 → 信任	0.27**	是
H2c	情感支持 → 认同	0.40***	是
H2d	情感支持 → 共同语言	0.38***	是
H3	社会交互联结 → 健康知识获取行为	ns	否
H4	社会交互联结 → 健康知识贡献行为	ns	否
H5	社会交互联结 → 信任	0.28**	是
H6	信任 → 健康知识获取行为	0.31***	是
H7	信任 → 健康知识贡献行为	ns	否
H8	信任 → 认同	0.32***	是
H9	认同 → 健康知识获取行为	ns	否
H10	认同 → 健康知识贡献行为	0.40***	是
H11	共同语言 → 健康知识获取行为	0.41***	是
H12	共同语言 → 健康知识贡献行为	0.15*	是
H13	共同语言 → 认同	0.17*	是
H14	共同语言 → 信任	0.34***	是

注: * 表示 $p < 0.1$; ** 表示 $p < 0.01$; *** 表示 $p < 0.001$; ns 表示不显著。

表 2.19　模型拟合指数推荐值和实际值

	χ^2/df	AGFI	CFI	NFI	NNFI	RMSEA
推荐值	< 3	> 0.80	> 0.90	> 0.90	> 0.90	< 0.08
实际值	1.79	0.86	0.98	0.97	0.98	0.05

2.3.4　讨论

表 2.18 的结果显示，社会支持方面，除了信息支持对社会资本的关系维没有显著影响外，信息支持对社会交互联结（系数为 0.18）、共同语言（系数为 0.39）均具有显著的正向影响，情感支持对社会资本的各个变量都有显著的正向影响。从社会支持到社会资本各个维度的路径系数来看，可以发现，情感支持对社会交互联结（系数为 0.48）、信任（系数为 0.27）、认同（系数为 0.40）的影响比信息支持更强。也就是说，用户在关注社区提供的健康相关的信息的同时，更加重视情感上的相互理解和关怀。情感支持能够向其他用户表达关心和支持并间接帮助用户解决问题，改善用户的健康状况。

信息支持对信任和认同的作用不显著，可能由于以下原因：首先，在线健康社区中，疾病给用户带来长期的困扰和压力。这种情境下用户对群体的信任和认同感更多源于心理上与该群体相互理解和鼓励、共同对抗疾病痛苦的感知，即情感上的依托和归属。其次，在当前社区的信息支持水平下，用户已经形成对社区的信任和认同感，再增加信息支持已经不能再提高用户的认同和满意度。反之，很可能因为信息冗余和信息的多样性，使用户产生不确定性和怀疑等心理。最后，信息支持通过社会交互联结对用户信任和认同产生间接作用。有效的信息交互能够促进用户之间的关系连接，进而建立其信任和认同。

相对于信息支持，情感支持对信任和认同具有显著作用。在线健康社区用户在人际互动和信息获取的过程中更容易表达自己的情感，拉近沟通双方之间的心理距离，从而提升信任度和对社区的认同。因此，社区管理者可以通过满足在线健康社区成员在情感方面的需求来提高用户对健康信息服务的信任，如可以发挥在线健康社区的社交功能，满足用户的社交需求。又比如用户可以发现附近和自己具有相同或类似疾病的患者，互相成为好友的用户不仅可以在线上建立互动关系寻求帮助，还能够在实际生活中获得更丰富的社会支持。

研究结果显示，信任和共同语言显著影响用户的健康知识获取行为。首先，如果用户不信任社区的其他成员，就不会积极地访问社区并获取健康知识。此外，在线健康社区成员大都有相似的疾病经历，因此具有某方面健康问题的知识积累。他们能够使用相同的语言更加快速准确地搜索到自己想要的相关信息，减少获取知识的成本。因此，社区服务商可以推荐相似性高（用户的兴趣爱好、疾病经历和职业等方面）的用户加入相应的小群组，研究表明用户更容易相信与自己相似性高的用户所提供的健康信息和治疗建议等[147]。

研究没有发现社会交互联结和认同对健康知识获取行为的作用，这可能由于：首先，在线健康社区的使用者大多是患有相似慢性疾病的长期用户，个体的健康信息需求较稳定，并且已经形成在线健康社区的使用习惯，成员间的交互联结很可能已不再是影响用户知识获取行为的主要因素。其次，用户在亲密的互动网络中建立对其他成员的信任和依赖，社会交互联结主要通过信任间接影响用户的知识获取行为。最后，本书的调查对象大多数可能是新用户或者短期用户，由于健康隐私顾虑、不熟悉等方面的原因，他们往往是潜水者的角色。此类用户登录在线健康社区只进行简单的搜索、浏览等信息获取行为来满足自身对健康信息的基本需求，较少花费时间和精力维持网络人际关系，缺乏对社区的认同和归属感，使得社会交互联结和认同对健康知识获取行为的影响很小。

研究发现，认同和共同语言显著影响用户的健康知识贡献行为。与健康知识获取行为相比，健康知识贡献行为属于更深层次的社区参与行为。用户需要通过更多的信息交互和情感交互来了解其他成员的需求，从而为他人提供更加可靠的帮助。长期处于同一群体内的共享双方会形成对群体较为一致的认知，并形成彼此间交流的共同语言。认同和共同语言有助于内容分享者对于知识的表达，也有助于内容接收者对知识的理解。这种社区成员间的"默契"能够激励用户的知识分享行为。

社会交互联结对健康知识贡献行为没有显著作用，其原因可能是因为在社区成员十分熟悉的情况下，再增加用户之间互动的频率、时间等不能再提升其健康知识贡献行为。信任对用户健康知识贡献行为也没有显著作用。可能原因如下：首先，用户间的信任关系达到一定程度之前，成员间越信任彼此，越愿意敞开心扉与他人分享自己拥有的知识和技能。超过这一信任度，信任将不再作为影响用户共享知识的主要因素。其次，用户的信任显著影响用户的认同感，当用户认为自己是社区不可或缺的一员时，更容易产生责任感，主动为社区贡献力量，因此信任通过认同影响用户的知识贡献行为。

2.3.5 结论

本书建立了在线健康社区用户参与行为模型，考察了社会资本对用户健康知识获取和贡献行为的影响。研究发现社会支持显著影响社会资本，进而影响用户参与行为包括健康知识获取和贡献行为。已有研究虽然发现了社会资本对于在线社区用户行为的显著作用，但少有研究去探索社会资本的影响因素。因此，如何建立和发展社会资本是一个有待解决的问题。本书结合在线健康社区背景对此进行了研究，发现社会支持包括信息支持和情感支持是影响社会资本形成的重要因素，表明用户间的信息和情感交互对于在线健康社区中社会网络资本的发展具有显著影响。特别是，相对于信息支持，情感支持对于社会资本的作用更强，显示用户间的情感交流和慰藉对于社会关系网络的形成具有重要作用。这些研究结果充实和发展了社会资本理论，也丰富了关于在线健康社区的研究成果。

研究结果为在线健康社区的管理者提供以下启示：第一，提高在线健康社区中信息支持的质量。社区管理者应对用户分享的内容进行规范监管，禁止错误、虚假及误导性信息的传播，保留高质量的健康医疗信息的同时减少社区内信息冗余，防止用户对健康社区知识的质量提出质疑，失去对社区的信任，导致在线健康社区用户的参与意愿和使用率下降。第二，平台应重视社区内用户间的情感交互，满足用户的情感需求。社区管理者可以根据用户自主选择的定位服务为其推荐患有相同疾病或者类似疾病的用户。首先，这些具有高相似性的用户往往更容易产生情感上的共鸣，能够理解和鼓励对方，提供情感上的支持，帮助对方缓解疾病带来的精神上的焦虑。其次，建立亲密关系的在线好友可能建立线下社交关系。用户之间线下社会交往越密切，感情越深厚，用户在线上互相分享和采纳知识的意愿就越积极。第三，社会资本认知维的共同语言对用户的健康知识获取和贡献行为都有显著影响，社区管理者可以挖掘用户发表的日志、评论和搜索的关键词等数据识别社区成员关注的热点健康问题，定期为用户推送相关的健康信息（如疾病产生的原因、前沿的治疗方法等），从而增加社区用户对某些专业词语和表达的理解和熟悉度，提高用户自身的自我效能，促进用户间健康知识交流的共同语言的形成。

本书的不足包括以下几点：首先，本书中开展的研究调查样本中大部分用户年龄在 20～29 岁，虽然该年龄段的年轻人是在线健康社区的重要用户群体，但未来的研究可以调查其他群体如中老年群体，并将研究结果与本书进行比较。其次，用户健康知识贡献行为被解释的方差为 37.9%，显示除了认同和共同语言外，还存在其他可能影响用户贡献行为的变量，如隐私风险、感知价值等，未来的研究可关注这些变量的作用。

2.4　开放式创新社区用户知识分享的影响因素研究

开放式创新社区指的是企业通过构建社区平台，让大量外部用户参与其中进行交流互动、发布建议以及发表创意想法，进而从中筛选出对企业有价值的知识信息，应用于产品设计和生产并提高绩效。由于其价值显著，目前已经有多家企业创建开放式创新社区，如国外的 LEGO ideas、Ideas-Salesforce Success Community、Dell Ideastorm、Local Motors，国内的 MIUI 论坛、海尔的众创平台等。用户的知识分享行为反映了企业外部用户参与企业决策和创意的一种行为，是提高企业创新绩效和促进长远发展的有效途径。但用户往往缺乏分享的动机和意愿，这可能导致开放式创新社区的失败。

已有文献从多个视角对在线社区用户知识分享行为进行了研究。Jin 等从社会资本理论角度研究了个人自我展示、其他成员的认可和社会学习对用户知识分享行为的作用[81]。Liu 等研究了个人和社会资本因素对用户知识分享行为的影响[148]。Chen 等通过构建一个关于有用性投票和评论的研究模型来分析知识分享的影响因素[149]。其他研究考察了用户交互行为、激励机制、用户级别和用户角色对用户知识分享行为的影响。从这些文献可以发现，研究往往聚焦于个人因素如自我展示、级别、角色的作用，很少考察环境因素如社区成员的影响。根据社会认知理论，用户行为将受到个人因素和环境因素的综合影响。另外，已有研究较多采用问卷调查方法获取数据，使得研究结果较为主观。基于此，本书将基于社会认知理论，研究开放式创新社区用户知识分享行为，并以国内较为活跃的开放式创新社区 MIUI 论坛为研究对象，通过抓取用户客观行为数据进行分析。研究结果将有助于企业采取措施提升社区活跃度，促进用户知识分享行为，从而获得更多有助于提高企业绩效的创意，确保社区的持续发展。

2.4.1 文献综述

（1）社会认知理论

社会认知理论，又称"三元交互决定论"，主要研究个人认知、环境和行为三者之间的相互作用和影响，认知因素主要包括自我效能和结果期望。

已有研究从社会认知视角分析了用户知识分享行为。在个人因素方面，大多数研究都关注自我效能和结果期望两个变量，但在环境因素方面关注的因素存在较大差异，包括组织氛围、组织文化、系统质量等。李志宏等考察了组织氛围对知识分享行为的直接影响，以及自我效能和结果期望对知识分享行为的间接影响[150]。尚永辉等分析了自我效能、结果预期对知识共享的作用[82]。廖成林等运用社会认知理论研究了环境和个体因素对用户知识分享行为的影响,其中个体因素主要包括自我效能和结果期望以及对结果和行为的自我评价,环境因素包括组织文化和领导者行为[151]。周涛等运用社会认知理论探讨了社会认可、自我效能、系统质量和知识质量对知识型社区用户行为的作用[152]。

（2）开放式创新社区用户行为研究

开放式创新社区通过让外部用户在企业创建的虚拟平台上进行知识分享,收集这些用户的知识并加以利用,从而创造价值。已有研究从多个视角研究了影响用户知识分享行为的因素,发现在开放式创新社区环境下社会资本和个人动机是影响知识分享行为的主要因素[148],且不同知识分享行为的影响因素存在差异,还发现获得积极的投票和正面评价的用户会持续进行知识贡献[149]。也有研究分析了社区用户情感信任对其知识分享行为的作用。另外一些研究分析了用户的角色和级别对其知识分享行为的影响,严建援等将用户分为普通用户和特殊用户,级别的不同使得个人整合需求和社会整合需求对不同级别用户有不同的影响[153]。李贺等研究了创客这一类用户在开放式创新社区中知识分享行为的影响因素,结果发现,助人愉悦感、面子和声望等对知识分享行为有正向影响,而感知知识权利丧失对知识共享行为有负向影响[154]。也有部分研究探讨的是开放式创新社区知识共享行为的持续性问题。王婷婷等通过对开放式创新社区用户持续性知识共享行为的研究,发现自我展示程度和社区认可等对用户持续知识分享有正向影响,但用户收到的评论对知识持续分享有负向影响[155]。

从上述研究可以发现,已有研究较多关注个人因素如个人动机、声望、自我展示等对用户行为的影响,较少考察环境因素如社区影响、社会认同的作用,使得研究结果较为局限。本书将基于社会认知理论,综合考察个人因素和环境因素对用户知识分享行为的影响。

2.4.2 研究模型和假设

研究模型如图 2.7 所示。

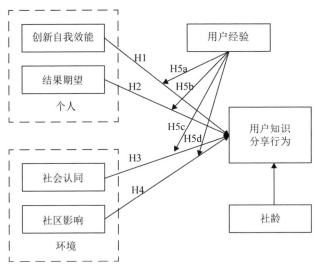

图 2.7　研究模型

（1）个人因素

个人因素包括创新自我效能和结果期望。创新自我效能最初由 Tierney 和 Farmer 提出，他们将创造力理论与 Bandura 提出的自我效能进行整合，指出创新自我效能将使员工在工作中具有创造性[156]。具体来说，创新自我效能反映了员工在组织的工作中，对自己能否在工作中产生创意想法和创造力的能力的信心程度。顾远东和彭纪生认为创新自我效能感会影响员工创新行为[157]。杨晶照等也提出创造力自我效能感是员工创造力的内在驱动力[158]。因此，本书假设：

H1：创新自我效能正向影响开放式创新社区用户知识分享行为。

结果期望指个体对于自己采取的行为将会带来的结果的信心程度。Bock 和 Kim 的研究结果表明，预期得到的回报是个人态度的主要决定因素[159]。个人对知识分享后得到回报的期望、积极的态度将影响其分享知识的意愿，进而影响其实际知识共享行为。所以本书假设：

H2：结果期望正向影响开放式创新社区用户知识分享行为。

（2）环境因素

环境因素包括社会认同和社区影响。社会认同反映了开放式创新社区中用户群体对个体的认同。王婷婷等对开放式创新社区用户持续知识分享的研究发现，企业认可对知识分享具有正向作用[155]。Widén-Wulff 和 Ginman发现，群体和企业对个人的认可，可以增加个人对企业和组织的归属感，进而影响其知识分享行为[160]。所以，本书假设：

H3：社会认同正向影响开放式创新社区用户知识分享行为。

社区影响反映了社区中群体的影响力或者组织的影响力导致个人行为产生变化。Pfeffer 提出组织中的群体要积极参与企业挑选新员工等活动，通过一系列的团队激励与培训，使群体变为一个团队并产生一定影响力来影响组织中个体知识分享行为，最终提高工作绩效[161]。Zárraga 和 Bonache 认为合适的企业自我管理会产生一定的团队影响力，对组织的知识共享行为产生正向的促进作用[162]。因此，本书假设：

H4：社区影响正向影响开放式创新社区用户知识分享行为。

（3）调节变量

本书还考察了用户经验对知识分享行为的调节作用，在刘倩等的研究中也将经验作为调节变量[163]。用户经验指用户通过长期使用该社区而积累的经验知识。用户经验会影响其知识分享行为，Liu 等通过研究发现，随着专业知识的逐渐增加，用户可以更准确和更容易地理解其他用户所要表达的意图，从而会影响该用户的知识分享行为[148]。

在开放式创新社区中，用户的经验值越高，用户产生认知固恋效应的可能性将会越大。认知固恋效应指用户会不经意地"抄袭"已经分享的知识示例，这些示例包括用户自己分享的知识和其他用户分享的知识。用户这种不经意的模仿行为，将导致用户分享知识的质量和创造性下降，限制新创意的诞生。因此，用户经验值可能抑制创新自我效能和结果期望对知识分享的影响。与此相反，用户经验值越高的开放式创新社区，社区内部越易形成一种良好的创意分享氛围，从而社区整体的专业化和创造力水平也会普遍提升。在这样的社区里，社区对用户的认同，将会增加用户对社区的归属感和忠诚度，促进用户知识分享行为。因此，本书假设：

H5a：在开放式创新社区中，用户经验负向调节创新自我效能对知识分享行为的影响。

H5b：在开放式创新社区中，用户经验负向调节结果期望对知识分享行为的作用。

H5c：在开放式创新社区中，用户经验正向调节社会认同对知识分享行为的作用。

H5d：在开放式创新社区中，用户经验正向调节社区影响对知识分享行为的作用。

2.4.3 研究方法

2.4.3.1 数据采集

本书数据采集于国内知名开放式创新社区——MIUI 论坛。作为 MIUI 系统官方论坛，社区里面聚集了许多小米发烧友，MIUI 的新品发布和测评以及内测动态活动等均会在 MIUI 论坛发布。用户可以在 MIUI 论坛分享知识，发表自己的创意想法以及对 MIUI 产品的建议等。数据主要采集于 MIUI 社区的谈天说地板块，该板块关于创意的子板块有 3 个：灌者为王、贴图自拍和极客播报板块，研究人员按照每日发帖数量的比例（1：1：5）采集数据，利用网络抓取软件八爪鱼采集器（7.6 版本）抓取了 11052 条数据。为保证数据质量，经过反复筛选和排除极端值后获得 7030 条有效数据，这些数据包括帖子信息和用户个人资料。

2.4.3.2 研究变量设计

（1）因变量

已有研究对知识分享行为的测量指标往往不同，郭伟等使用用户贡献的创意和解决方案的个数之和来测量[164]。王婷婷等使用个人发布的创意总个数来测量[155]。结合 MIUI 论坛实际，本书使用用户的发帖总数和回帖总数之和来反映开放式创新社区用户知识分享行为。

（2）自变量

本书采用用户的级别来测量创新自我效能，用户级别的高低反映了用户对自己是否具有创造力来完成工作的信心程度。在 MIUI 社区里面共有 8 个级别，本书通过采取计分形式来表示级别高低。

结果期望通过用户的财富值来测量。财富值是用户在发布帖子、帖子或者参与其他活动后所得到的奖励。每个用户得到奖励与否以及得到的财富值数量是不同的，因此可以用来反映其对分享知识的结果期望。

开放式创新社区希望每个用户可以积极参与社区活动，多提出一些创意想法来提高企业的创造力。企业可以通过建立社区用户的社会认同来促使其分享知识。本书使用用户发表的创意所收到的评论数和收藏数来反映社会认同。Chen 等在研究中也发现用户所发布的帖子收到的评论数会影响其知识分享行为[149]。Zhao 等采用用户帖子被点赞的数量来考察其对用户知识分享行为的影响[165]。

开放式创新社区还可以通过社区影响的作用来促进用户知识分享。本书使用每个用户的当日空间访问量和用户在社区里面的好友数来测量社区影响。Zhao 等的研究也发现好友数量将影响用户知识分享行为[165]。

（3）控制变量

社龄反映了用户在 MIUI 论坛社区中的在线时长，指用户在社区中从注册开始到本书采集数据时为止的在线时长。Chen 等的研究中把社龄作为控制变量，考察了社龄对用户持续知识贡献的影响[149]。Ma 等的研究中也发现社龄作为控制变量对用户的知识分享产生影响[166]。

（4）调节变量

本书考察了用户经验对知识分享行为的调节作用。用户经验通过用户的经验值来测量，反映了用户通过签到、发帖和回帖等活动获得的经验值。

表 2.20 列出了各变量及测量指标。由于研究的变量为计数变量，除了用户级别变量差异性较小，其他变量的数据差异较大，为了使研究结果具有更好的稳健性，对这些变量进行对数化处理。

表 2.20　变量及测量指标

变量名称	符　　号	测量指标
用户知识分享行为	zt	用户总发帖数与总回帖数之和
创新自我效能	jb	用户通过知识分享获得的级别
结果期望	cf	用户通过知识分享获得的财富值
社会认同	sc	用户帖子被收藏数
	pl	用户帖子被评论数
社区影响	kjfw	用户空间当日被访问量
	hy	用户的好友数
社龄	sl	用户在线时长
用户经验	jy	用户通过知识分享获得的经验值

表 2.21 为数据的描述性统计结果。对数据进行异方差检验，BP 检验和怀特检验的结果均显示存在异方差。因为样本容量较大，后续的统计分析采用稳健标准误来排除异方差的影响。

表 2.21　描述性统计结果

变　　量	均　　值	标准差	最小值	最大值
zt	94.67	209.42	1	4141
pl	26.31	146.90	0	6906
sl	70.82	158.82	0	2620
jb	3.54	1.14	1	7
sc	1.20	11.29	0	549
kjfw	17.80	169.49	0	8660
hy	0.02	0.30	0	6
cf	412.36	859.39	0	21029
jy	1152.30	1460.28	13	17693

本书采用 OLS 回归，考虑到自变量（创新自我效能、结果期望、社会认同和社区影响）和调节变量（用户经验），还有控制变量（社龄）对因变量（用户知识分享行为）的作用，建立如下回归模型。

$$\ln zt_i = \alpha + \beta_1 \ln sl_i + \beta_2 jb_i + \beta_3 \ln cf_i + \beta_4 \ln sc_i + \beta_5 \ln pl_i + \beta_6 \ln kjfw_i + \beta_7 \ln hy_i$$

$$+ \beta_8 (\ln jy_i \times jb_i) + \beta_9 (\ln cf_i \times \ln jy_i) + \beta_{10} (\ln sc_i \times \ln jy_i) + \beta_{11} (\ln pl_i \times \ln jy_i)$$

$$+ \beta_{12} (\ln kjfw_i \times \ln jy_i) + \beta_{13} (\ln hy_i \times \ln jy_i) + \varepsilon_i$$

在该方程中，α 为截距项，ε_i 为误差项，β_i 为每个解释变量包括交互项的系数。

2.4.4 研究结果分析

本书使用 Stata 15.2 进行数据分析和假设检验。表 2.22 为逐步回归结果，模型 1 中只包含控制变量，模型 2 在模型 1 的基础之上，加入所有自变量，校正拟合优度由 0.006 变为 0.437，说明研究模型拟合度较好。模型 3 增加了调节变量——用户经验值。模型 4 加入了所有的交互项。其中，R-sq 的值由最初的 0.01 上升到 0.45，说明该模型具有较好的解释力。

表 2.22　逐步回归结果

	1	2	3	4
lnsl	-0.06^{***}	-0.45^{***}	-0.46^{***}	-0.47^{***}
jb		0.46^{***}	0.15^{***}	0.18^{***}
lnpl		0.12^{***}	0.12^{***}	0.11^{***}
lnsc		0.00	-0.04	-0.04
lnkjfw		0.46^{***}	0.43^{***}	0.41^{***}
lnhy		0.70^{***}	0.74^{***}	0.68^{**}
lncf		0.31^{***}	0.25^{***}	0.23^{***}
lnjy			0.37^{***}	0.33^{***}
lnsc × lnjy				-0.01
lnpl × lnjy				0.03^{**}

续 表

	1	2	3	4
lnkjfw × lnjy				0.06***
jb × lnjy				−0.15***
lnhy × lnjy				0.07
lncf × lnjy				0.02*
_cons	3.40***	0.44***	−0.49***	−0.13
R-sq	0.01	0.43	0.44	0.45
Adj.R-sq	0.01	0.43	0.44	0.45

注: * 表示 $p < 0.05$, ** 表示 $p < 0.01$, *** 表示 $p < 0.001$。

个人因素方面，用户级别对知识分享行为的系数为 0.46（$p < 0.001$），表明创新自我效能对用户知识分享存在显著正向影响，假设 H1 得到验证。财富值对知识分享行为的系数为 0.31（$p < 0.001$），表明结果期望对用户知识分享行为也存在显著正向影响，假设 H2 得到验证。

环境因素方面，社会认同包括两个指标：收藏数和评论数。其中评论数的系数为 0.12（$p < 0.001$），但收藏数的系数不显著，表明假设 H3 得到部分支持。社区影响也包括两个指标——空间访问量（系数为 0.46，$p < 0.001$）和好友数（系数为 0.70，$p < 0.001$），表明社区影响对用户知识分享行为存在显著正向影响，假设 H4 得到验证。

研究没有发现收藏数对用户知识分享行为的显著作用，一个可能原因是社区里面信息重复性较高，且信息种类繁多，用户不会花时间去看某个帖子有多少收藏量再选择是否阅读和回复该帖子。另外，MIUI 社区的帖子阅读界面的设计是评论数、级别高低等在页面的最前端位置，而收藏量处于页面的最后端，这也可能使得用户对收藏的关注度较低，导致收藏数对用户行为的作用不显著。

调节作用方面，用户经验和级别的交互项系数为 −0.15（$p < 0.001$），表明用户经验负向调节创新自我效能对用户知识分享行为的作用，假设 H5a 得到验证。用户经验和财富值交互项系数为 0.02（$p < 0.05$），表明用户经

验正向调节结果期望对用户知识分享行为的影响，这与假设 H5b 相反。这说明对于 MIUI 社区，用户经验值越高，其知识分享行为越依赖于结果期望，显示经验值高的用户也是非常在意自己的财富值的，这可能是因为财富值对于用户来说具有较大价值，例如可以参与活动，包括获得小米最新产品体验的奖励等。

社会认同和用户经验的两个交互项中，用户经验和收藏数的交互项系数不显著，用户经验和评论数的交互项系数为 0.03（$p < 0.01$），表明用户经验正向调节社会认同（评论数）对知识分享行为的影响，所以假设 H5c 得到部分支持。

同样，对于假设 H5d，社区影响和用户经验的两个交互项中，用户经验和好友数的交互项系数不显著，用户经验和空间访问量的交互项系数为 0.06（$p < 0.001$），表明用户经验正向调节社区影响（空间访问量）对知识分享行为的影响，所以假设 H5d 得到部分支持。

由于 MIUI 论坛每天都会有大量的数据更新，为了检验本书结果的稳健性，研究人员又收集了最新一期的数据（包括 4426 个样本）并进行了分析，研究结果与本书结果一致，显示本书结果较稳健。

2.4.5　小结

基于社会认知理论，本书研究了开放式创新社区用户知识分享行为。通过对采集的客观数据进行统计分析，研究结果发现，作为个人因素的创新自我效能和结果期望以及作为环境因素的社会认同和社区影响对用户知识分享行为具有显著影响；此外，研究还发现用户经验负向调节创新自我效能对知识分享的作用，而正向调节结果期望的作用，并部分正向调节社会认同和社区影响对用户知识分享行为的作用。

本书的创新主要包括两个方面：一是综合考察了个人因素和环境因素对用户知识分享行为的作用，以往研究较多考察个人因素如动机、声誉的作用，较少考察环境因素的作用，因此本书的研究结果能更全面地了解开放式创新社区用户行为；二是采用了客观数据，相对于已有研究主要采用问卷调查获取的主观数据，本书的研究提供了更有价值的结果。

本书对企业具有以下建议和参考：

首先，本书发现创新自我效能对用户知识分享行为有正向促进作用，因此对于开放式创新社区管理者来说，建立社区的用户等级制度是很有必要的，级别的高低会促使用户不同的知识分享行为。同时，研究表明结果期望对用户知识分享行为也有显著作用。社区管理者可以增加财富值的用途，例如可将财富值按照一定比例兑换成现实货币来购买该社区的产品，以激励用户提高自己的财富值。

其次，研究发现社会认同部分影响用户知识分享行为，其中帖子的收藏数量不会影响用户知识分享行为，而帖子的评论数量会促进用户知识分享行为。为了促进用户评论，社区管理者可以给予积极发表评论的用户一定的积分或其他奖励。此外，社区影响对用户知识分享行为有显著作用。社区影响包括两个测量指标，即用户当日空间访问量和用户好友数目。因此社区的管理者应当采取措施增加用户在社区的活跃度，例如可以通过举办一些活动来增加用户之间的交流，以此来提升用户的当日访问量。同时对于发布帖子质量较高的用户要给予一定的奖励，可以将这类帖子置于社区排行榜，来增加该用户的空间访问量和好友数目，以此来激励用户知识分享行为。

本书的不足包括：第一，研究采集的数据是截面数据，后续研究中可以采集面板数据，从而考察用户行为的动态变化。第二，本书的研究对象是 MIUI 论坛，虽然该社区是开放式创新社区的典型代表，但研究结果需要推广到其他社区，以提高研究结果的普适性。

3 基于虚拟社区感的社会化商务用户行为研究

3.1　基于 SOR 模型的社会化商务用户行为研究

社交媒体技术的快速发展及其与电子商务的融合，产生了社会化商务。随着短视频和网红经济的火爆，社会化商务平台创造的价值日益剧增。但很多社会化商务平台面临用户活跃度低、客户流失严重等问题，这将影响平台的持续运营和发展。已有文献多从平台的实用性和社会性特征出发研究社会化商务用户行为，少有文献从平台的享乐型特征研究用户行为，本书将心流体验和虚拟社区感作为用户的情感体验，研究融合社交属性和商业属性的社会化商务平台用户的行为机理。

本书基于 SOR（刺激 – 有机体 – 反应）理论，构建了社会化商务平台用户行为机理模型。本书将社区质量和社会支持作为刺激因素（S），将虚拟社区感和心流体验作为用户的情感体验因素（O），将使用意愿和分享意愿作为用户的反应因素（R），研究了社会化商务用户行为机理。

3.1.1　文献综述

3.1.1.1　SOR 模型

SOR 模型源自心理学，主要用于解释环境特征对用户心理活动和行为的影响。早期的心理学者忽略了个体的内心活动，将 S–R 模型视为一个"黑箱子"，之后，S–R 模型被改正优化，Belk 在 S–R 模型中增加了一个"O"变量，成为 SOR 模型，如图 3.1 所示。

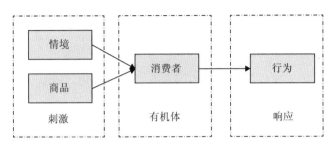

图 3.1　刺激－有机体－反应模型

其中 S 表示外界刺激（stimulus）。这种刺激可以是外部的环境刺激，如经济、政治、文化等不可控因素；可以是各种营销手段，如商品打折；可以是人际因素，如朋友推荐；也可以是用户自身因素，如家庭背景、爱好、动机等。外部刺激会对主体产生一定影响，会唤醒主体对某种商品或服务的渴求潜意识。O 表示有认知的有机体（organism），指主体在接收到刺激后内心的变化过程，介于刺激因素和反应行为之间。Russell 将愉悦、唤醒和控制三种情绪作为用户的内心活动[167]。R 表示主体在接收到刺激之后，经过某些内心活动，相应做出的反应（response），如接受或拒绝、采纳或规避。

最初 SOR 模型大多被用于线下零售领域消费者行为的研究当中。Howard 和 Sheth 提出了消费者刺激－反应模型，他们认为消费者的消费行为会受到外界很多因素的刺激[168]。除了产品品类、产品价格、产品服务、服务质量等企业可控因素，还有政治、文化等企业不可控因素。尽管这些因素多且复杂，但都可以用消费者刺激－反应模型解释。Mehrabian 和 Russell 从环境心理学的角度提出了环境刺激－有机体－反应模型[169]，研究认为，环境可以改变人的行为，如嗅觉、听觉、视觉的刺激都可以唤起用户的潜意识，从而影响用户做出的反应。Donovan 和 Rossiter 在 Mehrabian 和 Russell 研究的基础上，将 SOR 理论运用到营销领域，研究将愉快、激励、控制情绪作为中间变量，研究店面氛围对用户的购物行为的影响作用[170]。如果用户在店里有愉快的经历，则在店里的消费时间会更长。Belk 提出了刺激－有机体－反应模型，研究表明环境变量可以解释用户行为[171]。Bitner 利用 SOR 模型研究了物理环境对客户和雇员消费行为的影响[172]，Namkung 和 Jang 研究了 SOR 模型下服务公平对客户情绪和使用行为的影响[173]。

在网络购物领域，刺激用户的因素有了很大变化。Eroglu 等的研究首次将 SOR 模型运用到在线购物中，研究了网络店铺的环境对用户情感和认知的作用[174]。Hsu 等的研究发现网站的系统质量、信息质量、服务质量对用户信任和使用行为有显著影响[175]。Jeong 等将产品特征视为"刺激"因素，用户的愉悦感、逃避现实等被视为模型中的"有机体"，浏览网站被视为"反应"因素[176]。结果发现，和传统零售店一样，网店的产品摆设等网站特性会影响用户的愉悦程度和购买意愿。近几年国内关于 SOR 模型的研究也不断涌现，喻昕和许正良将沉浸视为 SOR 模式下的情感表现，研究发现，直播平台中的沉浸体验会正向影响用户的信息参与行为[177]。徐孝娟等在 SOR 模型的基础上构建了社交网站用户流失行为整合模型，研究了社交网络中的大规模用户流失现象[178]。

综上所述，有以下几点认识：

首先，在电子商务平台中，社区质量、视觉设计、平台功能、社会因素等常被认为是刺激因素，有效地刺激着用户的感官并唤醒用户的购买意愿。

其次，SOR 模型被广泛应用于研究环境特征如何影响用户的心理状态及用户行为。其最初被运用在线下购物行为的研究中，后被用于研究互联网购物行为，尤其是冲动型购物行为，现被用于研究社会化商务平台中消费者和商家之间的互动行为，因此 SOR 模型作为研究社会化商务平台用户的行为机理是合适的并且可行的。本书借鉴已有研究，将其作为研究社会化商务用户行为的理论基础。

最后，SOR 模型发展至今，刺激因素从单一的环境因素发展到产品、网站、人际因素等因素综合考量；有机体因素从单纯的情感方面发展到自我绩效、感知价值、虚拟社区感、心流体验等体验因素；反应因素从规避或亲近发展到使用意愿、分享意愿、重复购买、忠诚度等。因此在使用 SOR 模型搭建用户使用行为模型时，需要多因素综合考虑。

3.1.1.2 心流体验

用户体验是用户对产品和服务的感受和反馈，受到系统、用户、使用环境三个要素的影响。在网络购物中，个人因素、网站因素和在线体验都会影响用户的购物行为。Hassenzahl 和 Tractinsky 将用户体验分成享乐性和功利性[179]。心流体验作为用户体验之一，是用户体验研究领域的热点。

心流体验理论最初由匈牙利籍心理学家 Csikszentmihalyi 在 1975 年提出，指的是个体在完全投入某种活动时的心理状态，当用户处于心流状态时，会沉浸在所处的环境中，并觉得时间过得很快。Novak 等将心流体验定义为一个过程，他们在 Csikszentmihalyi 的研究成果基础之上，将心流体验的九个维度划分为前提因素、发展因素和结果因素[48]。前提因素包括目标导向、及时反馈、技能和挑战相匹配，发展因素包括行动和意识相融合、全神贯注、用户对所在的环境的控制感，结果因素包括自我意识降低、时间流逝较快以及用户自发的行为。尽管不同学者对心流体验的划分有差异，但愉悦感和注意力集聚是每个学者都会考虑的维度。本书借鉴 Koufaris 的划分维度[180]，将感知控制、感知愉悦和注意力集聚作为心流体验的核心变量。

在研究用户行为时，心流体验常被认为是一种内在动机，取决于用户的主观感受，并影响使用行为。Hoffman 首次引用心流体验研究超媒体电脑媒介环境中（CME）的用户行为，发现心流体验的前提是注意力集中和个体行为处于控制之中[11]。2000 年，Novak 等提出了更复杂的心流模型，研究了技能匹配、任务挑战和远距离呈现对心流体验的影响作用[48]，从而进一步解释了心流体验的形成机理。之后，心流体验被广泛应用在游戏、购物、教学等领域。在网上消费的过程中，Chang、Faiola 等学者都强调了沉浸体验的重要性[181, 182]。Zhou 等发现，沉浸的程度会直接关系到用户使用意愿，并且对用户的态度有积极影响[183]。陈洁等将网站设计维度、网站内容维度以及用户自身感知作为在线购物行为中影响心流体验的前因，研究心流体验对用户购买行为的影响[184]。沙振权和叶展慧证实了顾客认同对心流体验的影响[185]。在用户初次感受到心流体验之后，即使没有外界激励和物质奖励，用户依然愿意重复这种体验。卢锋华和王陆庄认为，在虚拟社区中，用户对风险的感知较高，而购物过程中的心流体验可以使用户更好地关注商品本身，从而减少对风险的认知[186]。

综上所述，在网络购物中，SOR模型中的"有机体"指的是用户对购物体验的认知和判断。另外，有学者借助社会支持理论、承诺理论、社会影响理论等理论，通过实证研究考察了环境因素对心流体验的影响[70]。Pilke通过访谈研究验证了心流体验在用户使用信息技术时的有效性[187]。因此学者们一致认为，心流体验是整合条件因素、个人体验以及结果的一种体验过程，有助于改善用户在使用虚拟社区时的体验质量，从而促进用户的使用行为。因此在本书中，将心流体验作为"有机体"之一。

3.1.1.3 虚拟社区感

Sarason在1974年最早提出了社区感（sense of community）这一概念，并认为社区感是一种对他人的依赖感，是个体对某个集体的归属感。1986年，McMillan和Chavis拓展了社区感的概念，并提出了社区感的四个维度：①成员感；②影响力；③需求满足；④情感连接[188]。虚拟社区感（sense of virtual community）由社区感发展而来，但发展至今仍没有统一的定义，目前被广泛接受的是Koh和Kim的观点，他们把虚拟社区感定义为成员在社区中对于成员感、影响力和沉浸的个人感受[189]。在虚拟社区的类型划分上，Hagel和Armstrong把虚拟社区分为交易社区、兴趣社区、关系社区、幻想社区等[190]。同时，Hagel和Armstrong认为，电子商务成功的途径之一就是为用户建立虚拟社区。

之后，有很多领域的学者结合不同理论，从不同角度对虚拟社区感展开了实证研究。Tonteri等[191]和Chen等[192]在使用与满足理论的基础上，研究了虚拟社区感的前因变量。赵玲等结合社会资本理论研究了虚拟社区感的影响因素[193]。赵玲等认为，在虚拟社区中，除了活跃用户，社区中还存在大量潜水用户，这些潜水用户虽然没有注册会员，但是也会产生虚拟社区感。张玉红基于社会资本理论构建了虚拟社区用户忠诚度模型，研究发现，社会资本的三个维度结构资本、认知资本和关系资本都显著影响虚拟社区感[194]。在教育领域，刘洪超用访谈的方式调查虚拟学习社区成员归属感的影响因素，结果表明，学习时间、教师行为、社区满意度、成员关系和参加活动频率等变量对虚拟社区感都有正向作用[195]。在营销学领域，巫秀芳和刘德文将承诺作为中介变量，将社区认同作为调节变量，研究虚拟社区感对消费者融入的影响，从而为发展虚拟品牌的企业提供建议[196]。彭晓东和申光龙研究了虚拟社区感对顾客共创价值的作用[197]，研究表明，成员感、影响力和沉浸体验都正向影响顾客自发参与价值共创的活动。在游戏领域，韩月静证实了在虚拟游戏社区中，虚拟社区感对用户创新行为的正向作用[198]。在旅游虚拟社区中，赵琴琴等研究了物质激励和精神激励对用户分享意愿的影响[199]；吕婷等的研究发现，口碑的四个前因变量都会通过信任变量影响用户的乡村旅游意愿[200]。

尽管对于多个类型的虚拟社区都有关于虚拟社区感的研究，但关于社会化商务平台中的用户虚拟社区感的文献较少，本书将虚拟社区感作为"有机体"之一，研究虚拟社区感对用户行为的作用。

3.1.2　研究模型和假设

本书的研究模型如图 3.2 所示。社会支持和社区质量是"刺激"（S）因素，社会支持包括信息支持、情感支持，社区质量包括服务质量、系统质量、信息质量。虚拟社区感和心流体验作为"有机体"的内心活动（O），是两个二阶因子。虚拟社区感包括成员感、影响力、需求满足、情感联结四个因素，心流体验包括感知愉悦、感知控制和注意力集聚三个因素。本书假设社会支持和社区质量对用户的内心活动有正向作用，心流体验有助于用户产生虚拟社区感，而虚拟社区感会影响用户在社区中的积极分享和持续使用意愿（R）。

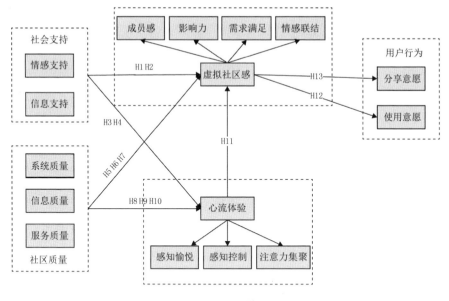

图3.2 研究模型

3.1.2.1 社会支持

社会支持指的是通过社会关系和其他人交换资源。Oh 等发现在线社区中，社会支持对用户产生归属感有积极作用 [201]。在社会化商务平台中，用户除了交流信息，还能自由地表达自己的情感，从而建立了人际网络。社区不仅可以为用户提供社会支持，用户也会在社区中主动寻求社会支持，最终用户在社区中可以很容易地获得社会支持，提升了用户的归属感。社会支持可以分为四种：物质、情感、信息（有形的）、陪伴（无形的）。Oh 等将社会支持划分为评价支持、尊重支持和情感支持。已有研究发现，网络中的社会支持多是虚拟的，用户得到的可见支持较少，而得到的信息支持和情感支持较多。因此本书认为社会支持包括情感支持和信息支持两个维度。

情感支持反映了用户在社区中得到的其他用户的关心、鼓励、同情等。社会化商务社区中的用户通过在社区中的动态了解彼此，感同身受的用户在情感上产生共鸣，好友的关心将提供强有力的情感支持。而情感支持更利于用户在社区中进行持续性交换，使用户对其他伙伴有更强的依赖。在社交商务中，人际因素对虚拟社区感的作用已得到证明。Lin 将用户在社区中获得的支持，如尊重、认可等称为社会效用，这种支持会显著影响用户在虚拟社区中的归属感[97]。例如网易云音乐以音乐社交为切入点，充分发挥音乐意见领袖的作用，让他们创造内容，让用户消费内容。很多听众都在音乐评论中倾诉自己的故事，其他网友的点赞和支持给了当事人极大的心理安慰，使其对这个社区产生深深的依赖感。因此，本书假设：

H1：情感支持将显著影响虚拟社区感。

信息支持指的是有助于解决问题的建议、意见、对策等。信息处理理论认为，人们缺乏评估大量信息的能力，因此信息支持会有效地推动用户做出消费决策。在社会化商务平台中，平台会依据用户的浏览和购买历史，给用户推送用户可能喜欢的产品，用户可以选择"浏览"或是"不感兴趣"。在社交媒体中，平台也提供了有效的信息支持，如微博、微商展现的卖家秀、买家秀、评论、提问、直播、小视频等信息，可供消费者参考并做出消费决策。同时，社交媒体也给消费者提供了一个分享平台。随着成员的不断交互，成员会对社区的话题以及其他成员有更深入的了解。当成员对社区中的信息感兴趣时，会投入更多的时间和精力，从而对社区产生依赖。研究表明，成员之间的信息交换和信息交流会增强自身价值的感知和对他人的信任[202]，这种信任和对自我价值的感知越强，其虚拟社区感就越强。例如网络直播让用户脱离了被动的观看习惯，用户和用户、用户和主播之间可以通过发弹幕进行信息交换，传递信息支持。因此网络直播社区的受众黏性远高于传统媒体。因此，良好的信息支持可以使用户快速融入其所在社区，产生虚拟社区感，本书假设：

H2：信息支持将显著影响虚拟社区感。

在社会化商务平台中，消费者的情感互动可以促进用户产生亲密、真实的人际关系，这种人际关系可以增强用户的社会存在感，可以让用户产生情感满足，并激发了用户的沉浸感。Chang认为社会化商务平台中的人际关系会显著影响沉浸体验[181]。梁晓燕等认为较高的情感支持有助于用户产生快乐体验，从而产生愉悦感和成就感[203]。另外，在线顾客临场感作为情感支持的维度之一，表现为身临其境和有好友陪伴的感觉，可以增强用户的心流体验。基于信息技术的平台交互允许用户在线模拟购物，例如淘宝2017年"双十一"提出的VR购物、贝壳网推出的AR看房，可以加速用户的决策过程，让用户拥有了对环境的操控感，有效激发了用户的心流体验。因此，本书假设：

H3：情感支持将显著影响心流体验。

信息支持在社会化商务平台中可以体现在多个方面。用户通过产品信息的分享和讨论获得强烈的愉悦感和满足感，从而感受到一种沉浸感。如蘑菇街除了给用户推荐热门商品、推荐买手和达人，还基于用户浏览内容给用户推荐其可能感兴趣的用户和朋友，当用户在社区中交流有用信息时，随着交互的增多，用户的参与激情会提升，这种高水平的互动可以让用户忘记时间并体验到沉浸的状态。在直播和短视频中，弹幕、刷礼物等信息也起着活跃气氛的作用。喻昕和许正良在研究中指出，即时送达的弹幕信息给了用户很好的沉浸感，对社区用户的参与行为有积极的影响作用[177]。此外，信息丰富的网站可以提供给用户明确而积极的反馈，让用户感觉一切都在掌控之中，而反馈和控制感都是产生心流体验的先决条件。因此，本书假设：

H4：信息支持将显著影响心流体验。

3.1.2.2 社区质量

从技术层面考虑，社会化商务社区作为信息系统，其内容、页面设计、系统稳定性等会直接影响用户体验和对社区的认同，并决定其是否愿意继续停留在该社区。根据信息系统成功模型，信息质量、系统质量和服务质量是信息系统的关键成功因素。因此，本书将基于该模型，考察社区质量对用户行为的作用。

服务质量反映了社区提供的服务是否具有及时性、可靠性、保证性和移情性。社会化商务平台如果能为用户提供可靠的有保障的服务，并且能及时解决用户使用过程中遇到的问题，表明该平台具有较高的服务质量，值得用户信赖。同时，一个好的平台能从用户需求出发，为用户提供个性化、专业化的服务，从而使用户养成使用习惯，并对该平台产生依赖感。Alali 与 Salim 指出，服务质量正向影响用户满意度[204]。Liang 等指出，优质的服务质量可以让用户达到自己的预期值从而对该社区产生满意度[34]。因此，本书假设：

H5：服务质量将显著影响虚拟社区感。

消费者在线购物是自我服务的过程，成功的网站设计使用户感到方便，并乐于浏览。系统质量体现在访问速度、页面设计、导航等方面。如社区导航是否便捷有效、页面设计是否清晰、访问是否流畅等。网站的系统质量可以使用户通过视觉、听觉等体验产品的功能，增强用户的虚拟体验。Delone 与 McLean 认为，一个高质量的系统将会带来较高的满意度和正向净收益[205]。例如阿里云提供的计算能力使得用户在"双十一"活动中的交易和支付流程变得更加流畅，给用户提供了良好的体验。数据表明，2018 年天猫"双十一"仅用两分零五秒就突破了 100 亿元销售额。因此系统的快速响应和便捷操作是用户获得虚拟社区感的前提。因此，本书假设：

H6：系统质量将显著影响虚拟社区感。

信息质量包括准确性、完整性、一致性和及时性。Lee 等提出，信息质量对用户参与和分享意愿有显著影响[206]。用户期望从社区获得准确、及时的信息，从而建立对社区的归属感和认同感。例如，知识型社区"罗辑思维"

成功把握了知识社区的用户注重信息的准确性和可读性这一特点，将自媒体做成了一档内容质量高且通俗易懂的节目，因此在短期内就收获了受众的品牌忠诚度。相比之下，短视频或直播型社区的用户更看中信息的时效性。视频软件和直播软件的弹幕传递的信息，可以很快地将用户带入情境，使得用户参与变得更有趣。Hersberger 等构建了虚拟社区信息交换模型，研究证实了信息在虚拟社区中对用户情感和行为等方面产生的积极作用[207]，Skadberg 和 Kimmel 的研究发现，网站内容的吸引程度直接影响用户的虚拟体验[208]。本书假设：

H7：信息质量将显著影响虚拟社区感。

在互联网购物中，人工客服或机器人客服可以 24 小时解答顾客的疑问，因此给用户提供了更便捷的服务。当商家愿意主动满足消费者的需求和反馈且主动和消费者建立友好关系时，消费者会产生愉悦、满足等一系列价值感知。刘根在网站购物是否会产生心流体验的研究中发现，网站与用户的互动性越好，客服的服务越热情，越有利于用户产生心流体验[209]。除此以外，互联网可以通过图像、声音等让用户更了解商品，解决服务无形化和缺乏标准化的问题。如今随着直播平台和网红经济的火爆，社会化商务平台除了图像，还可以以直播、视频等方式向顾客展示商品详情，顾客不仅可以近距离了解商品，疑问也可以在直播过程中立刻得到解答，这在一定程度上让用户感到愉悦。因此，本书假设：

H8：服务质量将显著影响心流体验。

Novak 等的研究认为，用户浏览网站的过程会出现沉浸体验，影响沉浸的前置因素包括网站的特性，如响应速度和吸引力[48]。在社会化商务平台中，平台功能是否齐全、跳转是否迅速、使用是否便捷都是影响用户完成任务的重要因素。平台通过页面设计和导航等最大限度地减少用户的使用成本，提升用户的使用体验。Koufaris 等认为网站的互动性会提升用户的购物体验，网站设计会提高用户的愉快体验和感知控制，且网站和用户的互动程度影响用户购物愉悦度与注意力集聚水平[210]。同时，用户需要即时的反馈来实现自我强化，反馈在一定程度上意味着目标的达成，能推动任务的完成。胡文渝的研究表明，感知控制受到网站反馈的影响[211]。以抖音为例，全面竖屏的展现方式使视角更聚焦、内容更突出，减少了干扰信息，同时用上下滑动切换视频的方式简化用户在主页中挑选视频的过程，简化操作，可以让用户快速地沉浸到视频中。因此，迅速的响应、清晰的操作流程是用户获得沉浸感的前提。因此，本书假设：

H9：系统质量将显著影响心流体验。

信息质量体现在新颖性、准确性及满足用户需求三个方面。第一，网站内容的新颖程度会促使用户产生较好的心流体验。图片、声音、视频等信息可以让用户更了解产品，从而注意力集中且沉浸于购物体验。反过来，沉浸体验又促使用户产生更多浏览行为和搜索行为。第二，Huang 的研究表明，如果网站可以提供准确的信息和知识，可以提高用户的专注程度，进而产生沉浸体验[212]。如抖音精准的算法使得推送给用户的内容非常符合用户口味，因此天猫"3·8 女王节"在抖音上投放的广告的有效播放率高达78%。显示平台展现给用户的信息质量直接影响用户的愉悦程度和沉浸在平台中的时长。第三，用户在社会化商务平台中会主动浏览和搜集信息，在此过程中，用户会参照群体或外界的评价，在做出一系列对比后慎重消费，而平台作为外界信息的来源之一，平台为消费者提供的信息，会直接影响用户的消费决策。因此平台为消费者提供其需要的信息，会增强消费者对获取知识的掌控感，并产生更强烈、更愉悦的心理认知。因此，本书假设：

H10：信息质量将显著影响心流体验。

3.1.2.3 心流体验

心流体验的核心变量是注意力集聚、感知控制和感知愉悦。

当用户沉浸在某一情境中时，注意力会高度集中，他们感受不到外界环境的变化。如沉浸在网络搜索过程中的用户，他们有明确的搜索目标，专注感会使他们的工作效率提高。沉浸在社会化商务平台中的人，会忽略周边人或事的存在，但是活动结束后，他们又回归了自我，并从刚才的经历中获得一种满足感和提升感。和其他短视频 App 不同，抖音采用了沉浸式上划的设计，这一设计使用户沉浸在刷视频的过程中不自觉地进入了虚拟世界并且无法自拔。数据显示，用户平均每天打开抖音的次数为 20 次，平均每天使用时长达 76 分钟。

感知控制是心流体验的一个重要变量。心流体验反映了用户技能和其面临挑战的平衡，社会化商务平台的用户若是觉得互动的节奏在掌控中，他／她就会获得满足感，会继续使用该平台。若超出自己的能力范围，就会有焦虑感，反之则会对产品产生厌倦感，从而影响其采纳行为。用户需要使自己操控社会化商务平台的能力和社会化商务平台带来的挑战相平衡，这样才能获得心流体验。反过来，心流体验可以赋予消费者更强的感知控制力，使消费者更加自信。

心流体验中的感知愉悦反映了个体发自内心的感受，表现为"高兴、满足和自我激励"。这种愉悦感使人们愿意参与其中并感染身边的人，并且不带功利性。在社会化商务平台中，用户更注重享乐性，用户的愉悦性体验影响着用户对虚拟社区的感知，进而影响其对社区的态度。

随着互联网直播的兴起，在临场感的推动下，用户可能因为看到了一个虚拟和真实结合的世界而兴奋，这种新奇、独特的体验将促进用户行为。主播的回应让用户产生很强的虚荣心和满足感，继而持续参与到社区中。以小红书"红唇日记"系列活动为例，小红书通过沉浸式的内容，将粉丝和明星绑在一起，通过明星为品牌赋能。如江疏影和小红书开展了为期一年的沉浸式合作，定期在小红书账号上发布"红唇日记"短视频或者图片，聚集了大批消费者在话题中互动，大大提高了用户黏性。整整一年时间，全网点击量过亿，微博话题参与量也达到了 2.3 亿。因此，沉浸式体验会促进用户对社区产生虚拟归属感和依赖感，本书假设：

H11：心流体验将显著影响用户的虚拟社区感。

3.1.2.4 虚拟社区感

虚拟社区感反映了成员在社区中对于成员感、影响力和沉浸的个人感受。Blanchard 和 Markus 认为，只有产生了虚拟社区感的社群才可以称为虚拟社区[213]。消费者在虚拟社区中购买的不仅仅是产品，更是购物体验，消费者在感知到虚拟体验的情况下，会产生关注产品、评价产品、质疑产品、进一步搜索产品信息等行为。Ghani 等的研究表明，虚拟社区感可以激发用户的搜索、更长时间的浏览以及重复购买等行为[214]，因此好的虚拟体验可以促进用户的使用行为。

根据 McMillan 和 Chavis 的定义[188]，本书把虚拟社区感划分为四个维度——成员感、影响力、需求满足、情感联结，并且将虚拟社区感作为一个二阶因子。Chen 等认为，当用户成员感增强时，他们会把自己和其他成员视为一体，并且愿意在该社区花费更多的时间和精力[192]。Zhao 等的研究表明，如果用户对社区有强烈的归属感，他们会慢慢地接受社区的规范制度，并且接受其他用户的意见和观点[215]。因此，他们会更加愿意参与社区的活动。Tonteri 等指出，用户参与虚拟社区是为了满足自己社交、娱乐或功能性的需求，如果这些需求被满足，他们将会更多使用该社区[191]。同时，如果成员在社区有持续的影响力，该用户将会成为一位意见领袖，其言论影响着更多的参与者。该用户将感受到成就感、自豪感，这将促进其更多地使用该社区。另外，社会化商务社区的持续发展得益于用户与用户之间强有力的情感联结，用户之间、用户与社区之间的情感维系会对其参与行为产生积极影响。成员的责任感和对其他成员的依赖感也会使得用户愿意持续参与。因此，虚拟社区感可以促进用户的使用意愿。因此，本书假设：

H12：虚拟社区感将显著影响使用意愿。

用户在虚拟社区中的感觉体验会随着用户参与社区活动的程度而改变。首先，当用户在社区中感觉到归属感，便会自愿帮助他人，自愿参与社区建设。Chai、Kim 认为，虚拟社区感越强，用户参与贡献意愿越强。社区中的用户联系越紧密，用户之间的交流就会越多，这种紧密关系会对用户分享意愿产生更多的积极作用[216]。用户对社区的认同程度会直接影响他们在社区中分享的数量。此外，有些潜水的成员虽然不经常发表言论，但是他们也会用其他方式表示对社区的认同，比如主动把社区分享给好友。在社会化商务社区中有归属感的成员，活跃度较高，他们在社区中会积极参与信息的发布和传递。在小红书中，社区为信息共享提供了轻松、自由的环境，鼓励信息的交换和分享。在社区中，分享笔记的"小红薯"的昵称旁都有不同的形象，代表着经验值和用户在社区中的地位。用户因此在社区中建立了个人形象，并得到了其他成员的尊重。当用户精心编辑的内容被其他成员点赞或收藏时，用户会获得更深层次的内心满足感，这种身份认同感反过来又促进了用户的分享意愿。其次，在小红书运营团队的管理下，成员和成员、成员和博主之间建立了紧密的联系和亲密的情感联结，有些团体甚至从线上发展到线下，大大增强了用户黏性，也促进了内容生成和信息分享。因此，本书假设：

H13：虚拟社区感将显著影响分享意愿。

3.1.3　数据收集与分析

3.1.3.1　量表设计

研究模型包含 14 个因子，分别是社会支持的两个因子、社区质量的三个因子、虚拟社区感的四个一阶因子、心流体验的三个一阶因子、使用意愿以及分享意愿。除了虚拟社区感和心流体验为二阶因子，其他因子都由三至四个测量指标进行测度，所有测量指标都采用李克特五级量表进行测量，且大多参考国外的经典文献，以提高内容效度。以下对量表及指标的来源进行解释和说明。

（1）社会支持

在虚拟社区中，用户感受到的信息支持和情感支持较多。本书借鉴 Liang 等[34] 和 Krause 等[217] 的研究，将社会支持划分为信息支持和情感支持。信息支持大多是社区提供的对用户有帮助的信息，情感支持指的是在社区中用户和用户之间的情感交流和互动。

（2）社区质量

从技术层面考虑，社会化商务平台作为信息系统，具备虚拟社区特性，社区的服务质量、系统响应速度、信息的准确度等因素会影响用户对社区质量的感知。本书根据信息系统成功模型，将社区质量划分为系统质量、信息质量和服务质量。在社会化商务平台中，系统质量包含了购物平台的系统稳定性、导航便捷可操作性、产品摆设清晰美观、服务器快速响应四个指标。信息质量包含购物平台中的产品、价格、评价等信息及时更新、准确、完整以及社区提供的信息满足用户所需。服务质量指的是当用户有问题寻求帮助时，服务及时并且被用户认可，除此以外，社区能提供个性化和定制化的服务。

（3）虚拟社区感

虚拟社区感是成员对社区的主观感受，常被解释为成员对长期留在社区的意愿和承诺。社会化商务平台属于虚拟社区的一种，用户积极参与社区活动是社区活跃和发展的前提。根据 McMillan 和 Chavis 的定义[188]，本书认为虚拟社区感包括成员感、影响力、需求满足、情感联结四个维度。

（4）心流体验

心流体验是用户在与计算机交互时完全投入的一种状态，用户在系统中感受到沉浸体验越多，则使用计算机系统的时间越久。Koufaris 将感知控制、感知愉悦和注意力集聚作为心流体验的核心变量[180]。其中感知控制中的 PC2（参与该社区让我感觉困惑）和 PC3（参与该社区让我感到沮丧）是反向变量。

（5）用户行为

用户行为直接受个人意愿影响，因此对用户行为变量，本书采用了信息系统领域中广泛认同的用意愿代替行为的做法，另外，用户浏览电子商务社区并不意味着购买商品。本书参考 Chen 和 Shen 对社会化商务用户采纳行为的研究 [37]，将使用意愿和分享意愿作为社会化商务用户行为的考察指标。表 3.1 列出了最终的测量指标及来源。

表 3.1　变量及测量指标

变　量	指　标	测度项	来　源
信息支持 （IFS）	IFS1	当我遇到问题的时候，会有人给我提供有助于该问题解决的信息。	[34, 217]
	IFS2	当我遇到困难的时候，会有人帮我找到问题的原因并给我提供建议。	
	IFS3	当我遇到问题的时候，会有人告诉我应该向谁寻求帮助。	
情感支持 （EMS）	EMS1	当我遇到困难的时候，会有人与我一起面对。	
	EMS2	当我遇到困难的时候，会有人安慰和鼓励我。	
	EMS3	当我遇到困难的时候，会有人倾听我的感受。	
	EMS4	当我遇到困难的时候，会有人对我表示关注和关心。	
成员感 （MEM）	MEM1	我觉得自己是这个社区的一员。	[188, 189]
	MEM2	我在该社区已经有很长时间了。	
	MEM3	我对该社区有一种归属感。	
影响力 （INFL）	INFL1	我有机会向该社区其他成员提供点子或建议。	
	INFL2	通常会有人回复我在该社区发布的评论或提出的问题。	
	INFL3	我在该社区中是比较活跃的一员。	
	INFL4	我在意其他成员对我的看法。	
需求满足 （NED）	NED1	在该社区中，我的需要能够得到满足。	[205, 218]
	NED2	在该社区中，我可以与其他成员交流遇到的困难，并得到帮助。	
	NED3	花费在该社区的时间是值得的。	
情感联结 （SEC）	SEC1	我经常在该社区中与其他人一起讨论，并很享受这样的时间。	
	SEC2	在该社区中，我和其他成员共同经历了一些很重要的事件。	
	SEC3	我对该社区未来的发展充满希望。	

续 表

变 量	指 标	测度项	来 源
系统质量 （SYQ）	SYQ1	该社区运行稳定。	
	SYQ2	该社区的导航便捷有效。	
	SYQ3	该社区界面设计具有吸引力。	
	SYQ4	该社区访问速度快。	
信息质量 （IQ）	IQ1	该社区提供了最新的信息。	[205,218]
	IQ2	该社区提供准确的信息。	
	IQ3	该社区提供的信息能满足我的需求。	
	IQ4	该社区提供了完整全面的信息。	
服务质量 （SEQ）	SEQ1	该社区提供的服务是可信赖的。	
	SEQ2	该社区提供个性化和专业化的服务。	
	SEQ3	该社区对我提出的问题提供及时的响应。	
感知愉悦 （PEN）	PEN1	参与该社区让我感到开心。	[219]
	PEN2	参与该社区让我感到有趣。	
	PEN3	参与该社区让我感到兴奋。	
	PEN4	参与该社区让我感到轻松。	
感知控制 （PC）	PC1	参与该社区让我感觉平静。	
	PC2	参与该社区让我感觉困惑。	
	PC3	参与该社区让我感到沮丧。	
	PC4	在参与该社区的过程中，我感到一切都处于我的控制之中。	
注意力聚集 （AF）	AF1	在该社区中，我的注意力完全被吸引。	
	AF2	在该社区中，我的精神高度集中。	
	AF3	在该社区中，我会全神贯注。	
	AF4	在该社区中，我完全沉浸其中。	
使用意愿 （USE）	USE1	如果有人给我推荐该社区，我将愿意使用。	[37]
	USE2	我愿意投入更多时间和精力来参与社区活动。	
	USE3	当我访问同类社区时，该社区是我的首选。	
分享意愿 （SHA）	SHA1	当该社区的其他成员征求我的意见时，我愿意把我的经验和建议提供给他们。	
	SHA2	我愿意与他人分享自己在该社区的体验。	
	SHA3	我愿意将该社区推荐给他人。	

3.1.3.2 问卷设计与数据收集

问卷包括两个部分，一是人口统计学信息，二是问卷主体。研究选择的社会化商务平台主要有以下三大类：在社交媒体中加入商务属性的平台；在传统电子商务平台中加入社交属性的平台；融合社交属性和商业属性的电子商务平台。被调查的社会化商务社区包括淘宝社区、微信、新浪微博、小红书、蘑菇街、美丽说、抖音、拼多多等。

问卷设计完成后，首先邀请了 20 名用户填写问卷并提出意见，之后根据他们的建议对问卷进行修改和完善，以提高问题的可读性。之后在大学生群体和企事业单位员工中发放问卷。问卷发放持续了三周，共收集了有效问卷 339 份。其中，女性用户比例为 41%，男性用户比例为 59%；年龄方面，20～39 岁的用户占比 89%；在社龄方面，76.4% 的用户使用社会化商务社区达 1 年以上；在教育程度方面，本科及以上学历的用户占比 84.3%。从用户使用情况来看，除了微博和微信，用户使用较多的社区还有淘宝社区、小红书等。

3.1.3.3　测量模型分析

测量模型分析主要考察指标负载、信度和效度。在用主成分分析法（PCA）考察量表的效度之前，先进行巴特利特球形检验，计算 KMO。KMO 值越大，表示变量间共同因子越多。表 3.2 显示，KMO 的检验值为 0.87，巴特利特球形检验的显著性概率值为 0.00，小于显著性水平，因此量表适合做因子分析。

信度用来衡量问卷结果的一致性和可靠性。在检验问卷一致性时，常用 α 系数衡量。各变量的 α 系数均大于 0.7，说明量表信度良好。

效度是指测量方法和手段能准确反映所测量问题的准确程度。效度越高表示反映对象的准确度越高。首先，对观测变量进行探索性因子分析（EFA）。在用最大方差法对问卷数据进行降维分析时，发现感知控制变量中的 PC1（感到平静）和 PC4（感到控制感）两个指标的负载较低，都低于 0.2，为了提高量表效度，删去了这两个指标。经过方差最大法旋转后的因子负载矩阵显示，各指标在其对应因子的负载较高，且均大于在其他因子的交叉负载，说明每个因子都可以较好地反映其对应的指标，且和其他因子有显著差异。因此量表的判别效度和收敛效度较好。模型中 14 个变量解释了 72.7% 的方差。

接下来进行验证性因子分析，表 3.3 列出了各因子的 AVE 和 CR 值。

结果表明，大部分指标的标准负载均在 0.7 以上，并在 $p < 0.001$ 的水平上显著，AVE 值均超过 0.5，CR 值均超过 0.7，因此量表具有较好的收敛效度。

表 3.2　KMO 和巴特利特球形检验

KMO	巴特利特球形检验		
	近似卡方	*df*	Sig.
0.87	8452.23	1081	0.00

表 3.3　验证性因子分析结果

因　子	指　标	标准负载	AVE	CR	α
成员感 （MEM）	MEM1	0.73	0.53	0.77	0.76
	MEM2	0.81			
	MEM3	0.62			
影响力 （INFL）	INFL1	0.78	0.52	0.81	0.81
	INFL2	0.77			
	INFL3	0.70			
	INFL4	0.61			
需求满足 （NED）	NED1	0.80	0.64	0.84	0.83
	NED2	0.71			
	NED3	0.87			
信息支持 （IFS）	IFS1	0.70	0.55	0.78	0.77
	IFS2	0.82			
	IFS3	0.68			
情感联结 （SEC）	SEC1	0.77	0.54	0.78	0.78
	SEC2	0.71			
	SEC3	0.72			
感知控制 （PC）	PC2	0.84	0.74	0.85	0.85
	PC3	0.87			
注意力聚集 （AF）	AF1	0.71	0.59	0.85	0.85
	AF2	0.81			
	AF3	0.77			
	AF4	0.76			
感知愉悦 （PEN）	PEN1	0.74	0.57	0.84	0.81
	PEN2	0.72			
	PEN3	0.78			
	PEN4	0.65			

续　表

因　子	指　标	标准负载	AVE	CR	α
情感支持 （EMS）	EMS1	0.72	0.59	0.85	0.85
	EMS2	0.81			
	EMS3	0.81			
	EMS4	0.72			
系统质量 （SYQ）	SYQ1	0.73	0.58	0.84	0.84
	SYQ2	0.83			
	SYQ3	0.77			
	SYQ4	0.69			
信息质量 （IQ）	IQ1	0.77	0.62	0.87	0.86
	IQ2	0.79			
	IQ3	0.80			
	IQ4	0.75			
服务质量 （SEQ）	SEQ1	0.77	0.61	0.82	0.82
	SEQ2	0.79			
	SEQ3	0.77			
使用意愿 （USE）	USE1	0.65	0.51	0.75	0.75
	USE2	0.77			
	USE3	0.72			
分享意愿 （SHA）	SHA1	0.81	0.57	0.79	0.78
	SHA2	0.79			
	SHA3	0.65			

表 3.4 罗列了各因子的 AVE 值的平方根和各因子间的相关系数。由表可知，因子间的相关系数均小于因子的 AVE 值的平方根，因此量表具有较好的判别效度。

表 3.4　各因子之间相关系数及 AVE 值的平方根

	SOC	FLOW	USE	SHA	IFS	EMS	SYQ	IQ	SEQ
SOC	**0.70**								
FLOW	0.63	**0.66**							
USE	0.27	0.17	**0.71**						
SHA	0.61	0.45	0.19	**0.75**					
IFS	0.67	0.57	0.18	0.48	**0.74**				

续　表

	SOC	FLOW	USE	SHA	IFS	EMS	SYQ	IQ	SEQ
EMS	0.64	0.66	0.23	0.60	0.61	**0.76**			
SYQ	0.04	0.05	0.01	0.03	0.00	0.01	**0.76**		
IQ	0.09	0.15	0.02	0.07	0.11	0.07	0.73	**0.79**	
SEQ	0.21	0.24	0.05	0.15	0.10	0.10	0.65	0.78	**0.78**

3.1.3.4　结构模型分析

接下来用 LISREL 软件进行结构模型分析，各变量之间标准路径系数及显著水平如图 3.3 所示。虚拟社区感作为二阶因子，它的四个维度成员感（MEM）、影响力（INFL）、情感联结（SEC）、需求满足（NED）在二阶因子的负载均较高（0.66、0.63、0.85、0.62），表明用虚拟社区感来整合这四个维度是可行的。心流体验的三个维度感知愉悦（PEN）、感知控制（PC）、注意力聚集（AF）在二阶因子的负载分别为 0.96、0.21、0.61，表明感知控制变量对心流体验的解释度不高。从标准路径系数来看，除信息质量和系统质量对虚拟社区感和心流体验的作用不显著以外，其他系数都在 0.01 的水平显著。

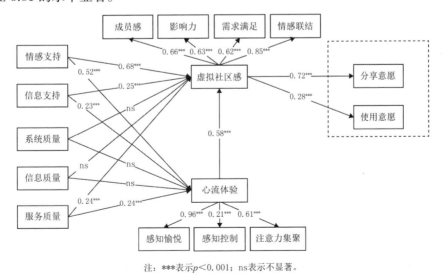

注：***表示 $p<0.001$；ns 表示不显著。

图 3.3　路径系数及显著性

表 3.5 列出了模型相关的拟合指数值，结果表明，除 GFI 略低于推荐值外，其他的拟合指数都符合推荐值标准，显示模型拟合度较好。

表 3.5　模型拟合指数推荐值和实际值

	χ^2/df	GFI	AGFI	CFI	NFI	RMSEA
推荐值	< 3	> 0.90	> 0.80	> 0.90	> 0.90	< 0.08
实际值	2.04	0.87	0.85	0.96	0.93	0.05

3.1.4　研究结果讨论

LISREL 对模型假设的验证如表 3.6 所示，假设 H6、H7、H9 和 H10 不成立，其他假设均得到验证。情感支持、信息支持、服务质量显著影响虚拟社区感和心流体验，心流体验正向作用于虚拟社区感，虚拟社区感积极影响使用意愿和分享意愿。虚拟社区感、心流体验、用户使用意愿和用户分享意愿被解释的方差分别是 77.3%、53.3%、7.6% 和 51.3%。

表 3.6　研究结果

假设项	对应变量相关关系	路径系数	显著性（p）	结　论
H1	情感支持→虚拟社区感	0.68	***	支持
H2	信息支持→虚拟社区感	0.25	***	支持
H3	情感支持→心流体验	0.52	***	支持
H4	信息支持→心流体验	0.23	***	支持
H5	服务质量→虚拟社区感	0.24	***	支持
H6	系统质量→虚拟社区感	0.00	不显著	不支持
H7	信息质量→虚拟社区感	−0.16	不显著	不支持
H8	服务质量→心流体验	0.24	***	支持
H9	系统质量→心流体验	−0.10	不显著	不支持
H10	信息质量→心流体验	−0.02	不显著	不支持
H11	心流体验→虚拟社区感	0.58	***	支持
H12	虚拟社区感→使用意愿	0.28	***	支持
H13	虚拟社区感→分享意愿	0.72	***	支持

注：*** 表示 $p < 0.001$。

3.1.4.1　刺激

（1）社会支持的作用

社会支持方面，情感支持和信息支持都对虚拟社区感有显著影响。但情感支持（路径系数为0.68）对虚拟社区感的影响比信息支持（路径系数为0.25）更强。以往对社会支持的研究较多关注在线健康社区，社区中的用户大多是询问信息和寻求治疗方案，因此信息支持的作用明显。本书的研究结果发现，用户不仅关注直接支持如信息支持，更加重视间接支持如情感支持，这可能是由于虚拟社区感是一种情感体验，因此主要受到情感支持的影响。情感支持和信息支持都积极影响心流体验，且情感支持（路径系数为0.52）对心流体验的影响比信息支持（路径系数为0.23）更强。说明在社会化商务平台中，全面的信息和丰富的情感交流都有助于用户获得愉悦感和沉浸感。

（2）社区质量的作用

研究没有发现信息质量对虚拟社区感的作用，这可能是因为社会化商务平台中，用户生产内容造成了"信息过载"，而用户只想选择性地选取对自己有用的信息。有学者在问答型虚拟社区用户满意度研究中发现，过于丰富的内容和过于精心的设计反而扰乱视线，可能给用户带来负面影响。另外，社会化商务平台中存在一些虚假信息。卢宝周等的研究表明，尽管评分是口碑的重要组成部分，评分状况对用户购买决策的重要程度却极低[220]，原因是商家常利用激励手段鼓励消费者给出正面评论，因此消费者反馈的信息不一定是他们的真实体验。信息过载和虚拟信息等问题使得信息质量对虚拟社区感的影响并不显著。

系统质量对虚拟社区感也没有显著作用，这可能是由于随着网络技术的发展，硬件和软件性能都在不断提升，社区的系统质量包括访问速度、界面设计等已得到显著提升，不再是用户关注的重心。现有社区平台的前端普遍较有吸引力，用户并没有感知到系统质量存在显著差异。伴随着"开源中国"等的兴起，每天都有不同知识背景的开发者在社区中进行知识交换和共享，使得做出一个社区平台相对容易。此外，本书的主要调查对象为大学生，他们具备丰富的互联网知识和操作技能，使得访问社会化商务社区对于他们来说并不是难事，这也将影响系统质量对于他们行为的作用。

信息质量对心流体验没有显著作用，原因可能如下：第一，繁杂的商品列表、过多的信息使用户失去了兴趣，简单浏览商品后便离开了社区。第二，目前基于大数据分析的个性化推荐系统正飞速发展，但并不成熟，除了今日头条公司的系列产品在用户使用时长方面有明显突破，其他公司并未展现出突出成就，因此诸如抖音的精准推荐系统值得学习。第三，社会化商务平台的网络关系主要是弱关系，弱关系主要以传达信息为主。以微博为例，微博是一个信息分享的平台，尽管弱关系使得不同社会网络间的信息进行交换，提高了信息的新颖程度和异质性，但这些社交媒体中发布的信息的真实性值得商榷，不足以让用户对平台产生沉浸感。

系统质量对心流体验没有显著作用，这与 Skadberg 和 Kimmel 的结论一致[208]。Skadberg 和 Kimmel 的研究表明，速度变量对用户产生心流体验没有直接影响作用，首要原因可能是随着手机应用的迅速发展，电子商务已发展得较为成熟，人们认为小红书、微商等社会化商务平台和淘宝等传统电商平台在系统质量方面并无太大差异。其次，本次参与调查的用户大部分是使用社会化商务平台经验较丰富的用户，因此对系统质量的感知不强，对用户产生心流体验没有显著作用。最后，以 Facebook 过去两年频发的信息泄露为例，在大数据时代，用户的信息安全无法得到保证，因此对在线社区尤其是涉及交易的在线社区的信任降低，使用户失去了对系统的控制感。

在社区质量中，服务质量对虚拟社区感和心流体验都有显著作用。表明好的服务可以降低用户的努力成本，提升用户的使用体验。另外，越来越多的平台推出个性化服务，允许用户对自己的空间进行装扮，如微博的头像挂件、小尾巴、有态度的赞等功能。当用户愿意投入时间、资金和精力到平台中时，就会专注于所从事的活动，从而产生心流体验。

3.1.4.2 有机体

研究结果显示，虚拟社区感的四个维度中，情感联结在二阶因子的负载最高，显示用户对于情感联结的关注。以微博"网红"papi酱为例，她每周定期发布的视频，或内容轻松，或发人深思，总能获得很多的点击量和转发量。以短视频和图文信息流的方式呈现内容的小红书也看中了明星的人气聚集能力，邀请了张雨绮、林允等明星入驻，为其带来了巨大流量。网红或明星依托其人格魅力，通过互动、交流等方式和粉丝紧密相连。网红或明星和粉丝之间以及粉丝和粉丝之间的情感联结，是社区保持持久活力的重要途径，是"社群经济"能够成功转化的保障。

心流体验的三个维度中，感知愉悦（PEN）、感知控制（PC）、注意力聚集（AF）在二阶因子的负载分别为0.96、0.21、0.61。其中感知愉悦的负载最高，注意力集聚其次，感知控制的负载最低，表明了用户对享乐性体验的关注。在小红书社区中，用户发布了一件商品或者分享了购物经验获得的点赞和评论都会使用户感到愉悦。在抖音社区中，用户浏览社区只是作为休闲娱乐的方式，没有明确目的，一件有吸引力的商品或者一个有趣的视频，都能成功刺激用户的交感神经，因此用户更注重愉悦感和满足感。感知控制的负载较低，说明用户感受的挑战和用户技能匹配度不高。结合已有研究，挑战和技能相平衡对流体验的作用通常表现在游戏领域和运动领域，而在社会化商务平台中，网友对网购的接受能力较高，且移动互联网产品的交互设计便于用户操作，用户在使用的过程中感知的挑战指数较低，因此感知控制变量对心流体验的解释作用未被证实。心流体验对虚拟社区感有显著作用（路径系数0.58），表明用户在社区中产生的愉悦感、沉浸感有助于用户融入社区，从而对虚拟社区产生归属感和依赖感。

3.1.4.3 反应

研究发现，虚拟社区感积极影响用户分享意愿和使用意愿，且对分享意愿的作用大于使用意愿。Zhao 等的研究也表明,虚拟社区感对用户获取和分享知识行为有正向作用,且对分享知识行为的作用更显著[215]。因此,虚拟社区感不仅让用户加入平台,而且使用户产生依恋,对用户的使用和分享意愿产生显著影响。

3.1.5　结论

基于 SOR,本书构建了社会化商务用户行为机理模型。研究发现了社会支持和社区质量作为刺激因素对虚拟社区感和心流体验的影响,探讨了用户在使用社会化商务平台时的内部心理作用,证实了虚拟社区感对用户使用意愿和分享意愿的显著作用。研究主要有以下几个结论:

首先,研究发现,社会支持的两个变量情感支持和信息支持显著影响虚拟社区感和心流体验,表明了用户在社会化商务平台中,十分依赖社群提供给他们的信息上的帮助或情感上的支持。社区质量的三个变量中,仅有服务质量对"有机体"的作用得到了验证,研究发现社区质量中的系统质量未对"有机体"产生显著作用,可能原因是随着信息技术和社交媒体的发展,用户对社会化商务平台的系统质量感知较小,未影响用户的使用体验。研究并未发现信息质量对虚拟社区感和心流体验有显著影响,可能原因是:①信息杂乱,真实性和可靠性无法保障;②信息过载,急需个性化推荐系统给用户提供精准的信息。研究认为,信息支持对"有机体"的作用得到了验证而信息质量对"有机体"的作用不显著,说明用户在社区中有寻求信息的需求,但信息质量不能令人满意。

其次,虚拟社区感正向影响用户的使用意愿和分享意愿。这和 Chai 等[216]、Zhao 等[215]的研究结论一致,说明虚拟社区感可以有效促进用户持续参与和信息共享意愿。在虚拟社区感的四个维度中,情感联结的作用最为显著,表明了用户对情感体验的关注。在"有机体"内部,心流体验显著影响虚拟社区感,其中愉悦感对用户产生心流体验的作用最为显著,说明在社会化商务平台中,用户不仅仅是实用性导向,享乐性体验也会影响用户对社区的感知。

研究结果启示社区管理者：

其一，相比于信息质量和系统质量，用户更在意社区的服务。当用户遇到问题时需要有及时的解答，同时也需要个性化的服务。管理者需要提高社区的服务质量，通过改善用户体验来增强用户的归属感。如客服需要第一时间解决用户的问题，避免让用户等待；客服在解答用户疑问时，应热情主动，尽可能体现专业性；另外，在日常的运营管理中多关注用户的个性化需求，给用户推送和呈现符合用户偏好的商品，以满足不同用户的需求。

其二，网络的匿名性使得用户的活动相对自由，降低了支持者和被支持者的心理压力，因此更多用户会主动提供或寻求在线支持。管理者需要在社区建立一种支持性（supportive）的氛围，鼓励用户彼此之间的情感、信息交互。可以通过会员级别、积分、线下活动等激励用户之间广泛深入的信息情感交互，从而提升用户对社区的认同，促进其使用和分享意愿。

其三，重视用户在使用社区过程中的心流体验。心流体验不仅会增强用户的虚拟社区感，也会对用户行为产生积极作用。如今移动互联网时代的流量红利正在逐渐消失，互联网巨头间的竞争愈发激烈，决定产品是否可以吸引用户的因素中，用户体验至关重要。产品经理和运营人员在设计和运营工作中需要思考、想象用户需要怎样的外部触发才会获取心流体验。

其四，重视用户的虚拟社区感。在虚拟社区感的四个维度中，应着重加强用户的情感连接，通过各种活动使得用户之间的联系更紧密。如充分发挥意见领袖的带头作用，让网红、明星等发起话题，让用户参与其中，激起用户的共鸣。社会化商务社区之所以有别于一般的 QQ 群、微信群等组织，正是因为社区规模庞大且成员具有共同的价值认同，这种强关系是保持社区生命力的关键所在。总体来说，虚拟社区正在向内容化、场景化、粉丝化发展，社会化商务平台想要吸引维系更多粉丝，需要丰富用户使用场景，通过产品矩阵占据用户的碎片化时间；结合 PGC（professional generated content，专业生产内容）和 UGC 不断产生内容，通过优质的内容和信息留住用户；利用网红经济聚集粉丝，增强用户的归属感和成员感。

3.2　虚拟社区感对社群学习用户行为的作用研究

社群经济指的是一群有着共同爱好和价值观的成员在社群中互动连接并且建立信任，通过抱团发展、资源共享的方式共创经济价值。近年来，科技、教育、知识、商业、亲子、健康等各行各业的社群竞相发展。特别是，随着社会经济水平的提高，大众越来越注重对自身文化层面的投资，由此促使了一大批学习型社群的诞生。例如，2017年，罗辑思维入选"时代影响力·中国商业案例 TOP30"。很多企业也开始探索这种新兴商业模式，从线上的薄荷阅读微信打卡、得到 App 到线上线下结合的混沌大学、樊登读书会、吴晓波公众频道等，都是社群学习的典型案例。但各类社群学习企业之间存在激烈竞争，如何采取有效措施吸引并促进用户的持续参与，从而实现用户保持，是企业获取竞争优势的关键。因此有必要研究社群学习用户行为机理，从而为社群管理者提供决策建议和对策。

社群学习模式是通过满足内部成员需求产生经济价值并向外延伸。一方面，社群依托内部沟通发现成员的需求并服务这些需求，社群的"团体感"、"成就感"和"归属感"为成员创造了价值，让用户愿意长久待在学习社群里并且相信社群是充满生命力的。另一方面，社群通过优化学习环境、增强成员归属感的方式不断增值，从而有了外拓资本。由此可见，成员对于社群的成员感、归属感等（虚拟社区感）至关重要。此外，用户在社群中进行频繁交互，建立了较强的社会关系连接（社会资本），这可能影响他们对于社群的归属感和情感连接，进而影响其持续参与行为。因此，本书整合社会资本理论和虚拟社区感理论，将社会交互连接作为结构维资本，将信任作为关系维资本，将共同语言和共同愿景作为认知维资本，将虚拟社区感作为社群用户的情感体验，研究影响社群学习用户持续参与的关键因素。

3.2.1　文献回顾

社群学习作为一种新兴模式，当前的研究主要关注其商业模式。例如吴超基于社群经济理论建立了冰山动态反馈模型，研究了罗辑思维的商业模式[221]。魏武挥提出，社群经济不同于粉丝经济[222]。粉丝经济是以品牌为中心，所有人围绕中心展开活动。而社群是两两交互的网状关系，依靠用户满足 / 服务用户创造社群价值。另外，还有一部分文献研究了社群学习在教学领域的应用。丁继红等对教师社群学习模式进行了分析，为教师社群学习提供建议和对策[223]。李士娟和代建军建议发展教师专业学习社群，从而创造教师反思性文化，实现教师和社群双赢[224]。赵胜军探索了"互联网＋"背景下社群给学生生活和学习来的变革和影响[225]。

目前围绕社群学习用户行为展开的实证研究较少，且主要基于技术采纳视角。如王小梅采用技术接受模型研究了成人教育领域的社群学习用户行为[226]。赵秋锦和王帆研究了新浪"新媒体研究"课程微群中学生的参与深度、参与数量和参与内容，为教学过程中发现的问题提供建议[227]。由于社群成员之间频繁的交互构建了较强的社会关系网络，这将影响他们对于社群的成员感、归属感，进而影响其持续参与行为。因此本书将分析社会资本对虚拟社区感和用户持续参与社群学习行为的作用机理。

3.2.2　研究模型与假设

社会资本理论起源于 20 世纪 70 年代，社会资本被学者视为以社会关系为载体的"资本"。Nahapiet 和 Ghoshal 认为社会资本是实际的和潜在的"资源"的总和，由个体或社会单元组成的社会关系网络产生，他们将社会资本划分成结构维、关系维和认知维三个维度[91]。结构维资本表现为社会交互连接，强调用户之间的互动模式。认知维资本表现为共同语言和共同愿景，有助于集体行为中成员的沟通。关系维资本表现为信任、互惠和认同，成员之间的相互信任和群体规范可以降低交易成本，提高组织绩效。

（1）结构维资本

结构是组织成员建立的非正式网络，可以表现为"强关联网络"和"弱关联网络"。互动是结构维中重要的组成部分，成员之间的互动越频繁，关系网络的密度越大。因此本书采用社会交互连接来反映结构维资本。Lane和Lubatkin提出互动不仅可以帮助组织中的成员获得显性的可观察的知识，还可以获得内在的隐性的满足[228]。周军杰认为在虚拟社区中，用户之间频繁互动可以形成人际纽带，使用户产生强烈的归属感，从而促进虚拟社区感的产生[101]。Soroka和Rafaeli在研究中指出，互动不仅会让用户产生归属感，还会促使用户更加主动地发布信息，因为用户在互动的过程中产生了心理认同[229]。王艳梅和余伟萍在虚拟社区互动的研究中提出，互动频率、互动程度和互动环境会显著影响虚拟社区成员的归属感[230]。因此，本书假设：

H1：社会交互连接将显著影响虚拟社区感。

（2）关系维资本

信任是关系维资本的主要变量之一，Hsu等把信任划分为基于经济的信任、基于信息的信任和基于社区认可的信任三个维度[231]。研究表明，信任对知识共享行为有显著作用。孙红萍和刘向阳结合了计划行为理论和社会资本理论研究知识共享意愿的影响因素[232]，研究表明，社会资本的关系资源中，信任和规范有助于用户产生知识共享意愿。Chen和Hung的研究同样表明，互惠和相互信任可以显著影响知识共享行为[233]。这些研究显示信任是关系资本的核心变量。Ridings等[146]、赵玲等[193]认为信任包括对成员能力的信任和对成员诚实/善意的信任。对成员能力的信任意味着用户相信社群中的其他成员在某一领域具备分享专业知识的能力，并且有能力提供有价值的知识。获取知识可以满足用户自身的需求，有利于用户更积极地参加到社群中去。对成员诚实/善意的信任表示用户愿意相信社群中的其他用户是真诚可信的，而不会欺骗对方。信任将缓解用户感知风险包括隐私风险等，建立用户对于社群的认同和归属感，为社群学习创造良好的氛围。因此，本书假设：

H2：信任连接将显著影响虚拟社区感。

当用户加入一个新社群，成员和环境都是陌生的。他们将通过已有的口碑评价对该社群及成员建立初步的印象。建立初步印象之后，通过互动，成员会对其他用户的个性、能力和品行有进一步了解，从而产生更深层次的信任和依赖。当成员的关系进入稳定期后，用户的认知程序会反复起作用，以检验信任关系是否可靠。Rousseau 等人认为成员之间长期的互动意味着彼此已经具备充分的信息，同时，他们已反复确认过对方的可信度，因此产生对彼此情感上的依附[234]。Rousseau 等人还认为，互动对信任水平的高低的确有重要影响。本书假设：

H3：社会交互连接将显著影响信任。

（3）认知维资本

认知维资本表示提供共同解释的资源，可以用共同语言和共同愿景来反映。Nahapiet 和 Ghoshal 认为，群体成员如果要进行有意义的知识交换，必须要有共同的理解工具[91]。Tsai 和 Ghoshal 认为，共同语言有助于团队成员对集体目标的理解，并以正确的方式进行集体活动[235]。一个社群的成员如果有共同的术语和标识，例如"混沌研习社社员"等，可以增强成员的归属感，使成员认为他们是志同道合的。Cohen 和 Prusak 把共同愿景定义为"团队成员的集体目标和渴望"，即组织中成员拥有的共同目标和价值观，其可以促进团队成员的合作，最终使得组织获利[236]。共同的价值观是一个社群的灵魂，社群可以通过语言口号或者其他各类形式充分展现社群的价值观。如樊登读书会的成员的共同目标是"一年读 50 本书"，混沌大学的成员的共同愿景是"陪伴这个时代最有梦想的人"。另外，学习需要程序来促进，薄荷阅读和百词斩等 App 利用微信打卡的方式鼓励用户坚持学习。成员间互相监督的方式可以促进用户的学习。因此，共同语言和共同愿景将提升用户对于社群的归属感、成员感等。因此，本书假设：

H4：共同语言将显著影响虚拟社区感。

H5：共同愿景将显著影响虚拟社区感。

社群中的成员往往来自不同的行业、处于不同年龄段，接受的教育和文化熏陶也不尽相同。因此在一个社群中，共同语言是交流的前提，有利于降低知识传递成本、提高沟通效率。内容生产者使用行话和术语有利于让用户感知其专业性，从而产生信任。另外，社群内部特定的行话和称谓会拉近用户之间的距离，让用户在情感上更信任对方。共同愿景是社群成员的集体目标和共同意愿，是社群学习的重要影响因素。共同愿景可以使成员感知到他人和自己的相似性，有共同价值观的成员会相互吸引，并产生信任。因此，本书假设：

H6：共同语言将显著影响信任。

H7：共同愿景将显著影响信任。

（4）虚拟社区感

Sarason 在 1974 年最早提出了社区感这一概念，并认为社区感是一种对他人的依赖感[237]，反映了个体对某个集体的归属感。虚拟社区感将传统社区感的概念延伸到了在线社区。本书参照 McMillan 和 Chavis 的定义[188]，认为虚拟社区感包括四个变量：①成员感；②影响力；③需求满足；④情感连接。Wasko 和 Faraj 认为在社区中，尽管不会有报酬，人们依然愿意分享知识、交换信息。其中，强连接、相似性、协同定位等是影响用户主动分享的关键因素[238]。Zhao 等发现虚拟社区感会增强用户获取知识的意愿[215]。彭晓东和申光龙研究了虚拟社区感对顾客参与价值共创行为的影响，提出成员感、沉浸以及影响力显著影响用户自发的价值共创行为[197]。虚拟社区感对社区成员的参与行为将起到积极的促进作用。这些行为不是以交换为目的，而是由于成员的归属感和认同感产生的。用户参与社群学习是为了寻求归属感和满足感，反过来，这种归属感和满足感会促使用户更愿意参与到社群学习中，形成良性循环。因此，成员间关系越紧密，情感联结越强，越容易产生社群学习行为。因此，本书假设：

H8：虚拟社区感将显著影响持续参与行为。

图 3.4 显示了研究模型。社会交互连接、信任、共同语言和共同愿景作为社会资本的四个因子正向影响虚拟社区感。虚拟社区感是一个二阶因子，包括成员感、影响力、需求满足和情感联结四个变量。

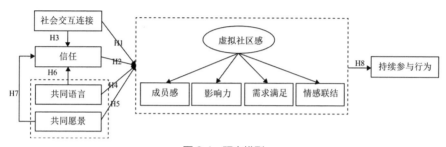

图 3.4 研究模型

3.2.3 数据收集与分析

（1）问卷设计与数据收集

本书包括九个变量，测量指标大多参考国内外经典文献，且用李克特五级量表进行考量。表 3.7 列出了测量指标。问卷设计完成后，首先邀请了20 名参与社群学习时间较长的同学参与调查，并根据反馈意见对部分指标进行了修正。

表 3.7 测量指标

变　量	指　标	测度项	来　源
社会交互连接 （SIT）	SIT1	我与社群成员保持着紧密的关系。	[92]
	SIT2	我花了很多时间和社群成员进行交互。	
	SIT3	我与社群成员有着频繁的交流。	
信任 （TR）	TR1	社群成员拥有关于这个主题的相关知识。	[146]
	TR2	社群成员信守承诺。	
	TR3	社群成员关注其他人的利益，而不仅仅是自己的利益。	

续　表

变　量	指　标	测度项	来　源
共同语言 （SL）	SL1	社群成员使用共同的术语和行话。	[92]
	SL2	社群成员使用可理解的交流方式进行讨论。	
	SL3	社群成员使用可理解的表达模式发布信息或文章。	
共同愿景 （SV）	SV1	社群成员有着共同愿景，即帮助彼此解决专业性问题。	
	SV2	社群成员有着共同目标，即互相学习进步。	
	SV3	社群成员有着共同的价值观，即帮助其他成员是快乐的。	
成员感 （MEM）	MEM1	我认为我是该社群的成员之一。	[189]
	MEM2	我参与该社群已经很长时间了。	
	MEM3	我在该社群中有归属感。	
影响力 （INFL）	INFL1	我会为社群中其他成员提供好的主意和建议。	
	INFL2	社群中其他成员会回复我在社群中发表的言论或提出的问题。	
	INFL3	我在该学习社群中比较活跃。	
	INFL4	对我而言，社群中其他成员对我的看法很重要。	
需求满足 （NED）	NED1	我的需求在该学习社群中可以得到满足。	
	NED2	我可以和社群中其他成员交流问题并且能够得到帮助。	
	NED3	我认为在该社群中花费的时间是值得的。	
情感联结 （SEC）	SEC1	我享受和社群中其他成员一起讨论问题的时光。	
	SEC2	我和其他成员在社群中一起经历了一些很重要的事件。	
	SEC3	我对该社群的未来和发展充满信心。	
持续参与行为 （CB）	CB1	我打算继续参加该社群，而不是放弃它。	[239]
	CB2	我打算继续参加该社群，而不是参加其他类似社群。	
	CB3	如果有可能的话，我将不再参加该社群。	

　　考虑到社群学习的主要对象是学生以及具有一定经济水平并且渴求知识的白领，问卷发放的对象主要为在校学生、公司高管、企业员工等。问卷发放进行了三周时间，共收集了有效问卷 402 份。其中 20～29 岁的用户占比 90.1%，男性和女性比例分别为 55.2% 和 44.8%。另外，从职业分布来看，学生占比为 43%，企业 / 公司一般职员占比 31%。被调查的用户参与的学习型社群主要包括微信打卡（如薄荷阅读）、得到、混沌大学、喜马拉雅等。

（2）测量模型分析

测量模型分析主要考察各指标的标准负载、变量信度以及效度。表3.8显示各指标的 α 系数均大于0.8，说明量表具有较高的可靠性和一致性。验证性因子分析的结果显示，各指标的标准负载均在0.7以上，AVE值均高于0.6，CR值均高于0.8，说明量表的收敛效度较好。

表3.8　验证性因子分析结果

因　子	指　标	标准负载	AVE	CR	α
社会交互连接 （SIT）	SIT1	0.76	0.71	0.88	0.88
	SIT2	0.88			
	SIT3	0.87			
信任 （TR）	TR1	0.78	0.61	0.83	0.82
	TR2	0.77			
	TR3	0.78			
共同语言 （SL）	SL1	0.74	0.66	0.86	0.85
	SL2	0.84			
	SL3	0.85			
共同愿景 （SV）	SV1	0.81	0.66	0.85	0.84
	SV2	0.82			
	SV3	0.80			
成员感 （MEM）	MEM1	0.84	0.68	0.86	0.86
	MEM2	0.77			
	MEM3	0.86			
影响力 （INFL）	INFL1	0.84	0.63	0.87	0.86
	INFL2	0.78			
	INFL3	0.81			
	INFL4	0.71			
需求满足 （NED）	NED1	0.83	0.68	0.87	0.86
	NED2	0.81			
	NED3	0.82			

续　表

因　子	指　标	标准负载	AVE	CR	α
情感联结 （SEC）	SEC1	0.85	0.66	0.85	0.85
	SEC2	0.73			
	SEC3	0.84			
持续参与行为 （CB）	CB1	0.89	0.67	0.86	0.84
	CB2	0.70			
	CB3	0.84			

（3）结构模型分析

结构模型各变量之间的路径系数如图 3.5 所示。除了信任对虚拟社区感的作用不显著，其余路径系数均在 0.001 的水平上显著。二阶因子虚拟社区感的四个变量的负载分别为 0.87、0.89、0.94、0.99，表明用这四个维度来反映虚拟社区感是合适的。

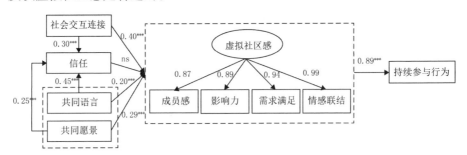

注：***表示 $p < 0.001$；ns 表示不显著。

图 3.5　路径系数

表 3.9 列举了部分模型拟合指数，除 GFI 略低于 0.9 外，其他指数均优于推荐值，表明模型的拟合度较好。

表 3.9　模型拟合指数推荐值和实际值

	χ^2/df	GFI	AGFI	CFI	NFI	RMSEA
推荐值	< 3	> 0.90	> 0.80	> 0.90	> 0.90	< 0.08
实际值	2.81	0.89	0.85	0.98	0.98	0.07

3.2.4 讨论

图 3.5 的研究结果表明，除了信任对虚拟社区感的作用不显著以外，其他假设均得到支持。社会资本的三个变量正向影响虚拟社区感，虚拟社区感显著影响持续参与行为。结构维资本和认知维资本对关系维资本具有显著作用。虚拟社区感、信任和用户持续参与行为被解释的方差比例分别是76.9%、81.2% 和 79%。

在社会资本的三个变量中，社会交互连接的作用最强，表明社会交互连接对虚拟社区感的影响最显著。社群的核心价值在于连接，学习型社群中的用户的互动频率和互动程度都高于一般的社区。因为每个成员往往具有多重身份，每一种身份都对应一个朋友圈，因此社群中高质量的信息被转发后，传播次数将呈几何级数增长。以罗辑思维为例，罗辑思维的粉丝一边花大价钱购买知识产品，一边自发组织"演讲派""奔跑派"，同时还推出定制图书礼包、"企业家水果"等产品。社群的高活跃度为罗辑思维带来了更多新用户和经济效益，形成了"媒体—社群—活动—创新项目"的崭新模式。由此可见，用户之间的频繁互动是社群的主要流量来源，社群组织者需要定期开展线上线下活动，不断增强用户的社会交互和关系连接。

信任的影响因素方面，社会交互连接的路径系数为 0.30，共同语言和共同愿景的路径系数分别为 0.45 和 0.25，显示共同语言对信任的作用最显著。由此可见，社群成员使用可以理解的方式交流有利于降低沟通成本，增强成员之间的信任。另外，用户对其他成员的信任有一部分是来源于对其专业能力的信任，因此多鼓励内容发布者使用行话和专业术语有助于提升内容的可信度，可以让内容接受者产生更多信任。

虚拟社区感的四个变量中，情感联结的路径系数最高（0.99），需求满足其次（0.94），说明成员渴望在社群中收获友谊和获取知识。首先，社群中的成员都不是孤立的，要让社群的每个成员在互动中建立紧密连接，提升用户的归属感。另外，让用户参与到社群的建设和内容的推广中，可以激发用户对学习社群的情感依附，形成高质量的口碑营销。其次，用户参与社群学习主要是为了学习专业知识并完善知识体系，因此社群需要付出时间和精力，不断为成员提供有价值的内容和服务。例如定期邀请业界"大咖"做内容分享，保证内容和用户需求的高度匹配。另外，社群也可以创造机会，让成员之间进行资源互换、资源共享，以满足成员在学习以外的需求。因此，学习型社群需要通过源源不断地输出价值来和成员保持长期、稳定的关系，这些输出不仅仅局限于知识，还可以是活动、利益、情感等。

信任对虚拟社区感的作用不显著，可能有以下两个原因：第一，信任不是影响社群学习用户社区感的主要变量，用户更为看重彼此之间的交互连接和共同语言、共同愿景。第二，信任反映了用户的理性判断（对成员的能力、诚实、善意的判断），而虚拟社区感反映了用户的情感体验，因此，作为理性判断的信任不一定对作为感性体验的虚拟社区感发挥作用。

3.2.5　结论

本书整合社会资本理论和虚拟社区感理论，研究了社群学习用户持续参与行为机理。结果发现，社会资本显著影响虚拟社区感，进而影响用户持续参与行为。研究结果启示社群管理者：首先，基于场景建立学习社群，定期举办线上线下活动，如拆书帮活动、问题研讨，以及邀请专家实践分享等，实现社群成员间的互动连接和用户数量的指数级增长。其次，鼓励社群成员生产专业知识，并使用社群成员可接受的术语传播知识。内容是产生流量的入口，学习社群持续产生优质的资源才能带来新的流量并积累忠实的用户。再次，学习社群应有自己的文化和价值观，这种文化可以通过口号、标语、服装等形式体现出来，使成员产生认同感和归属感。同时社群内部应尽量保持平级关系，通过互动增强用户的情感联结，从而促进用户的持续参与行为。

3.3 整合社会支持与网络外部性视角的社会化商务用户体验研究

CNNIC 自 1997 年开展中国互联网发展状况统计调查至 2019 年，历经 22 年共发布了 44 次报告，显示网络规模和用户人群不断扩大，互联网普及率得到快速提升。截至 2019 年 6 月，我国网民人数为 8.54 亿，互联网普及率达 61.2%，网民中参与网络购物的比例达到了 74.8%[240]。此外，社交媒体如微博、微信、短视频等得到了用户的广泛采纳和使用，并逐步和电子商务包括移动电商实现了融合，产生了社会化商务这种新兴模式。社会化商务指的是通过 Web2.0 社交媒体技术，基于移动应用程序或者在线网页平台等来支持用户的在线交互，包括用户之间的推荐、分享、交流等，以帮助其获取产品和服务。伴随着社交媒体技术和移动设备的普及，社会化商务得到了快速发展，众多企业意识到社会化商务蕴含的巨大价值，纷纷采用这种新兴商业模式。目前的社会化商务平台主要包括三种类型：第一种，电子商务平台添加社交功能，例如淘宝、京东等；第二种，社交平台添加电子商务功能，例如微博、微信等；第三种，独立的社会化商务平台，例如拼多多、小红书等。

社会化商务作为一个新兴概念，是当前的研究热点。已有文献考察了社会化商务的发展阶段与商业模式，探索了社会化商务的类型及用户行为。但已有研究较多考察认知因素如技术感知、感知价值、隐私风险等对用户行为的作用，较少从情感视角如用户体验分析社会化商务用户行为。但社会化商务中的信息不对称和风险使得用户体验较差，这将影响其行为决策。基于此，本书将基于流体验理论，整合社会支持和网络外部性两个视角，考察流体验对社会认同、满意度和用户购买、分享行为的影响。研究结果将有助于企业采取措施改善用户体验，促进其社会化商务行为。

3.3.1 文献综述

（1）社会化商务用户行为研究

社会化商务作为新兴商业模式，得到了研究人员的关注。特别是用户行为包括购买、分享等是其中的研究热点之一。由于社会化商务基于社交媒体技术，已有研究考察了技术感知如绩效预期、感知有用性等对用户行为的作用。Sheikh 等基于 UTAUT2 理论，发现绩效预期、便利条件、习惯等因素影响用户对社会化商务的采纳[241]。Dhir 等也认为绩效预期、努力预期等影响用户在社交网站上的标记行为[242]。Fu 等发现感知有用性对社会化购买行为具有显著作用[243]。

类似于电子商务，社会化商务交易也包含不确定性和风险，因此信任是保障社会化商务成功的一个重要因素。Yahia 等发现声誉、价格优势对社会化商务用户信任具有很强的作用[244]。Hsu 等认为信任作为关系质量的一个因素影响用户社会化购买行为[245]。此外，研究发现不同类型信任之间能够实现转移。Sharma 等发现用户对互联网的信任和对企业的信任影响其信任，进而决定其社会化商务行为[246]。Cheng 等认为特定信任能转化为系统信任，并影响用户社会化购买行为[247]。

社会化商务中，商家通过社交媒体获取了用户的大量信息，这将引发用户的隐私关注，增加其隐私风险。Wang 与 Herrando 认为制度隐私保障机制能建立用户信任，促进其社会化购买行为[248]。Koohikamali 等发现隐私关注和感知收益之间的平衡决定用户的自我披露行为[249]。Lin 等认为隐私风险影响用户对社交网站的持续使用行为[250]。

从上述文献可以发现，已有研究主要考察了认知因素如技术感知、信任、隐私风险等对社会化商务用户行为的作用，较少考察情感因素如流体验的作用。但研究发现情感因素也是影响信息系统用户行为的一个重要因素。基于此，本书将考察流体验对用户行为的作用机理，研究结果将为社会化商务用户行为研究提供新的视角。

（2）流体验研究

流体验（flow）反映了用户在全身心投入某个活动时所获得的最佳体验。当用户处于流体验时，他们全神贯注于社区活动，往往感觉不到时间的流逝和周围环境发生的变化，这使得用户沉浸于其中并获得极大的愉悦和满足感。流体验反映了用户具备的技能和面临的挑战之间的平衡。当技能大于挑战时，用户感到枯燥，反之则感到焦虑。当技能和挑战较为匹配时，用户将会感受到流体验。已有研究发现了流体验对于多个情境下包括在线游戏、增强现实、在线学习等用户行为的作用。

流体验受到多个因素包括远程存在、交互性、网站质量等的影响。Rauschnabel 等发现远程存在（telepresence）影响流体验，进而决定用户对社交媒体的使用频率[251]。Liu 认为远程存在、聚焦、技能、挑战等因素影响流体验和用户重复使用在线游戏的行为[252]。Hsu 等发现网站质量包括信息、系统、服务质量影响流体验，进而决定其社会化购买行为[253]。Su 等认为人机交互、社会交互、技能、挑战影响流体验和移动游戏用户的忠诚度[254]。Rodriguez-Ardura 和 Meseguer-Artola 也发现了交互性对在线学习用户流体验的作用[255]。

从上述研究可以发现，已有研究较多关注技术因素如交互性和个人因素如技能对流体验的作用，较少考察社区因素如社会支持、网络外部性的作用。而由于频繁的社会交互，社会化商务中单个用户的体验和行为将受到社区和其他用户的显著影响。因此，有必要考察社会支持和网络外部性对流体验的作用。

3.3.2 研究模型与假设

本书主要整合社会支持和网络外部性两个视角研究社会化商务用户体验。一方面，社会支持是社会化商务的一个显著特征，用户通过社会交互获得其他用户提供的信息支持和情感支持，这将有助于缓解不确定性和降低风险，改善用户体验。另一方面，社会化商务基于社交网络，因此网络外部性也可能影响用户的价值感知和体验。社会支持反映了社区成员的影响，而网络外部性则反映了社区平台的影响，因此本书通过整合社会支持和网络外部性两个视角，来综合考察环境因素包括社区成员和平台对用户体验的作用，这将充实现有主要考察技术因素和个人因素对流体验作用的研究成果。

（1）社会支持

社会支持反映了以个人或群体为中心的人际交往和社会互动关系，也包含在线社区平台的商家与平台上用户间的社会关系。Liang 等认为社会支持包含信息支持和情感支持，并且会提高用户忠诚度 [34]。Chen 和 Shen 的研究也认为用户参与社会互动的目的之一是获取信息支持和情感支持 [37]。Oh 等认为社会支持包括评价支持、尊重支持和情感支持 [201]。本书借鉴 Liang 等人的观点来测度社会支持。

信息支持指的是用户在社会化商务平台上遇到困难时所收到的其他用户提供的建议或对策，情感支持指的是用户在社会化商务平台上遇到困难时所收到的来自其他用户的情感慰藉如安慰、鼓励、同情等。信息支持体现了一种直接支持，即这些信息将有助于直接解决问题，而情感支持则是一种间接支持。信息支持将有助于建立用户对其他用户能力（ability）的感知，情感支持则有助于建立对善意（benevolence）的感知，能力和善意都是信任的重要因素。因此，社会支持将有助于用户建立信任，缓解其感知风险，从而保障用户获得良好体验。因此，本书假设：

H1：信息支持显著影响流体验的形成。

H2：情感支持显著影响流体验的形成。

（2）网络外部性

网络外部性反映了单个用户获得的价值随着网络规模的增大而不断增加。这一概念最初由 Rohlfs 于 1974 年提出，他在研究通信服务时发现，需求方规模经济起源于外部性 [256]。Farrell 和 Saloner 在研究这一概念的时候将其扩大到购买兼容性产品的情形，这类兼容性产品包括手机客户端和浏览器等[257]。Chiu 等认为网络外部性包括直接外部性和间接外部性[258]。Lin 和 Bhattacherjee 将网络外部性归纳为网络规模和感知互补两个维度[259]。

网络规模是指社会化商务平台的用户数量规模，感知互补是指社会化商务平台为用户提供的各类服务和工具，包括表情符号、图像和分享工具等。网络规模反映了直接外部性，感知互补反映了间接外部性。一方面，随着社会化商务平台用户数量的增加，单个用户能够与更多的用户如有共同兴趣和爱好的用户进行沟通、分享和交流，从而获得更好的体验包括愉悦等。另一方面，平台不断完善和增加其附加功能，丰富的附加功能如图片处理、视频分享等将有助于用户之间的沟通和交流，改善其使用体验。因此，本书假设：

H3：网络规模显著影响流体验的形成。

H4：感知互补显著影响流体验的形成。

（3）流体验

基于已有文献，本书将流体验作为二阶因子，包括注意力聚集和感知愉悦两个维度。这两个因素也是测度流体验的核心因素。注意力聚集反映了用户全身心的投入，感知愉悦反映了用户获得的快乐。当用户注意力高度集中于社会化商务活动并且获得愉悦感的时候，其将获得最佳体验：流体验。流体验将建立用户对社区的信任和认同，提升其满意度，促进其行为（包括分享意愿和购买意愿）。当用户获得流体验时，他们将对社区平台产生归属感、依附感，认为自己是社区的一员，从而积极参与社区活动包括分享和购买。反之，当用户感到访问社会化商务平台体验较差如响应速度慢、缺乏趣味性等，他们将感到失望，这可能导致他们放弃使用该平台。因此，本书假设：

H5：流体验显著影响社会认同的形成。

H6：流体验将提升用户满意度。

H7：流体验显著影响用户的分享意愿。

H8：流体验显著影响用户的购买意愿。

（4）社会认同

社会认同是社会心理学领域内最有影响力的理论之一，该理论认为社会认同的一个重要作用在于促进集体行为。Dimmock 与 Grove 的研究发现，当个体强烈认同他们所在的群体时，会产生群体偏好从而参与集体行为[260]，这一特点体现在社会化商务平台上即表现为社会认同可能促进用户参与商务活动。Chiu 等认为认同是指个体对虚拟社区的归属感和积极情绪，并且这种认同观念可以提高人们分享的积极性[92]。

当用户建立对社会化商务社区的认同时，他们将形成归属感、成员感和依附感，积极参与社区活动包括购买和分享，从而维持社区的活力和发展。已有文献也发现社会认同对于用户行为具有显著作用。Tsai 和 Hung 发现社区认同影响用户信任，进而决定成员的持续使用意向[261]。Molinillo 等认为社区认同影响用户对社会化商务网站的忠诚度[262]。Farivar 等发现社会认同影响社会化商务用户的风险感知[263]。因此，本书假设：

H9：社会认同显著影响用户的分享意愿。

H10：社会认同显著影响用户的购买意愿。

（5）满意度

满意度反映了用户对于产品或服务的评价，即感知绩效超越了其预期。Oliver 认为满意度是用户对于产品或者服务体验的一种情感反应[264]。Locke 将满意度定义为对于工作等所产生的愉悦或积极的情绪状态[265]。Lee 等认为满意度是用户在使用产品时的情感反应，并且认为满意度对用户的持续使用意愿有显著影响[16]。

满意度作为一种累积（cumulative）的情感，将有助于促进用户的持续行为。信息系统持续使用理论认为感知有用性影响满意度，二者共同决定用户持续使用意向。Huang 等发现社会资本影响用户满意度，进而影响其对平台忠诚度[266]。Hsu 等认为满意度作为关系质量的一个维度影响用户社会化购买行为[245]。Chen 等发现满意度包括经济满意度和社会满意度受到信息质量、服务质量的影响[267]。类似地，Zhang 等认为信息质量、交互性影响社会化商务用户对品牌的满意度和忠诚度[268]。基于这些文献，本书假设：

H11：满意度将促进用户的分享意愿。

H12：满意度将促进用户的购买意愿。

图 3.6 显示了研究模型。

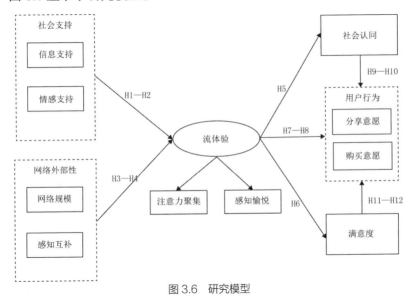

图 3.6　研究模型

3.3.3　数据收集与分析

（1）问卷设计与数据收集

模型一共包含 10 个变量（流体验是二阶因子），表 3.10 列出了各变量指标及来源。研究人员邀请具有社会化商务经验的用户填写在线问卷，共得到有效问卷 322 份。常用的社会化商务平台包括微信、微博、抖音、蘑菇街和网易考拉等。

表 3.10　变量及测量指标

变　量	测量项	指　标	来　源
信息支持 （IFS）	IFS1	当我面临困境的时候，该社区会有人向我提供建议。	[34]
	IFS2	当我面临困境的时候，该社区会有人提供帮助信息。	
	IFS3	当我面临困境的时候，该社区会有人帮我发现原因并提出建议。	
情感支持 （EMS）	EMS1	当我面临困境的时候，该社区会有人与我共同面对。	
	EMS2	当我面临困境的时候，该社区会有人鼓励我。	
	EMS3	当我面临困境的时候，该社区会有人倾听我的感受。	
	EMS4	当我面临困境的时候，该社区会有人关心我。	
网络规模 （NS）	NS1	我的大多数朋友使用该社区平台。	[259]
	NS2	我的大多数同学或同事使用该社区平台。	
	NS3	我的个人圈子中大多数人使用该社区平台。	
感知互补 （PC）	PC1	该社区平台提供丰富的服务。	
	PC2	该社区平台上提供各种图像、皮肤和表情符号。	
	PC3	该社区平台提供各种支持工具。	
分享意愿 （SI）	SI1	当该社区平台成员向我询问意见时，我愿意提供给他。	[37]
	SI2	我乐于分享我的购物体验给社区平台的成员。	
	SI3	我乐于推荐合适的产品给社区平台的成员。	
购买意愿 （PI）	PI1	我将参考该社区平台其他成员的购物体验来进行购物决策。	
	PI2	我将参考该社区平台其他成员的建议。	
	PI3	我愿意购买其他成员建议的产品。	
注意力聚集 （AT）	AT1	在访问该社区平台时，我被其中的活动强烈吸引。	[180]
	AT2	在访问该社区平台时，我的注意力集中在其中的活动上。	
	AT3	在访问该社区平台时，我完全专注于其中。	
感知愉悦 （EN）	EN1	在访问该社区平台时，我感到有趣。	
	EN2	在访问该社区平台时，我感到愉快。	
	EN3	在访问该社区平台时，我感到兴奋。	

续 表

变　量	测量项	指　　标	来　源
满意度 （ST）	ST1	使用该社区平台让我感到满意。	[239]
	ST2	使用该社区平台让我感到高兴。	
	ST3	使用该社区平台让我感到满足。	
社会认同 （SID）	SID1	我对该社区平台有归属感。	[92]
	SID2	我在该社区平台上感受到团结和亲密。	
	SID3	我为成为该社区平台的一员感到自豪。	

（2）测量模型分析

验证性因子分析的结果见表 3.11，各指标实际值均优于推荐值，显示较好的效度。表 3.12 列出了各变量的相关系数，且均在 0.001 的水平显著。

表 3.11　验证性因子分析结果

因　子	指　标	标准负载	AVE	CR	α
信息支持 （IFS）	IFS1	0.85	0.74	0.89	0.89
	IFS2	0.87			
	IFS3	0.85			
情感支持 （EMS）	EMS1	0.71	0.71	0.90	0.90
	EMS2	0.88			
	EMS3	0.87			
	EMS4	0.90			
网络规模 （NS）	NS1	0.94	0.85	0.94	0.94
	NS2	0.89			
	NS3	0.93			
感知互补 （PC）	PC1	0.80	0.73	0.89	0.89
	PC2	0.86			
	PC3	0.90			
分享意愿 （SI）	SI1	0.86	0.73	0.89	0.89
	SI2	0.86			
	SI3	0.84			

续 表

因 子	指 标	标准负载	AVE	CR	α
购买意愿 （PI）	PI1	0.82	0.66	0.85	0.85
	PI2	0.80			
	PI3	0.80			
注意力聚集 （AT）	AT1	0.84	0.69	0.87	0.87
	AT2	0.87			
	AT3	0.77			
感知愉悦 （EN）	EN1	0.88	0.69	0.87	0.87
	EN2	0.85			
	EN3	0.76			
满意度 （ST）	ST1	0.81	0.65	0.85	0.84
	ST2	0.87			
	ST3	0.74			
社会认同 （SID）	SID1	0.78	0.54	0.78	0.78
	SID2	0.70			
	SID3	0.72			

表 3.12　各变量均值、标准差和相关系数

	Mean	SD	IFS	EMS	NS	PC	EN	AT	SID	ST	SI
IFS	3.57	0.98									
EMS	3.43	0.93	0.70								
NS	4.09	0.93	0.39	0.34							
PC	3.92	0.90	0.54	0.52	0.71						
EN	3.64	0.79	0.45	0.48	0.49	0.56					
AT	3.37	0.92	0.40	0.41	0.24	0.34	0.75				
SID	3.45	0.81	0.45	0.49	0.26	0.39	0.61	0.57			
ST	3.60	0.83	0.55	0.53	0.38	0.48	0.70	0.65	0.77		
SI	3.66	0.91	0.50	0.46	0.42	0.49	0.65	0.60	0.78	0.70	
PI	3.54	0.93	0.49	0.47	0.41	0.49	0.72	0.68	0.65	0.83	0.72

（3）结构模型分析

采用 LISREL 对结构模型进行分析，结果如图 3.7 所示，表 3.13 显示该模型较好的拟合优度。各因变量（FLOW、SID、ST）被解释的方差比例分

别是 45.8%、57.1% 和 70.8%，分享意愿、购买意愿则分别有超过一半的方差（69.8%、77.6%）得到解释，显示模型具有较好的解释力。

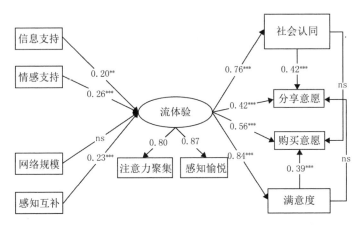

注：**表示 $p<0.01$；***表示 $p<0.001$；ns 表示不显著。

图 3.7　LISREL 估算结果

表 3.13　模型拟合指数推荐值和实际值

	χ^2/df	AGFI	CFI	NFI	NNFI	RMSEA
推荐值	< 3	> 0.80	> 0.90	> 0.90	> 0.90	< 0.08
实际值	2.20	0.82	0.98	0.96	0.97	0.06

3.3.4　研究结果讨论

研究结果如图 3.7 所示，除 H3、H10 和 H11 外，其他假设都得到支持。信息支持、情感支持和感知互补显著影响流体验的形成，流体验对社会认同、满意度、分享意愿和购买意愿具有显著作用，社会认同对分享意愿有显著影响，满意度对购买意愿有显著影响。

研究结果显示社会支持的两个变量包括信息支持、情感支持均显著影响流体验，表明社区其他成员提供的社会支持将有助于用户获得流体验。信息支持如其他用户提供的有价值信息和建议等有助于缓解信息不对称，降低用户感知风险；而情感支持如情感慰藉、安慰、鼓励等则有助于缓解用户焦虑，建立积极情绪。因此，社会支持包括信息支持和情感支持将能建立用户信任，改善用户体验。已有文献发现了技术因素包括远程存在[251]、交互性[255]等因素对于流体验的作用，本书的研究发现社会支持也是显著影响流体验的一个因素。

网络外部性方面，研究发现感知互补显著影响流体验，但没有发现网络规模的作用，表明用户更为关注间接外部性（感知互补）。更大的网络规模显示用户的社交圈子中大部分人都在使用某个平台，这可能影响用户的采纳行为，但并不能影响其体验。用户更为关注社会化商务平台功能的丰富性（感知互补），例如是否有丰富的表情、图像和分享工具去使用。实际上，一些社会化商务平台力图为用户提供一站式服务，涵盖多个功能如社交、支付、游戏、购物等。丰富的功能和多样的服务将给用户提供极大的便利和价值，从而改善其体验。

研究显示流体验对于社会认同和满意度具有较强作用。流体验作为最佳体验，将有助于用户建立对社区的认同感、归属感，感受到成员间的亲密团结，从而建立成员间的积极关系。满意度是用户在使用社会化商务平台时产生的一种情感反应。当用户沉浸在平台的使用中时，他们获得了其预期的愉悦体验，从而提升了满意度。此外，研究显示社会认同显著影响用户的分享意愿，这可能是因为用户在社会化商务平台上获得了认同感后，更加愿意与其他用户分享信息，从而促进彼此间的情感连接。

流体验对于购买意愿和分享意愿均有显著作用。研究显示良好的体验将直接促进用户的社会化商务行为，也表明本书从流体验视角研究社会化商务用户行为是合适的。流体验通过影响用户的交易行为提升平台的经济价值，流体验也通过影响用户之间的分享行为提升平台的口碑和品牌效应，因此，流体验是影响社会化商务平台成功运营的重要因素。

假设 H3 未得到支持，这表明网络规模对流体验的形成没有促进作用。这可能与社会化商务平台是一个开放的网络平台有关。用户在使用平台时，会接触大量其他用户，而不仅仅局限于自己的社交圈子。假设 H10 也未得到支持，这表明社会认同对购买意愿没有显著影响。这可能是因为用户在进行社会化购买时主要从实用角度出发，更为注重交易的过程体验而不是归属感。此外，研究发现满意度对分享意愿并没有显著影响（H11），显示用户社会化分享时更多是从集体层面的认同感而不是个人层面的满意度出发。

3.3.5 结论

整合社会支持和网络外部性两个视角，本书考察了社会化商务用户流体验的影响因素和作用机理。研究发现流体验受到上述两个视角因素的显著影响，并进而影响社会认同、用户满意度和社会化商务行为。

研究结果具有以下启示：第一，社会化商务平台应在社区建立一种支持性的氛围，鼓励用户之间提供信息支持和情感支持，可以通过及时更新网站信息、更加丰富的检索功能、给予用户一定的奖励等手段，来激励用户之间交换社会支持，从而改善用户体验。第二，社会化商务平台应注重提供丰富的附加功能和服务，从而为用户提供更为便利的沟通和愉悦体验。现有的很多社会化商务平台自带的交流功能较为单一，它们可以参考社交软件如微信等的丰富功能，并结合自身特征优化改进其功能设计，从而不断提升用户体验。

研究具有以下不足：首先，本书主要考察了社会支持和网络外部性对流体验的作用，未来的研究可考察其他因素如感知价值、信任等对用户体验的影响；其次，样本主要集中于年轻群体（20～29岁），因此研究结果需要推广到其他群体如中老年群体。

4 知识付费模式及用户行为研究

4.1 知识付费模式

4.1.1 知识付费的概念

知识付费作为一个新兴模式，目前学者对其认识尚没有达成一致。部分研究将知识付费概念与内容付费概念混淆。知识付费是以图文、音频、视频等为载体，基于团队或个人的知识、经验分享行为的收费模式。从用户需求动机和内容专业性上，知识付费与在线教育、视频网站会员、网络直播打赏等内容付费的商业模式有较大区别。艾瑞咨询发布的知识付费研究报告将知识付费的概念界定为"用户出于明确的求知目的付费购买的在线碎片化知识服务"。本书认为此概念存在一定局限性。研究前期调研发现，用户选择知识付费的动机各有不同，部分用户并未明确自身的求知目的，而是出于个人兴趣或所谓"知识焦虑"，部分用户甚至将知识付费作为一种社交货币。因此，本书认为，对知识付费更准确的表述是：用户以明确的求知需求为主要目的付费购买的在线碎片化知识服务。

知识付费产业链上有三个核心角色：内容方、平台方和用户。内容生产需经历选题、打磨、运营推广及复盘四个环节。依据属性不同可将主流知识付费平台分为三大类：一是独立平台，如在行一点、得到等；二是内容平台转型，主流的有喜马拉雅 FM 等；三是以知乎、新浪微博为代表的社交平台转型。这些平台或采取与内容方协同的方式，通过邀请合作，吸收头部内容方入驻，共同推出付费产品，迅速扩大平台影响力，或着眼于长远发展，从普通知识生产者中培养孵化关键意见领袖，维持平台内容的良性生态。

本书选取了每种类型的三个代表性平台，分析了各自的特点、优势和不足，结果如表 4.1 所示。

表 4.1　三类知识付费主流平台分析对比

平台类型	典型应用	内容领域	主要学习形式	优　势	不　足
独立平台	在行一点	经济、管理、理财	线下约见、语音问答、付费社区	体量小，模式轻，能灵活迅速向更多垂直细分领域探索。	进入壁垒高，中小型应用难以形成品牌效应，用户积累和留存挑战大。
	得到	经济、管理、人文社科、自然科学	订阅专栏、订阅音频、学习社群		
	混沌大学	职场、商务、管理、财经	订阅视频、课程、学习社群		
内容平台转型	喜马拉雅 FM	投资理财、文学艺术、家庭教育	订阅音频	用户数量与内容沉淀较具优势，行业资源丰富，容易在垂直领域深入发展。	学习形式受限于平台技术特色，用户互动性不强。
	网易云音乐	个人成长、职场、生活	订阅音频		
	丁香医生	医疗健康	订阅专栏		
社交平台转型	知乎	职场、心理、互联网、经管、科学、人文	Live、问答、订阅专栏、订阅音频、学习社群	用户数量与内容沉淀极具优势，用户互动性强，具有一定黏性。	长尾知识内容提供者众多，知识质量监控困难。
	微博	与开通付费的自媒体所在领域有关	文字问答		
	豆瓣	人文、历史、艺术	订阅专栏		

用户参与是知识付费模式成功的关键。所有类型的平台中都存在用户的交互，越来越多的平台在付费社群之外尝试建立用户社区，以此营造 PGC

与 UGC 内容共存的生态，提高用户活跃度，进而诱导用户进行信息共享，构建用户传播渠道。

4.1.2 知识付费的发展历程

2013 年之前，在线教育、文学网站、咨询业的发展形成了为线上内容付费的早期商业模式。此阶段，用户受互联网免费思想影响较深，在线支付技术不成熟，用户付费意愿较弱。除在线教育因切中用户刚需发展较好，其他行业发展进程缓慢。知乎、果壳等知识型社区的成功吸收了大量学习型用户，社区发展中出现了关键意见领袖，沉淀了优质 UGC 内容。百度知道、新浪爱问等免费问答平台的出现和发展，培养了用户在线提问的习惯，为知识付费时代的到来做了铺垫。

2013 年上半年，智能终端和移动互联网迅速普及，移动支付技术发展成熟，知识付费已充分具备技术条件。罗振宇尝试推出罗辑思维的付费会员，这是知识付费社群最早的形态，可以视为知识付费的萌芽。

2014 年开始，内容多元、互动性强的自媒体开始崛起。新浪微博开通文章打赏功能，自媒体形成商业闭环，用户逐渐被培养出为内容付费的意识。随着付费阅读和打赏模式的出现和流行，知识付费的概念被越来越多的人接受。2015 年，微信支付用户达到 4 亿，随后微信团队为公众号开通打赏功能。同年 3 月，果壳网推出在行，用户可通过平台约见行家进行线下面谈。此阶段还出现了一些小型 App，到 2015 年底，知识付费逐渐成形。

2016 年可以称为知识付费"元年"。5 月 15 日，果壳推出付费语音问答 App 分答，邀请了影视明星以及健康、理财、职场等领域名人入驻，且上线仅 42 天即获得了超过 1000 万名授权用户。同一个月，知乎推出可实时问答互动的知乎 Live，得到 App 推出付费订阅。知识付费的热潮吸引了投资领域的关注，资本开始进入知识付费市场。这一阶段众多知识付费内容和平台相继涌现，用户群迅速扩大。喜马拉雅 FM、今日头条、丁香园等平台相继推出知识付费服务。12 月，喜马拉雅 FM 发起首届"123 知识狂欢节"，当天官方宣布销售总额达到 5088 万元。国家信息中心发布的报告显示，2016 年我国知识领域市场交易额约为 610 亿元，同比增长 205%，参与人数约 3 亿人，提供服务人数达到了 2500 万。知识付费行业进入高速发展期，体系逐渐正规化。

2017 年知识付费仍以较高增速发展，除主流金融理财、职业技能等领域外，人文历史类内容开始受到用户的重视。3 月，豆瓣推出豆瓣时间，首期订阅专栏为当代诗人主编的音频内容，且上线 5 天销售额即过百万元。网易云音乐、京东、有书等平台也开始进入知识付费领域。5 月，知乎进行产品更新，在底部菜单栏添加了知识付费直接入口。6 月，喜马拉雅 FM 推出"66 会员日"，为会员提供专属优惠，以期提高会员用户的活跃度。在年底的第二届喜马拉雅"123 知识狂欢节"中，官方数据显示平台首日销售额达 1.96 亿元，同比增长 285%。其他平台如知乎、网易云课堂等也在同时段推出知识"大促销"，知识付费的商业价值再次得到充分展现。由于内容方需要耗费大量时间与精力以维持高品质的稳定知识输出，而此阶段的大部分知识从业者只能提供自己的业余时间，行业的快速增长加重了内容方的负担。知识付费平台开始出现内容同质化、泛娱乐化严重的问题。2017 年下半年，得到 App 内的两个头部账号相继宣布停止更新。知乎与今日头条开始抢夺优质内容创作者。同时碎片化的知识学习难以满足部分用户明确的提升需求，用户学习后感知收获不及预期，复购意愿不高。至此，知识付费开始受到各方质疑，各大知识付费平台内容打开率均开始出现下滑。

2018 年知识付费产业已经跨越了原始阶段，发展趋近于理性，产业链条逐步完善。头部平台持续开发新的知识项目，涉及家庭教育、母婴孕童、文学艺术、体育运动等更多细分垂直行业。行业参与者开始探索制作精品内容，丰富付费体系，实现综合性发展。2 月，分答升级为在行一点，发布了适应多场景的全新"讲＋课＋班"体系，提供了从解决独立问题到持续互动学习的不同学习周期供用户选择。8 月，知乎市场升级为知乎大学，可视为平台对知识付费观念的一次升级。相比知乎市场，知乎大学提供更加体系化的知识服务，建立了"课程＋书＋训练营"的完整产品模式，为用户提供了多种学习形式。行业产业升级的同时，用户的心态呈现了同步的升级。艾媒咨询对知识付费用户调研的数据显示，63.6% 的受访者的付费动机是为了获取专业知识，用户消费开始趋于理性。纵观年度行业发展，越来越多用户愿意为传授观点与思考的内容付费。基于以上分析，总结出目前知识付费的产业环节分布，如图 4.1 所示。

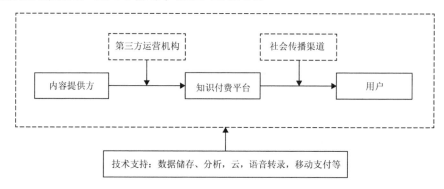

图 4.1　知识付费产业环节分布

国外尚未出现可与国内媲美的知识付费产业规模。美国最大的知识问答社区 Quora 曾推出付费问答 knowledge prize 功能，但目前并未取得引人注目的成绩。知识付费未能在国外引发热潮，其原因可能是文化差异、版权意识差异等。

4.2　整合感知价值与社会认同理论的知识付费用户行为研究

知识付费模式可为用户提供理论知识、技术经验、个人兴趣爱好相关信息等多方面的内容，多种内容载体可以适应当前碎片化学习的趋势，因而获得了用户的青睐。目前，知识产品数量众多，内容同质化严重，品质良莠不齐，严重影响用户的学习体验。同时，行业缺乏质量标准和监管机制，用户感知风险和不确定性增加，阻碍了用户的付费意愿，可能导致知识付费模式的失败。因此，本书整合感知价值和社会认同理论，探索影响用户付费的因素，从而促进知识付费模式快速发展。

4.2.1 文献综述

下面从知识付费研究、信息系统成功模型、感知价值理论、社会认同理论四方面进行文献回顾。

4.2.1.1 知识付费研究

在中国知网（CNKI）使用主题检索，共查询到 656 篇关于知识付费的文献（截至 2018 年 12 月），其中 388 篇发表于 2018 年，196 篇发表于 2017 年。近些年研究成果的快速增长反映出学术界对知识付费的关注。通过梳理这些文献，发现知识付费研究呈现以下特点：

首先，关于知识付费行业的探讨较多，关于用户行为的研究相对较少。从研究对象来看，较多研究从平台、行业、产业的角度对知识付费的现状和未来发展趋势进行探讨，而从用户行为角度探究影响用户付费意愿因素的研究较少。部分研究采用定性、半结构化的方法分析了可能影响用户行为的因素，而实证研究成果数量还较少。

其次，未考虑不同情境因素对知识付费的影响。现有研究几乎都是从内容质量、商业模式、运营策略的角度进行分析，而用户的使用行为无法脱离具体的交互情境，情境中的因素将可能影响用户的最终行为。

下面分别从行业研究和用户研究两个角度对知识付费文献进行分析。

（1）行业研究

王传珍分析了知识付费现象出现的原因，认为知识付费经过三次迭代之后形成目前的模式[269]。知识付费被热捧存在四个方面的因素：大环境成熟，中坚力量的网民具有支付能力和意愿，供给端认知盈余，用户信息筛选需求溢出。尚钺研究了 28 家知识付费平台，详细对比了知识付费的几种商业模式，依据平台属性，将知识付费平台分为四类，并着重分析了独立知识平台的模式特征，认为未来知识付费将趋于社交化、互动化，而健全产品的细分、推荐机制和用户售后服务机制将是未来可能的发展重点[270]。邹伯涵和罗浩梳理了知识付费发展的历程后，比较了四个主流知识付费平台的特点，分别从个体、媒介、内容层面分析了知识付费传播特征[271]。研究认为，在知识付费中，媒体品牌效应被削弱，个体用户是最重要的传播节点，深挖多元优质的知识内容是平台升级的方向。

罗敏和涂科从分享经济角度，采用案例分析的方法，讨论了知识付费的典型商业模式和盈利模式[272]，认为知识付费的新进入者除把握互联网经济的本质外，还需找准自身差异化优势。刘周颖和赵宇翔在传播学和社会心理学理论的基础上分析了分答和知乎的运营模式，梳理了语音问答类知识付费产品的商业逻辑，并认为，相比知乎，分答的赞赏功能更有利于答主获得社会认同[273]。研究还从用户体验角度提出了未来语音问答类平台应丰富交互形式，加强关联推荐，支持用户互动等建议。部分研究成果还指出，挖掘长尾用户、在细分领域进行深入探索和地区下沉是知识付费今后可能的增长点[274]。

（2）用户研究

国内学者从不同视角研究了知识付费用户行为。全贞花和谢情基于UTAUT 模型（unified theory of acceptance and use of technology，技术采纳与使用整合模型），在新增个体需求等六个变量的基础上建立了基于得到 App 的用户行为模型[275]。通过实证研究发现，个人知识管理需求、绩效期望、感知趣味性和社会影响是显著影响用户使用行为的因素，且影响程度依次递减。张帅等通过半结构化访谈，提取出影响用户在线知识付费行为的七个主要因素。其中个体需求是最重要的要素，信息质量是影响知识付费的关键，个体认知是重要因素[276]。赵宇翔等探索了知识问答模式下影响提问者行为动机的因素[277]。研究从感知价值理论视角，以社会交换理论为基础构建了提问者行为动机模型。实证研究结果显示，感知价值是激励用户提问的因素，提问者对利益相关敏感，提问的收益对感知价值有显著正影响，感知成本对感知价值有显著负影响。通过提问获得的社会支持、自我提升和娱乐享受能够显著影响提问者的感知价值。李武等通过实证研究证实，感知经济收益和资金付出对用户付费意愿的影响远大于感知内容收益和非资金付出[278]。此结论表明，现阶段用户付费观比较理性，价格敏感型用户仍占大部分，原因可能是当前知识付费发展时间短，新用户等轻度使用人群对知识付费仍持观望态度。

赵保国和姚瑶基于期望确认理论对知识付费用户持续使用行为做了研究，发现感知成本不是影响持续使用的显著因素，期望确认程度和感知有用性等因素对持续使用有显著正影响[279]。此结论说明从长期来看，用户注重的仍是通过学习提高自己，这与知识付费的初衷是一致的。李钢等从计划行为理论视角，拓展了知识付费用户行为研究，研究结果表明用户体验和对平台的信任影响用户付费态度，进而影响付费意愿。主观规范和感知行为控制是影响付费意愿的直接因素[280]。赵杨等基于社会资本理论，使用Python 爬虫，爬取了 3610 条知乎 Live 的数据，通过负二项面板回归分析，发现内容方积累的社会资本如粉丝数量、以往内容数量等越多，则越容易被用户信任，用户付费意愿越强[281]。

总结现有的研究成果，本书认为：

第一，解决知识付费问题的基础是把控内容质量，知识付费长远发展则需立足于完善的行业规范机制。当前的知识付费行业虽然存在诸多问题，但模式本身是健康的，产业链内仍存有机遇，未来发展前景看好。

第二，可采用多种方法对知识付费用户行为进行研究，信息系统及社会心理学等理论基础可以用来研究影响用户行为的因素，未来可以尝试从这些视角进行深入探索。

4.2.1.2　信息系统成功模型

DeLone 和 McLean 在 1992 年首次提出信息系统成功模型，并在应用中不断完善。随着电子商务的发展，2003 年，DeLone 和 McLean 提出了改进的信息系统成功模型[282]，如图 4.2 所示。

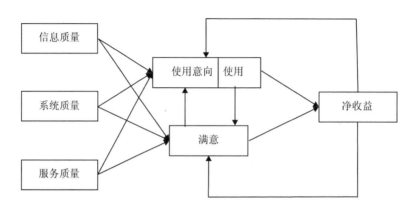

图 4.2　改进的 D&M 信息系统成功模型

D&M 的信息系统成功模型描述了信息质量、系统质量、服务质量和用户使用与满意的关系，尝试解释它们与信息系统成功的因果关系。其中，信息质量衡量的是信息的准确性、有用性和即时性等特性，系统质量反映的是信息系统使用中的稳定性和易用性，服务质量指的是在信息系统中，用户可以享受到及时可靠的服务。

信息系统成功模型为相关研究提供了思考的框架，被应用于研究系统成功的影响因素、系统优化、用户行为等领域。由于电子商务实践的发展，净收益作用减弱，满意度的作用逐渐凸显，中外学者均对模型提出了改进意见，将使用意图作为模型的终点。

信息系统成功模型在商务、政务、医疗等诸多领域得到了应用。Teo 等基于信息系统成功模型的研究证实，在电子政务中，对政府的信任可通过用户感知到的信息质量、系统质量和服务质量影响使用意向和满意度[283]。

Garrity 等对 D&M 的模型进行了延伸，对信息系统中的三个因素做了符合情境的拓展。研究表明，用户对三个因素的满意度之间存在显著的互相影响，且对电子商务用户的使用行为具有促进作用[284]。Balaban 等探讨了电子档案系统的成功模型[285]。Martins 等将模型应用于高等教育的教育管理系统中，并对系统的发展提出了建议[286]。

信息系统成功模型已经被众多研究验证，具有普适性和灵活性。基于移动互联网的知识付费平台为用户提供了较多信息，用户数量较大的平台已经引入大数据和 AI 技术，希望为用户提供更精准的信息，带来更好的体验。各平台在寻求稳定的系统、人性化的交互设计、贴心的用户服务等方面均有不同程度的投入。本书后续章节将探讨这些方面是否影响用户行为，以及如何影响用户行为。

4.2.1.3 感知价值理论

Zeithaml 在一次探索性研究中最早提出感知价值的定义，认为感知价值是消费者对比收益和成本后对产品或服务做出的整体评价[287]。感知收益包括可见的利益增加以及不可见的效益提高，感知成本包括可见的资金成本以及不可见的时间、精力成本等。在后续的研究中，学者们从不同角度阐述了对感知价值的理解。Sheth、Newman 和 Gross 在 1991 年提出了消费价值模型，认为消费者的感知价值包括功能价值、条件价值、社会价值、情感价值和认知价值[288]。模型如图 4.3 所示。

Sheth 等认为，不同情境下，五种价值对消费者行为的影响贡献大小不同。大部分情境下消费者的行为受两种以上价值的影响。该模型丰富了感知价值的维度，为后续研究提供了可量化的指标。

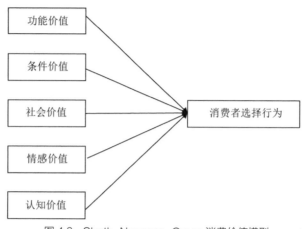

图 4.3　Sheth-Newman-Gross 消费价值模型

　　国内外学者在应用中对感知价值理论进行了扩展，研究了不同行业中感知价值对消费者行为的影响。宋春光等认为消费者价值决定商业价值，移动技术的发展带来了消费者价值的提升，在此前提下提出了新技术下基于顾客价值链的三种新的商业模式模型[289]。El-Adly 在感知价值的框架下设立了七个维度，考察酒店行业顾客感知价值对忠诚度的影响[290]。Karjaluoto 等探讨了感知价值对移动银行 App 用户行为的作用，研究分析了影响感知价值的前置因素，验证了质量价值和情感价值对用户满意度和承诺的显著作用[291]。Shaw 等整合感知价值和 UTAUT 模型研究了移动电子商务的用户行为，研究表明，感知隐私风险显著影响用户的感知价值，感知价值是促进用户购买意愿的重要因素[292]。Shapiro 等探索了感知价值对用户付费观看竞技体育比赛意愿的影响，研究成果表明感知价值直接影响付费意愿[293]。El-Haddadeh 等的研究证明了在智慧城市情境下，物联网技术的感知价值对提升公众参与政府服务有显著正影响[294]。

　　已有的研究成果充分证实了感知价值对用户付费意愿存在正向显著影响。根据知识付费的特征，结合前期文献研究和访谈的结果，本书将感知价值作为二阶因子，选取质量（功能）价值、情感价值和社会价值三个维度作为感知价值的一阶因子，共同测度感知价值。质量价值反映的是用户感知到的知识付费带来的直接效用，如高质量的知识、实用的技能等。情感价值指用户在知识付费学习中愉悦的体验。社会价值指的是用户通过知识付费得以在群体中塑造形象，获得"社交货币"。

4.2.1.4 社会认同理论

社会认同的概念源自社会心理学对群体行为的研究。Tajfel 最早阐述社会认同的概念，他在多次对群体行为的实验观察基础上，总结出社会认同是个体感知其归属于一个特定群体，并且感知到成为群体一员而带来的情感价值[295]。社会认同理论的提出，揭示了群体行为中个体内在的心理机制，填补了群体行为研究的理论空白。

Tajfel 的理论认为社会认同由社会分类（social categorization）、社会比较（social comparison）和积极区分原则（positive distinctiveness）共同组成。Ellemers 等提出了实证研究中的认同测度体系，体系认为社会认同是一个二阶因子，具有三个维度，即认知维、情感维和评价维[296]，此观点被学术界广泛采纳。认知维是一种群体认同，即个体认为其与群体的价值观是一致的；情感维指个体对群体具有成员感、归属感和依恋感；评价维是个人对其在群体中价值积极或消极的评价。已有研究成果表明，认知认同、情感认同、评价认同能够较好地测度社会认同[105]。

社会认同理论被广泛应用于研究群体中的个体行为。随着虚拟网络社区、社交网站的出现，大量具有共同兴趣、经历或其他类似特征的个人借由计算机网络进行沟通、交流。用户在虚拟社区或社交网络分享知识和信息，建立社会连接，形成了具有一定规模的群体。已有文献证明了在这类群体中存在社会认同。本书梳理了国内外学者对于虚拟社区或社交网站环境下社会认同对用户行为影响的研究，发现社会认同主要影响两类用户行为：一是用户的购买意愿，二是用户忠诚或持续使用行为。

首先，认同影响购买意愿。Huang 等研究了民族认同在消费者购买决策中的作用。研究表明，民族认同越高的消费者，越倾向于购买非跨境商品[297]。

Shapiro 等的研究也发现认同程度越高，消费者付费意愿越强[293]。Farivar 等验证了社会认同的三个维度共同形成用户的整体认同，整体认同通过调节用户感知参与风险来影响用户在平台发布信息的意愿，通过调节感知经济风险来影响用户的购买意愿[263]。Wang 研究了社交网站中用户群体的认同对社会化商务行为的影响，研究表明情感认同显著影响用户的参与行为，认知认同和评价认同显著影响用户的购买行为[298]。

其次，认同影响用户忠诚或持续使用行为。Teng 的研究表明认同显著影响网络游戏用户的社区参与行为，参与程度越高，用户忠诚度越高[299]。俞林通过对豆瓣社区和新浪微博用户的调研，探索了激发用户认同感的因素，证实了社会认同对用户持续参与行为具有显著正影响[300]。Chen 等以及Popp 等的研究均证实在 Facebook 平台上认同对用户忠诚有显著影响[301, 302]。

4.2.2 研究模型和假设

用户的活跃度、付费率、复购率、已购内容打开率高低都是考察知识付费平台是否成功的重要指标。其中，用户付费率是指付费购买知识内容的用户占平台所有注册用户的比率。用户付费是价值流入平台的关键一步，是用户其他行为的基础，因此有必要对其进行研究。

探索用户知识付费行为机理，首先需要了解促进用户付费行为的因素。知识付费 App 是一切服务和交易的载体，是内容方、平台方与用户进行信息交换和人际沟通的渠道。用户使用知识付费一方面要基于实利（可见收益）如获取感知价值，另一方面也要基于社会化因素（不可见收益）如信任、认同等来促进其付费行为。考虑以上两个方面，本书选择从技术因素和社会因素两个角度切入，以感知价值理论和社会认同理论为理论基础，探索影响用户为知识付费的因素，分析用户知识付费行为机理。

技术因素反映的是用户与平台的交互，通过平台质量来体现。平台质量包括信息质量、系统质量和服务质量，其理论基础是信息系统成功模型。平台质量考察了用户对平台信息准确性、操作友好性、用户服务等的直接感受。社会因素来源于社会交互理论，包括用户之间的信息交互和情感交互，分别考察用户在平台中的信息共享和情感交流行为。技术因素和社交因素直接影响用户的使用和学习体验，参与用户对知识付费平台的认知形成，进而有可能作用于用户对平台的态度，并最终影响用户行为。因此，有必要考虑这两方面因素在知识付费用户行为中的作用。

知识内容不同于普通商品，不具备实体形态，用户获得的效用在于知识水平的提高。但在学习中，成果的体现具有滞后性。在知识付费发展的前期和中期阶段，用户在学习中的感知愉悦性、来自他人的认可将影响其价值判断。因此，知识付费用户的感知价值应当来自内容、情感和社交三个方面。

本书中用户对平台的态度包括信任和认同。信任衡量的是用户对平台的质量控制、用户服务等能力的相信程度。由于知识付费有先付费、后学习的特点，用户需承担沉没成本，因而感知不确定性较强。受信任的平台对用户来说将具有一定品牌效应。横向上，信任可能影响首次尝试知识付费的新用户的决策；纵向上，信任可能对有意愿尝试其他付费内容的老用户产生影响。认同考察的是用户对平台的认可和依赖。若用户对平台产生认同，则更愿意参与、支持、维护平台的发展，付费意愿更强。

整合以上方面，本书将探索影响知识付费用户行为的因素，建立行为机理研究的理论模型。

4.2.2.1　平台质量与感知价值

知识付费平台作为一个基于移动互联网的信息系统，除具备传统信息系统的特质以外，还被赋予了移动互联网的基因，能够快速响应，实时更新。D&M 的信息系统成功模型从信息质量、系统质量和服务质量三个维度来建立信息系统的质量评价结构，大量研究证明了该结构的有效性，验证了信息系统质量对用户感知价值的影响。

本书中，平台信息是指知识付费平台发布的关于付费项目的信息。信息质量反映的是这部分信息在真实性、准确性、即时性和易理解性等方面的表现。通常，平台为用户提供付费项目内容方的介绍、课程内容梗概、课程大纲等文字信息。针对付费音频或视频，部分平台提供短时间的试听、试看。除此之外，平台发布的信息还包括课程的宣传和促销等。在付费前的信息检索行为中，用户仅能查询到这些官方信息供决策参考。而由于知识内容的特殊性，绝大多数平台的内容，尤其是文字内容，一经付费后，将不接受退款。由此，平台与用户之间存在一定的信息鸿沟，信息质量对用户来说至关重要。

如果平台对付费项目的描述信息与用户付费学习后感知到的内容质量一致，则用户认为平台的信息是有用的、准确的、符合期望的，对自己来说是有价值的。高质量的信息提高了用户选择效率，准确且有趣的信息有利于提升用户使用体验，令用户感到轻松愉悦。由此本书提出假设：

H1a：信息质量对感知价值有显著正影响。

系统质量指的是知识付费平台在应用中呈现出的稳定、可靠、响应快、交互友好、容易使用的程度。知识付费系统的使用场景丰富多样，典型的如通勤、驾驶等。在不同场景下，知识付费的单次使用时长从几分钟到几十分钟不等，呈现出碎片化学习的特征。用户希望平台高速、稳定加载音频、视频。人性化、容易操作的系统是提升用户体验的关键因素。高质量的系统有助于提高用户满意度。较多研究证明，满意使得用户在使用中获得愉悦，是导致用户产生感知情感价值的重要因素之一。由此本书提出以下假设：

H1b：系统质量对感知价值有显著正影响。

服务质量反映的是平台的用户服务水平，包括服务的个性化、专业化、可靠性和及时性。大部分知识内容具有一定的专业性，因此用户对平台服务的专业度要求更高。在电子商务中，平台通过对用户使用行为的追踪，分析用户偏好，预测用户需求。AI技术可以通过深度学习挖掘出海量用户行为数据背后的真正含义，可提供更加精准、个性的服务，包括信息推送、检索帮助、智能客服等。智能客服可以提高服务效率，从而使人工客服更好地为有需要的用户服务，提升用户对服务质量的感知。由此本书提出以下假设：

H1c：服务质量对感知价值有显著正影响。

4.2.2.2　社会交互与感知价值

上述反映信息系统质量的三个因素属于人机交互的范畴。本书中社会交互指的是知识付费平台中的人际交互。人际交互包括信息交互和情感交互。电子商务向社会化商务演进过程中，用户之间的交互越来越频繁。已有关于虚拟社区的研究证实，用户交互可构建情感连接，是显著影响用户感知和行为的因素。较多研究论证了基于用户交互的社群经济影响下新媒体和内容行业的价值共创。喜马拉雅 FM 推出了类似于兴趣社区的"圈子"功能，加入后，用户可在"圈子"内发帖、互动。得到 App 推出了付费社群的学习模式。在知识付费的发展中，平台越来越重视交互的价值。

信息交互是指用户之间就知识付费相关信息、平台系统使用等信息的分享行为。当前知识付费内容特征有两大类别：一类普适性较强，容易成为头部爆款，却无法满足部分用户个性化的需求；另一类是针对小部分群体的定制化、个性化内容。在当前知识付费用户中新用户群体占较大比例的情况下，当系统推荐不太准确时，交互是这部分用户更快速获取有效信息的渠道。因此，信息交互将有利于提升用户体验，帮助满足用户需求，进而提高用户的感知价值。由此本书提出以下假设：

H2a：信息交互对感知价值有显著正影响。

情感交互是指用户之间就个人情感、体会、隐私问题进行的交流。用户的情感交互行为中体现的关心、理解和同情等因素是促进用户紧密联系的要素。知乎、豆瓣等由社区转型的知识付费平台以 UGC 内容为主，满足平台准入条件的普通用户可以向知识内容提供者的角色转换。在这类平台中，用户交互经验久，程度深，部分用户之间已经形成了较强的情感连接，由此形成的依恋或认同对用户的付费内容价值判断产生影响。Zhang 等研究证明，情感交互对感知社会价值和情感价值均有显著正影响[303]。由此本书提出以下假设：

H2b：情感交互对感知价值有显著正影响。

4.2.2.3 平台质量与信任

本书中信任指的是用户对知识付费平台的信任。即用户相信平台可以提供符合预期的付费项目，关注用户的利益，是可信赖的。在"内容方—平台方—用户"的角色关系里，平台承担着把控内容质量的责任。尤其是在腰部和尾部付费项目中，品牌效应和口碑相对较弱，在信息不对称的情况下，用户更依赖对平台的信任做决策。

本书认为，若知识付费平台披露真实可信的信息将有利于用户建立对平台的信任。用户出于明确的理性需求检索平台中的信息，根据详尽似然模型（elaboration likelihood model，ELM），在中枢路线信息处理模式下，信息质量决定信息影响力。准确、即时、易于理解的信息能够有效降低检索中的噪声，提高效率，使用户感知到平台并非出于自己的利益推送信息，而是真诚为用户提供帮助。此情境下，用户更容易对平台产生信任。由此本书提出以下假设：

H3a：信息质量对信任有显著正影响。

在发展日新月异、竞争激烈的移动互联网产品市场，能够及时响应用户需求并进行产品的快速迭代是平台持续发展的重要能力。若迭代中出现系统不稳定、数据丢失、响应缓慢等问题无疑会对用户体验造成极大伤害，将不利于平台的发展。反之，持续稳定可靠的信息系统、科学的操作设计、美观的交互页面有利于用户感知到平台的技术和产品实力，建立对平台的积极认知。以用户需求为导向的系统设计有利于用户感知到平台的善意。

由此本书提出以下假设：

H3b：系统质量对信任有显著正影响。

本书采用 SERVQUAL（service quality）的度量，认为知识付费平台中的服务需要做到沟通顺畅（communication）、可靠可信（reliability）、反应及时（responsiveness）、有共鸣（empathy）等。平台中顺畅的沟通使得用户的需求被准确地理解和满足。可靠可信的服务有利于平台建立有信誉的形象。对用户需求及时响应、提供个性化服务等都能体现平台对用户的重视和关怀，有利于用户感知平台的诚意和善意。由此本书提出以下假设：

H3c：服务质量对信任有显著正影响。

4.2.2.4 社会交互与信任

社会交互对信任的影响已经被众多学者证实。在知识付费平台中，由交互而形成的信任主要是用户之间的信任。依据信任转移（trust transfer）理论，对于已知主体的信任可以转移到另一未知主体，用户之间的信任关系可以通过转移形成用户对平台的信任。

现阶段知识付费的轻度用户仍然占较大比例，此外知识付费平台产品迭代中经常出现操作流程和交互设计的变动，部分用户可能在使用中遇到困难。用户之间关于平台功能的探讨与分享行为承担了平台的培训工作，帮助其他用户更好地使用知识付费。若用户间共享的信息被验证是实用的，则用户之间得以建立连接和信任关系。Cheng 等探索了电子商务中信任的形成机制，结果表明交互中高质量的信息对用户间的信任具有显著正影响，并通过信任转移，转化成对平台的信任[247]。由此本书提出以下假设：

H4a：信息交互对信任有显著正影响。

在平台的信息交互中，用户之间建立并维持一种基于网络的社会连接。社会交互的相关研究充分表明，通过长时期的愉快的高质量交流，双方可以形成情感连接。在这种连接下，用户感知到交流对象是值得信任的，有意愿与之分享更多个人观点，进行情感交互。在深入的情感交流下，用户愿意向其他用户倾诉更私人化的感受，也愿意倾听其他用户的感受。正面的情感交互反过来有利于加强用户之间的信任，并通过信任转移，形成用户对平台的信任。此外，付费平台在激励用户交流和提升交流体验方面做出努力，用户也感觉到平台愿意帮助用户，重视用户体验。

在线社区中的情感交流可以促使用户间产生基于认同的信任。方文侃和周涛的研究证实，在社会化商务中，情感交互对用户间的信任有显著正影响，用户间的信任对用户对平台的信任有显著正影响[304]。由此本书提出以下假设：

H4b：情感交互对信任有显著正影响。

4.2.2.5 平台质量与社会认同

知识付费平台中的社会认同有三个维度。认知维测量的是用户与群体之间的认同程度，反映用户对个人价值观是否与平台价值观一致。情感维测量的是用户对平台的归属感，是个体受群体影响进行的社会分类行为。评价维测量的是用户对自己在平台中价值的认知，包括对其他用户的影响力和对平台的重要程度。

本书认为，在知识付费平台中，用户可能从两条路径形成社会认同。一条是个体与个体之间的关系路径：用户之间、在线问答平台中用户与答主之间由于个人魅力产生了互相吸引。另一条是个体与群体之间的关系路径：在使用知识付费服务的过程中，单个用户对平台或平台中的小圈子产生了认同感。作为用户交互的技术载体，以及用户群体认同的对象，知识付费平台系统对用户认同的形成至关重要。周志民和吴群华的研究表明，在线品牌社群中，信息质量、系统质量和服务质量均是形成人际吸引和社群归属的前因[305]。

PGC 内容为主的平台发布的文案，UGC 内容为主的平台发布的消息、规则等在一定程度上反映了平台的价值取向，体现了平台对自身的品牌定位。用户从平台披露的信息中获取平台价值观，并将其与自己的认知进行比较，当两者具有内在一致性时，用户将可能进行自发的分类，对平台产生认同感。平台为用户提供的实时、可信、有用的高质量信息，能够加强用户对平台的正面态度和认同。由此本书提出以下假设：

H5a：信息质量对社会认同有显著正影响。

移动互联网时代，App 的外观、页面设计外观展示了平台形象，传达了平台定位。知识付费平台系统质量与用户在学习付费内容以及进行社会交互中的体验息息相关，稳定顺畅的系统更可能为用户带来沉浸式体验，使用户感到满意。在虚拟社区等平台中，用户对系统的满意程度越高，与社区中成员以及群体维持关系的意愿越强。

知识付费系统中，对用户交互行为的支持是影响用户认同的重要因素。若平台支持、鼓励用户就付费内容等进行交流，自由交换对平台的看法，则用户可以感知到在平台中，自己的意见是被尊重的。这类平台中，交互的便利性激励了交互行为，用户更容易形成对平台的依恋。这也是知乎等平台的天然优势所在。由此本书提出以下假设：

H5b：系统质量对社会认同有显著正影响。

服务是体现知识付费平台专业性的窗口。贴心的用户服务有利于加强用户对自身在平台中重要性的感知，使用户感受到自己是平台中有价值的一员。知乎大学有小管家账号，用户可私信寻求帮助。混沌大学提供了在线咨询和电话咨询服务。得到的微信公众号提供了在线客服服务，得到 App 的帮助中心除可以解决常见问题外，还可以对平台提出建议与反馈问题。平台方提供与用户直接联系和听取建议的渠道，使得用户更有参与感和成员感，愿意与平台一起共创价值。价值共创行为实施后，又能提升用户的归属感和依恋感，加强用户的认同。由此本书提出以下假设：

H5c：服务质量对社会认同有显著正影响。

4.2.2.6 社会交互与社会认同

知识付费平台中用户通过社会交互进行信息交换、思想交流，可以提高学习效率，激发创新。在加入知识付费平台初期，用户仅进行单纯的信息交流，随着社交关系的深入，出现情感交流，用户之间的熟悉程度提高。根据纯粹接触效应（mere exposure effect），Zajonc 认为个体之间熟悉程度越高，则喜爱程度越深，因而用户更容易对群体产生认同[306]。

频繁的社会交互有助于用户之间建立集体感，使个体紧密结合形成群体。在平台基于共同兴趣建立的群体中，通过对平台功能、信息、观点的探讨，用户发表自己的看法，在平台中建立自己的虚拟形象。用户使用自己掌握的信息帮助他人，容易获得价值感。用户在平台中还可以收获关注者，拥有较多关注者的用户账号在平台中具有一定影响力和地位。具有一定经验的用户与较新用户之间的交流，有利于帮助平台传播口碑，用户自己则获得参与感和成员感。用户对自己在群体中形象、价值、影响力和参与度的感知都是形成社会认同的前因。由此本书提出以下假设：

H6a：信息交互对社会认同有显著正影响。

在知识付费平台中，情感交互能够创造友好的氛围，使用户感觉获得支持、理解和同情，产生依恋。用户通过情感交互，感知到自己对其他用户和群体的影响，进而感知到自己在平台中的价值。在情感交互中，用户加深对自我和群体的认知，当两者具有一致性时，用户能产生自我认同。楼天阳等研究证明，社区成员之间的情感交互能够建立亲密关系，进而导致用户对平台产生依恋感和归属感[307]。Wei 等的研究证实了成员之间的情感支持对形成群体认同具有显著影响[308]。由此本书提出以下假设：

H6b：情感交互对社会认同有显著正影响。

4.2.2.7 感知价值与信任

本书的用户访谈以及其他学者对知识付费用户动机的研究都表明，知

识内容为用户提供的价值是引起用户付费的显著因素。在一次良好的付费
体验中，用户获得直接的知识或经验增长，学习效果符合期望，初期的需
求被满足，这体现了知识付费的质量价值。能够稳定持续地推出令人满意
的付费项目是平台内容把控力的体现，将增加用户对平台的信心。用户在
学习中满足求知欲，释放焦虑，与其他用户交流，获得令人愉快的体验。
对情感价值的感知，将影响用户对平台的态度，认为平台有一个氛围积极的、
充满善意的环境。

Konuk的研究表明，较高的感知质量价值是促进消费者信任的显著因素[309]。
Sullivan和Kim通过实证研究证明了电子商务环境下感知价值对在线信任有
显著正影响[310]。由此本书提出以下假设：

H7：感知价值对信任有显著正影响。

4.2.2.8 社会认同与信任

本书中认同与信任都描述了个体用户与平台之间的关系。认同的重点
是用户感受到与平台的一致性而主动进行社会分类，对平台具有情感依赖。
信任的重点是用户对平台有信心，相信平台的能力和善意。信任的产生有
理性和感性两条路径。在理性路径中，用户对比信任的收益与被欺骗的代价。
但是在群体中，人不可能总是理性的。由于认同的存在，用户对收益与代
价的评判标准和接受程度会发生偏移，认同度高的用户态度往往更乐观。
因此，认同感可能促使用户产生信任。在感性路径中，有较强的价值认同
和身份认同的用户，对其他用户存在天然的亲密感，这对信任的产生有正
向影响。基于人际关系产生的信任通过信任转移导致用户对平台的信任。
由此本书提出以下假设：

H8：社会认同对信任有显著正影响。

4.2.2.9 付费意愿的影响因素

用户出于不同需求选择知识付费，对知识付费的认知和期望往往与需

求紧密相关。学习中的不同体验对用户的态度可能产生不同影响。根据认知—态度—行为模式，由于用户的认知和态度各不相同，存在多种影响用户付费意愿的因素。

（1）感知价值与付费意愿

由于知识具有区别于一般商品的特殊性，很难有评定其质量的统一标准。与以通过某项考试为目标的教育或培训行业不同，用户学习后的成效也无法进行标准化检验。因此，本书认为，衡量知识付费内容对用户的效用的标准应当是用户的感知价值。Zeithaml 在对感知价值的探索中提出，消费者的感知价值越高，则付费意愿越强[287]。在知识付费模式中，若用户认为与付出的费用相比，学习的收获价值更高，则愿意为知识付费，且收获越大，付费意愿越强。基于兴趣爱好的付费中，用户的学习过程也是享乐需求得到满足的过程，付费学习换取情感上的愉悦是导致用户付费的因素。在全民学习的风潮中，部分用户通过知识付费在社交圈中树立形象，在分享中获得社交货币。这部分用户还可以通过付费行为，积极进行社会分类，进而获得社会认同，认同感较高的用户付费意愿往往较强。李武等通过实证研究验证了知识付费中感知价值是影响付费意愿的显著因素[278]。由此本书提出以下假设：

H9：感知价值对用户付费意愿有显著正影响。

（2）信任与付费意愿

本书认为，平台内容去中心化（decentralization）是知识付费未来的趋势。现阶段，头部内容需要高水平的创作者花费大量时间与精力去打磨。因此，"爆款"虽然占据较大市场份额，但数量稀缺。大量内容创作者处于腰部以及尾部。在先付费后学习的模式中，在用户对内容方了解不深刻的情况下，出现了某一知识付费项目在某平台受欢迎，一旦离开此平台，愿意付费的人数就急速下降的现象。这说明目前用户对平台的信任是影响其付费意愿的重要因素。

信任反映了用户对平台能力与善意的信赖，包括相信平台能维持优质内容、及时响应用户需求、制定和执行严格的准入规则、关注用户的利益等。在电子商务环境下，消费者对可信卖家的购买意愿更高。知识付费中，平台可信度越高，越有可能满足用户的期望。Xu 等研究发现，对平台的信任显著影响用户满意度。满意度越高，用户购买意愿越强[311]。周涛等通过社会资本理论验证了信任对用户知识付费意愿的影响[312]。由此本书提出以下假设：

H10：信任对用户付费意愿有显著正影响。

（3）社会认同与付费意愿

在知识付费平台社会化、社区化的状态下，用户的社会认同包含认知、情感和评价三个维度。认知维度上，用户依据自己与平台在理念和观念上的相似性，进行比较和区分，认知一致性高的成员付费意愿较强。一段时期的学习和社会交互中，用户感知到的情感支持是形成认同的因素。认同的情感维反映了用户对平台的依恋和归属以及存在感。根据社会认同的积极区分原则，对平台有较强烈情感的用户有较强的自我激励动机，希望体现自己的价值以与普通用户区分开来，他们将通过付费支持、帮助平台发展来满足其积极区分的需求。认同的评价维反映的是用户对自己在平台中影响力和重要性的判断。对自己在平台中价值的积极评价有利于激发用户的责任心，促进用户参与，从而加强付费意愿。此外，用户为明确自己的重要性和维护在平台的影响力，有可能在平台中投入更多精力与资金。由此本书提出以下假设：

H11：社会认同对用户付费意愿有显著正影响。

具体理论模型见图 4.4。

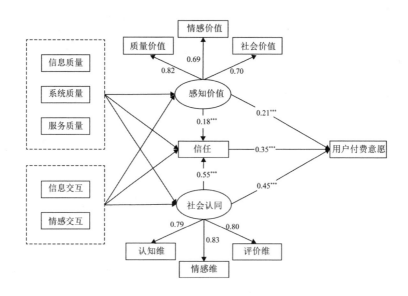

图 4.4　研究模型

4.2.3　实证研究与结果

4.2.3.1　量表设计

理论模型共有 13 个因子，其中感知价值和社会认同是二阶因子，各包含三个一阶因子。在量表设计中，采用李克特七级量表，因子的测量指标均来源于以往文献的成熟指标体系，并根据研究情境做了适当改编。

（1）平台质量

平台质量来源于 DeLone 和 McLean 的信息系统成功模型，描述的是知识付费平台的技术和服务属性，包括平台发布的信息、系统架构、用户服务三个方面。量表参考 Zheng 等 [313] 和 Gefen[314] 的研究，设计了三个因子来测度信息系统因素，每个因子包含四个指标，指标及内容如表 4.2 所示。

表 4.2　信息系统测量指标

变　量	指　标	指标内容	来　源
信息质量 （INFQ）	INFQ1	平台发布的信息是可信的。	[313]
	INFQ2	平台及时更新信息。	
	INFQ3	平台发布的信息能满足我的需求。	
	INFQ4	平台发布的信息易于理解。	
系统质量 （SYSQ）	SYSQ1	平台的访问速度快。	
	SYSQ2	平台的搜索导航功能是有效的。	
	SYSQ3	平台的页面设计美观大方。	
	SYSQ4	平台容易使用。	
服务质量 （SERQ）	SERQ1	平台提供个性化的服务。	[314]
	SERQ2	平台提供专业化的服务。	
	SERQ3	平台提供可靠的服务。	
	SERQ4	平台对我提出的问题做出及时的响应。	

（2）社会交互

社会交互因素来源于社会交互理论。本书中的社会交互指的是人与人之间的交互，包括信息交互和情感交互。社会交互的测量指标来自 Chen 等[20]的研究，各包含三个指标，具体内容如表 4.3 所示。

表 4.3　社会交互测量指标

变　量	指　标	指标内容	来　源
信息交互 （II）	II1	我会与其他用户讨论平台使用功能方面的问题。	[20]
	II2	如果我看到有用的信息，我会分享给平台上的好友。	
	II3	如果我发现好的知识产品或服务，我会分享给平台上的好友。	
情感交互 （EI）	EI1	如果我感到失落，我会向其他用户寻求安慰。	
	EI2	我愿意倾听其他用户诉说的忧愁或开心的事。	
	EI3	我不介意与其他用户讨论私人问题。	

（3）感知价值

结合感知价值理论的研究，感知价值是二阶因子，由质量价值、情感价值和社会价值三个一阶因子组成。根据 Sweeney 和 Soutar[315] 的研究，质量价值和情感价值包含四个测量指标，社会价值包含三个测量指标。改编后的指标内容如表 4.4 所示。

表 4.4　感知价值测量指标

变　　量	指　标	指标内容	来　源
质量价值（QV）	QV1	付费内容的质量水平是可接受的。	[315]
	QV2	付费内容是可靠的。	
	QV3	付费内容质量令人满意。	
	QV4	付费内容会保持一贯的高质量。	
情感价值（EV）	EV1	学习付费内容对我来说是一种享受。	
	EV2	付费内容可以满足我的求知欲。	
	EV3	学习付费内容时，我感到轻松愉快。	
	EV4	学习付费内容可以带给我快乐。	
社会价值（SV）	SV1	知识付费能够提升我在他人心中的形象。	
	SV2	知识付费让我在朋友中更受欢迎。	
	SV3	知识付费可以给我带来社会认同。	

（4）信任

电子商务领域的学者对用户信任做了较多研究，已经开发了成熟的测量指标。本书中信任的测量指标来自 Liang 等[34] 的研究，三个指标分别测量了能力、善意和诚实。具体内容如表 4.5 所示。

表 4.5　信任测量指标

变　　量	指　标	指标内容	来　源
对平台的信任（TP）	TP1	平台总能满足我的预期。	[34]
	TP2	平台是一个不错的社交社区。	
	TP3	平台是一个可信赖的社交社区。	

（5）社会认同

本书中社会认同作为二阶因子，包含三个一阶因子。每个一阶因子包含三个测量指标。指标内容来自 Zhou[105] 的研究。具体内容如表 4.6 所示。

表 4.6　社会认同测量指标

变　量	指　标	指标内容	来　源
认知认同 （CSI）	CSI1	我的自我认同和平台的群体认同是一致的。	[105]
	CSI2	我的个人形象定位和平台的形象定位是一致的。	
	CSI3	我的价值观和平台的价值观是一致的。	
情感认同 （ASI）	ASI1	我对平台有依恋感。	
	ASI2	我在平台中感到归属感。	
	ASI3	我感到自己是平台的一员。	
评价认同 （ESI）	ESI1	我是平台里有价值的成员。	
	ESI2	我是平台里重要的成员。	
	ESI3	我是平台里有影响力的成员。	

（6）付费意愿

付费意愿包含三个测量指标，测量的是用户当前以及今后的付费意愿。指标内容来源于 Wan 等[316] 的文献。如表 4.7 所示。

表 4.7　付费意愿测量指标

变　量	指　标	指标内容	来　源
付费意愿 （INT）	INT1	以后我可能为知识内容付费。	[316]
	INT2	我打算为知识内容付费。	
	INT3	下一次，我会为知识内容付费。	

4.2.3.2　数据收集

本书选取了 20 个样本进行问卷预测试，并通过专家访谈和用户访谈对可能存在歧义的题项做了修改。通过问卷星平台发布在线问卷、线下分发纸质问卷的方式进行问卷调查，问卷调查共经历 20 天时间。

在剔除非知识付费用户的问卷，所有题项得分相同的问卷后，一共得到 391 份有效问卷。样本中包含知乎、喜马拉雅 FM、得到、在行一点等主流知识付费平台用户。

4.2.3.3　人口统计学分析

性别方面，样本中男性 198 人，占比 50.6%，女性 193 人，占比 49.4%，与我国网民性别结构接近，问卷数据可以较好代表用户的偏好，避免性别的影响。

年龄方面，20～29 岁的样本占比最高，达 60.6%；其次是 30～39 岁的样本，占比 29.1%。结果显示 20 岁以上 40 岁以下的青年人群约占本次抽样的 90%，此年龄段的人群是移动互联网的主要用户群体，同时具有较强烈的知识付费学习需求。

学历方面，85.1% 的知识付费用户拥有本科及以上学历，整体学历水平较高。高学历人群具有较高的学习意识、较强的学习能力，能够适应新的学习方式，因此更愿意尝试新的知识付费模式。易观联合中国统计网发布的报告也显示，高学历人群是知识付费的主要群体。

职业方面，学生和公司职员各占 28.9%，专业技术人员占 18.6%，公司高层管理人员则占 13.5%。知识付费可以作为学生课堂学习的补充。寻求职业生涯发展的公司职员、管理者更青睐职场、个人提升类知识付费内容。当代科技高速发展，快速迭代，专业技术人员需要不断提升技术能力，通过知识付费可以学习专家的技术和经验，因此付费意愿较强。

问卷中考察了样本使用知识付费的偏好，对数据结果进行统计分析，发现：

第一，知识付费用户使用经验差异不太明显，使用期为半年以下的用户占 44.7%。结合知识付费的发展状况，行业呈现老用户复购意愿减弱、用户群体流失，新用户仍以较快速度进入的现状。问卷数据较好覆盖了知识付费新、老用户群体，可以代表大部分知识付费用户的分布情况。

第二，考察样本的主题偏好，为职业技能类内容付费的样本最多，达

71.6%；其次是专业知识和个人兴趣类，分别占比 49.1% 和 48.3%；为投资理财类知识付费的用户占 36.8%。统计结果表明大部分知识付费用户学习目的明确，关注个人发展，与权威机构的用户研究报告一致。

第三，考察样本的平台偏好，国内最大的知识社区知乎的付费用户占比最高，达 76.9%，其他较受欢迎的付费平台包括喜马拉雅 FM（35.5%）、新浪微博（23.2%）、豆瓣时间（21.9%）、丁香医生（17.1%）、得到（13.0%）等。对比平台类型发现，由知识社区转型的知乎，既有用户基础又有内容优势，能够较容易实现普通用户向付费用户的转化。其次是积累了大量用户的兴趣社区和社交平台。这也间接反映了专业的知识付费平台在获取用户方面处于明显劣势。

4.2.3.4 信度与效度检验

根据 Anderson 和 Gerbing 的推荐[38]，本书分两步进行数据分析。第一步使用统计学工具 SPSS 19.0 分析测量模型，检验量表的信度与效度，第二步使用结构方程软件 LISREL 检验结构模型，验证理论假设。

首先分析问卷的信度。根据已有研究，当克龙巴赫 α 系数大于 0.7 时，问卷数据具有较好的信度。使用 SPSS 19.0 对问卷中因子的测量指标进行可靠性分析，分别计算每个因子的 α 系数，观察结果发现，所有因子的 α 系数均在 0.7 以上，大部分因子在 0.8 以上，问卷信度良好。结果如表 4.8 所示。

表 4.8 克龙巴赫 α 系数

因　子	指　标	指标数量	α
信息质量（INFQ）	INFQ1	4	0.83
	INFQ2		
	INFQ3		
	INFQ4		

续 表

因　子	指　标	指标数量	α
系统质量 （SYSQ）	SYSQ1	4	0.84
	SYSQ2		
	SYSQ3		
	SYSQ4		
服务质量 （SERQ）	SERQ1	4	0.82
	SERQ2		
	SERQ3		
	SERQ4		
信息交互 （II）	II1	3	0.77
	II2		
	II3		
情感交互 （EI）	EI1	3	0.76
	EI2		
	EI3		
质量价值 （QV）	QV1	4	0.90
	QV2		
	QV3		
	QV4		
情感价值 （EV）	EV1	4	0.90
	EV2		
	EV3		
	EV4		
社会价值 （SV）	SV1	3	0.89
	SV2		
	SV3		
对平台的信任 （TP）	TP1	3	0.93
	TP2		
	TP3		

续　表

因　子	指　标	指标数量	α
认知认同 （CSI）	CSI1 CSI2 CSI3	3	0.91
情感认同 （ASI）	ASI1 ASI2 ASI3	3	0.90
评价认同 （ESI）	ESI1 ESI2 ESI3	3	0.89
付费意愿 （INT）	INT1 INT2 INT3	3	0.94

　　其次采用探索性因子分析法分析检验问卷的效度。进行因子分析前，对量表进行巴特利特球形检验。巴特利特球形检验的参数 KMO 值度量的是变量之间的关系是否适合做因子分析。当 KMO 大于 0.7，双尾检验显著时，适合做因子分析，且 KMO 值越接近 1，相关关系越强，越适合做因子分析。使用 SPSS 19.0 计算得到整个量表的 KMO 值为 0.90，显著性为 0.00，如表 4.9 所示，说明问卷数据适合进行因子分析。研究共抽取 13 个因子，得到主成分矩阵，观察输出结果发现，因子共解释了 78.24% 的方差，表明抽取 13 个因子是合理的。

表 4.9　KMO 和巴特利特球形检验

KMO	巴特利特球形检验		
0.90	近似卡方	df	Sig.
	11803.05	946	0.00

　　此外，通过验证性因子分析考察测量模型的效度。本书通过考察指标的标准负载、AVE、复合信度 CR 来测量模型的收敛效度。当指标标准负载大于 0.7 且显著，CR 大于 0.7，AVE 大于 0.5 时，模型具有较好的收敛效度。

采用LISREL计算因子指标的标准负载、AVE值、CR值，结果汇总如表4.10所示。所有因子CR均大于0.75，标准负载均不小于0.7，个别指标标准负载达到0.85以上。所有因子的AVE均大于0.5，表明因子解释了大部分方差。模型具有较好的信度和收敛效度。

通过对测量模型的信度与效度分析可知，本书的量表有较好的信度和效度。在此基础上，适合进一步进行结构模型验证分析。

表4.10　验证性因子分析结果

因　子	指　标	标准负载	AVE	CR
信息质量 （INFQ）	INFQ1	0.74	0.56	0.83
	INFQ2	0.74		
	INFQ3	0.80		
	INFQ4	0.70		
系统质量 （SYSQ）	SYSQ1	0.77	0.59	0.85
	SYSQ2	0.78		
	SYSQ3	0.74		
	SYSQ4	0.75		
服务质量 （SERQ）	SERQ1	0.79	0.53	0.82
	SERQ2	0.75		
	SERQ3	0.62		
	SERQ4	0.75		
信息交互 （II）	II1	0.71	0.54	0.77
	II2	0.72		
	II3	0.77		
情感交互 （EI）	EI1	0.73	0.51	0.76
	EI2	0.72		
	EI3	0.70		
质量价值 （QV）	QV1	0.83	0.69	0.90
	QV2	0.82		
	QV3	0.84		
	QV4	0.82		
情感价值 （EV）	EV1	0.86	0.69	0.90
	EV2	0.85		
	EV3	0.85		
	EV4	0.76		

因　子	指　标	标准负载	AVE	CR
社会价值 （SV）	SV1	0.87	0.73	0.89
	SV2	0.82		
	SV3	0.87		
对平台的信任 （TP）	TP1	0.92	0.81	0.93
	TP2	0.90		
	TP3	0.91		
认知认同 （CSI）	CSI1	0.89	0.78	0.91
	CSI2	0.87		
	CSI3	0.88		
情感认同 （ASI）	ASI1	0.86	0.76	0.90
	ASI2	0.89		
	ASI3	0.85		
评价认同 （ESI）	ESI1	0.83	0.74	0.89
	ESI2	0.90		
	ESI3	0.84		
付费意愿 （INT）	INT1	0.91	0.84	0.94
	INT2	0.91		
	INT3	0.93		

4.2.3.5　模型假设检验

本节将进行数据分析的第二部分，使用结构方程软件 LISREL 检验结构模型的拟合效果，验证理论假设。依据理论模型中的路径关系，分别计算二阶因子的标准负载、AVE 及 CR，结果如表 4.11 所示。二阶因子的标准负载均不小于 0.7，AVE 大于 0.5，CR 大于 0.7。因此，一阶因子较好地测度了二阶因子。

表 4.11　二阶因子的标准负载、AVE 与 CR

二阶因子	一阶因子	标准负载	AVE	CR
PV	QV	0.82	0.54	0.78
	EV	0.69		
	SV	0.70		
SI	CSI	0.79	0.65	0.85
	ASI	0.83		
	ESI	0.80		

　　接下来比较再生协方差矩阵与样本协方差矩阵的差异，目的是考察数据与结构模型的拟合情况。差异用拟合指数来描述。由 LISREL 计算得到的拟合指数如表 4.12 所示。本书模型各项拟合指数均优于推荐值，说明模型与数据拟合程度较好。由此可以确认理论模型中各因子之间的路径关系，图 4.5 展示了部分路径系数的值和显著程度，H1 至 H6 的路径系数及显著程度见表 4.13、表 4.14 和表 4.15（表 4.13 中 PV 指感知价值，表 4.14 中 TP 指对平台的信任，表 4.15 中 SI 指社会认同）。

表 4.12　模型拟合指数推荐值与实际值

	χ^2/df	RMSEA	AGFI	GFI	NFI	NNFI	CFI
推荐值	< 3	< 0.08	> 0.80	> 0.90	> 0.90	> 0.90	> 0.90
实际值	1.47	0.03	0.89	0.91	0.96	0.98	0.98

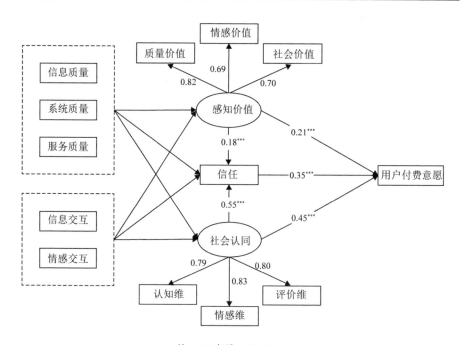

注：***表示 $p < 0.001$。

图 4.5　部分 LISREL 估算结果

表 4.13　解释变量到感知价值的路径系数

假　设	路　　径	系　数	显著性水平
H1a	INFQ → PV	0.18	**
H1b	SYSQ → PV	0.14	*
H1c	SERQ → PV	0.20	**
H2a	II → PV	0.25	***
H2b	EI → PV	0.24	***

注: * 表示 $p < 0.1$; ** 表示 $p < 0.01$; *** 表示 $p < 0.001$。

表 4.14　解释变量到信任的路径系数

假　设	路　　径	系　数	显著性水平
H3a	INFQ → TP	0.10	*
H3b	SYSQ → TP	0.15	***
H3c	SERQ → TP	0.11	*
H4a	II → TP	0.13	**
H4b	EI → TP	0.20	***

注: * 表示 $p < 0.1$; ** 表示 $p < 0.01$; *** 表示 $p < 0.001$。

表 4.15　解释变量到认同的路径系数

假　设	路　　径	系　数	显著性水平
H5a	INFQ → SI	0.27	***
H5b	SYSQ → SI	0.03	ns
H5c	SERQ → SI	0.30	***
H6a	II → SI	0.31	***
H6b	EI → SI	0.09	ns

注: *** 表示 $p < 0.001$; ns 表示不显著。

4.2.4　讨论

4.2.4.1　直接影响付费意愿的因素

通过对问卷数据和理论假设的检验，得到直接影响用户知识付费意愿的三个因素，分别是感知价值、信任和社会认同。

感知价值对用户知识付费意愿有显著正影响，这与目前知识付费用户相关研究的结果是一致的。李钢等证实信任通过影响用户对知识付费的态度来影响付费意愿[280]。本书验证了信任可以直接对付费意愿产生显著正影响。社会认同对用户付费意愿有显著正影响。虽然目前从社会认同角度研究影响用户知识付费行为的成果较少，但是群体因素对付费意愿的影响已经被证实[280]，本书结果是在此基础上的深化。

（1）感知价值

感知价值到付费意愿的路径系数为 0.21，在 $p < 0.001$ 的水平上显著。这说明在用户知识付费决策中，感知价值对付费意愿有显著正影响。感知价值作为一个二阶因子，在质量价值上的标准负载为 0.82，社会价值上为 0.70，情感价值上为 0.69。这表明，现阶段，用户最注重付费内容给自己带来直接的实际效用，如知识水平的提高；其次注重的是通过知识付费被赋予的社会资本，如塑造的个人社会形象；最后才是情感的满足。这与本书对用户付费动机的研究是一致的。用户希望通过知识付费的学习，快速掌握知识和技巧。然而，由于学习模式的限制，普通的知识付费内容较难形成体系，造成用户容易"知道"，却不易"得到"，用户感知价值可能受到限制。对知识付费平台来说，维持高质量的内容是保持发展的根本。当前，在各平台内容把控能力差异大，缺乏可量化的质量标准等因素的影响下，知识内容的质量问题阻碍用户的价值感知，这不利于平台的发展。对于 PGC 类平台来说，应当建立高水平的专业内容团队，加强对内容质量的控制；对于 UGC 类平台来说，应当建立严格的内容创作者准入机制以及用户评价反馈机制，创建健康的平台内容生态。

（2）信任

信任到付费意愿的路径系数为 0.35，在 $p < 0.001$ 的水平上显著。在知识付费模式中，由于平台与用户掌握的信息量不对称，用户处于信息劣势。出于版权保护等原因，文字类知识付费模式中难以实施因质量问题而退款的机制。对内容质量的不确定性使用户感知风险增加，这阻碍了付费意愿。

用户对平台的信任可以消除感知风险的影响。在受信任的平台中，用户对平台能力和善意的期望较高，愿意尝试知识付费。在选择平台的过程中，受信任的平台将是用户的首要选择。因此信任不仅可以促进付费意愿，还可以促进持续使用行为。平台应采取措施培养用户信任，提高用户黏性。可从四个方面入手：由于感知价值对信任有显著正影响，因此在内容方面，可通过用户访谈、调研、大数据分析等定性定量的方法，把握用户需求，打造精品内容，给予用户较强的感知学习收益，形成正反馈；在规则方面，建立健全内容监管、评价、反馈和用户权益保护机制，降低用户感知风险，使用户感知到平台的善意和诚意；在用户运营方面，研究结果显示，社会认同对信任有较强的正影响，因此，平台中应重视创建与用户的连接，促进用户对平台的认同，引导用户价值共创，自觉进行口碑传播；最后是营销方面，在以上基础上，联合平台中头部内容大 V 和关键意见领袖，加强在微博、微信公众号等社交平台的曝光，从用户对大 V 等的信任中实现信任转移。

（3）社会认同

认同的三个一阶因子均表现出较高的负载，其中情感维的负载最高，为 0.83。大部分知识付费用户拥有大学及以上学历，这部分人群有一定的虚拟产品使用经验，其中不乏爱好者。他们对于自己喜爱的平台、社区等容易形成一种"情怀"和忠诚的情感，总体认同感较高。评价维上的负载为 0.80。根据需求层次理论，自我实现的需求被满足能够激发人的潜能和自驱动性。当用户认为自己在平台中能够实现价值，则用户对平台产生承诺和总体认同。认知维上的负载为 0.79，当用户感知自己与平台所传达的目标、取向、定位一致，则用户将自己与平台归为一类，产生总体认同。

社会认同到付费意愿的路径系数为 0.45，在 $p < 0.001$ 的水平上显著。这表明认同对付费意愿的作用较强，是影响付费因素的主要因素之一。知识付费模式中，用户对待知识和学习的态度、取向获得群体认可，情感上获得肯定的需求被满足，对自己在平台中的价值有积极的判断等，将使得

用户产生强烈的群体意识，建立与平台的关系联结。平台应强调自己的差异化优势，明确自己的定位，向用户传达清晰的价值观。此措施有助于吸引有相似特质的用户，更易建立社会认同。此外，创建良好的氛围，提高用户参与度，支持用户交互等措施都有利于培养用户的成员感、归属感，促进用户对平台的依恋，进而促进用户的付费意愿。

4.2.4.2　间接影响付费意愿的因素

根据研究假设和验证结果，技术因素和社会因素并非直接影响付费意愿的因素，但对感知价值、信任和社会认同有不同程度的影响。

（1）对感知价值的影响

平台质量的三个因素、社会交互的两个因素均对感知价值有显著正影响。这与文献研究中的结果一致。社会交互的影响强度大于平台质量的影响强度。在知识付费中，社会交互因素主要作用于用户对群体的认知和感受。信息交互到感知价值的路径系数为0.25，情感交互到感知价值的系数为0.24，均在$p < 0.001$的水平上显著。这一结果较好解释了与同类产品相比，知乎在知识付费中的优秀表现。作为国内最大的知识社区，知乎用户早已形成了交流、发帖的习惯，并且众多领域的知识达人贡献了大量优质内容。通过信息共享、情感交流，知乎用户获得更好的、更愉快的体验，因此付费意愿较强。得到和喜马拉雅FM在创建用户社群上都做了一定程度的努力，目前效果仍不太理想，主要是因为交互的质量不如知乎。在用户交互方面，平台仍需要一段时间去引导和沉淀。

平台质量方面，信息质量到感知价值的路径系数为0.18，系统质量到感知价值的路径系数为0.14，服务质量对感知价值的影响稍高，为0.20。服务质量影响感知价值主要有两方面原因：一是通过及时响应用户的问题，为用户提供有效的帮助，使用户感到被尊重，从而提升用户体验；二是在平台提供的服务中，精准的内容搜索和推送与良好的用户体验密切相关。因为知识付费用户的学习需求较为个性化，若平台能在众多付费内容中筛选出切合其需求的内容，过滤掉相关性较弱的内容，这将直接有效提高用户学习的成果，因此影响感知价值。信息质量影响用户感知价值的逻辑也是基于此。部分付费音频平台提供了试听功能，那么在试听部分内容中应充分展示整体内容的价值，吸引用户为后续内容付费。

（2）对信任的影响

技术因素和社会因素均对信任有显著正影响，这与文献研究的结果是一致的。将影响因素按照影响强度排序，分别为：情感交互（0.20），系统质量（0.15），信息交互（0.13），服务质量（0.11）和信息质量（0.10）。从路径系数可以看出，情感交互和系统质量是影响信任的较为主要的因素，信息质量、服务质量和信息交互虽然对信任的影响是显著的，但是影响强度不大。

在知识付费平台中，信息交互主要影响用户对平台的理性评价，情感交互通过感性的作用影响用户对社区是否值得信任的判断。在理性和感性双重作用下，用户一方面相信平台有能力对知识产品的品质把关，为用户提供更专业的服务，通过平台的付费学习能够达到提升自我的预期；另一方面认为平台不仅关注自身的经济收益，还关心用户的利益，希望用户通过学习获得成长。在以上因素影响下，用户对平台好感度高，付费意愿强。因此，平台应注重对用户社会交互的引导，提高用户交互的质量。平台可以不定期举办一些互动活动，并给予参与者一定的权益和利益上的奖励。平台要对用户交互中的负面反馈及时响应，公开透明地予以回应，以降低不良影响。

信息质量、系统质量以及服务质量主要通过影响用户对平台的认知而影响信任。作为专业的平台，发布的信息在用户中具有公信力才能被广泛采信。尤其是知识类平台更要保证信息的严谨和准确，不能为了推广而美化或者夸大其词。从结果来看，用户比较在意付费平台的稳定性和使用的便利性。因此，技术团队和产品团队应当构建流畅和可操作性强的系统，提升用户对平台的信赖。当前知识付费的客服服务以自助式为主，可以解决大部分用户问题。在一些个性化的问题中，部分用户通过互助来解决。未来平台达到一定规模后，可以加大在这方面的投入，给予用户更具有关怀性的服务。

（3）对社会认同的影响

信息交互和服务质量对社会认同有较显著的影响，系数分别为 0.31 和 0.30。信息质量到社会认同的路径系数为 0.27。系统质量和情感交互则对社会认同没有显著影响。

信息交互、信息质量和服务质量对社会认同的影响与已有研究的结果是一致的。用户的意见分享收获了肯定，信息共享解决了问题，观点交流确立了价值，这些方面均有利于用户建立社会认同。由于互联网世界中用户交互均以文字为载体，具有一定经验的用户对平台的依恋感较强，因为过往发布的内容代表着曾经对平台产生付出，若要离开平台用户将付出失去这些内容的代价。在知乎中，相当一部分用户在长期交互中产生了较强的认同感。用户服务和信息发布是平台与用户交换信息和培养认同的渠道。通过这两个渠道，平台与用户进行价值确认，用户完成社会比较和分类的过程，产生社会认同。平台在培养用户认同的过程中，应重视信息交互、服务质量和信息质量的作用。尤其是社交属性较弱的专业型平台，学习社群的模式可以借鉴，但应加大社群运营方面的投入，注重平台价值观的传递，引导用户进行高质量的交流，促进用户产生认同。对于社交属性较强的平台，可以多关注平台中用户群体动态。建立群体的用户成长体系是一个促进用户对平台和群体投入的有效方法。另外还可以加强与群体中意见领袖的合作，将普通用户对个人认同转化为对平台的认同。

4.2.5　结论与启示

4.2.5.1　研究结论

本书探索了影响用户知识付费行为的因素。在知识付费相关研究成果的基础上，考虑信息系统成功因素，融合感知价值、社会认同以及社会交互理论，提出了全新的用户付费行为的理论研究模型，以揭示用户知识付费行为机理。通过问卷调查获取用户行为数据，通过实证分析方法，采用结构方程模型对数据进行分析检验，得到以下结论：

首先，社会认同、信任和感知价值对用户付费意愿有显著正影响，且影响强度依次递减。

其次，感知价值和社会认同对信任有显著正影响。

再次，平台质量和社会交互均显著影响感知价值和信任。

最后，信息质量、服务质量和信息交互显著影响社会认同，系统质量和情感交互对社会认同没有显著影响。

系统质量描述的是知识付费平台在技术和设计层面的水平，直接影响用户使用时的体验。社会认同强调的则是个体与群体之间的行为关系，具有较强的社会性。系统质量本身可能不是引起用户认同的因素。在使用系统中，关于系统功能、设计的交互，并因此产生的在认知、情感、个人评价维度上的分类才是导致用户产生社会认同的因素。情感交互对社会认同没有显著影响。这可能有两种原因：一是用户更多依赖信息交互而不是情感交互来形成对平台的认同；二是在调研中，并未区分专业平台和社交类平台转型的知识付费。目前阶段中，部分平台中的用户使用行为存在差异。在一些专业性较强而社交性较弱的平台，用户尚未建立起稳定、持续的情感交互关系，分享情感的目的也可能仅是向陌生人倾诉，因此难以建立群体认同。

4.2.5.2 研究启示

研究结果对知识付费产品设计和运营方有如下管理启示：

第一，应深入挖掘用户需求，严格把控知识内容的质量。对于 PGC 类平台，应有高水平的创作者筛选体系，UGC 类平台应建立严格的创作者准入标准，以确保用户付费之后物有所值。在同质化严重的现状下，平台可以着手打造更多垂直细分的知识付费产品，形成自己的特色，丰富付费模式，发现更多细分领域的专家，帮助其成长，为用户提供更多选择。这部分专家持续输出高品质内容能帮助平台获得用户口碑。

第二，应重视系统设计和交互社区建设。知识付费 App 是平台向用户输出一切内容的直接窗口，是平台向用户传达价值观的路径。因此，符合用户使用习惯的交互流程、快速高效的数据加载能力都将提升用户学习中的体验。在部分垂直领域（如财经、金融、投资等），社交带来的人脉本身就具有一定价值，可以吸引用户加入。因此平台应引导用户之间的交互，加强连接，注重社区建设。

第三，重视用户信任的培养。健全的评价和反馈机制帮助用户降低筛选成本，有利于提高新用户的尝试意愿。知识付费运营方培养重点付费项目时，可采取措施鼓励用户产出真实评价，引导新用户付费。

第四，引导用户感知自身在平台中的价值，注重向用户传达平台的价值观，培养用户对平台的认同。在移动互联网流量增长遭遇瓶颈、用户获取成本增高的背景下，单个用户价值挖掘成为新的盈利增长点。平台与用户建立认同，有助于增加用户使用平台的时间和频率，提高用户复购意愿。对平台认同感强烈的用户，能自发将其推荐给其他用户，这有利于平台的品牌传播。

4.3　社会资本对用户知识付费行为的作用研究

根据 CNNIC 发布的调查报告，我国手机网民规模已达 6.95 亿，连续三年增长率超过 10%。移动互联网的迅猛发展，使得用户获取信息和知识的途径更为多样化，也更为便利。知识付费模式由于能够随时随地提供有价值的内容、帮助用户降低信息筛选的时间成本等优势获得广泛关注。知乎 Live、分答、得到等基于信息、经验、技能以及非标准化知识的付费分享平台在短时间内集聚了大量的用户。艾瑞调研的数据显示，近半新媒体用户已产生付费行为或打算付费，显示了知识付费模式的庞大市场潜力。但与此同时，知识付费模式也存在一些问题，如知识质量不高、同质化严重、缺乏内容评价体系、版权保护等，影响了用户的付费和参与意愿。因此有必要研究用户付费行为机理，从而采取有效措施促进用户付费意愿，保障知识付费模式的成功。

知识付费主要包括两种模式。一种是社交媒体开通知识内容付费的渠道，如微信、微博开通为原创长文打赏功能；另一种是知识内容分享类 App 搭载社交功能。在知识内容付费平台上，不同垂直学科板块讨论形成虚拟社区，用户能够获得更加专业化的知识，与志同道合的人一起学习，知识生产者和用户之间通过社交网络形成即时互动，建立社会关系和社会资本，包括结构资本、关系资本、认知资本等，这将影响用户的参与和付费行为。已有文献从社会资本角度研究了传统虚拟社区用户知识共享行为，研究结果表明社会资本对成员知识共享行为有显著影响。Sun 等发现社会交互、信任等通过微信群组内的氛围影响成员的购买意愿[317]。用户在知识付费平台上通过社交媒体或功能进行频繁的交互将促进社会资本的形成和发展，因此，用社会资本理论来研究用户的知识付费行为是合适的，这也是本书的研究目的。

4.3.1 研究模型与假设

社会资本是社会关系网络中蕴含的、为网络成员所共有的真实和潜在的资源的总和。社会资本理论最早用于研究社区中的人际关系对社区运营的作用，其核心观点是社交网络中的人际关系可以创造出资源。社会资本包括三个维度：结构维、关系维、认知维。结构维社会资本表现为社会交互连接，描述人际交互的所有模式。关系维社会资本表现为认同、信任及互惠，描述由交互中形成的关系网络而创造以及扩展的资源。认知维社会资本表现为共同语言和共同愿景，描述成员之间基于共同的表达方式、释义形成的资源。

众多研究表明，社会资本对网络中成员行为有显著影响。Liu 等研究了个人动机和社会资本对社会化电子商务网站用户信息分享行为的影响，结果表明结构维、关系维和认知维的社会资本均对其产生显著影响[148]。Chen等研究了线上团购情境中社会资本对用户参与积极性的影响，发现社会资本通过用户参与积极性的中介作用强化用户利益[318]。Chang 和 Zhu 整合社会资本与流体验理论研究了用户对社交网站的持续使用行为，结果表明结构维社会资本对持续使用有显著影响[319]。Chiu 等整合社会资本和社会认知理论研究了虚拟社区中知识共享的质量及数量的影响因素，结果表明社会交互连接、互惠和认同对知识分享的数量有显著影响，信任、共同语言、共同愿景对知识共享的质量有显著影响[92]。Chang 和 Chuang 研究了虚拟社区中社会资本和个人动机对陌生人之间知识共享行为的影响。研究表明利他主义、认同、互惠、共同语言对知识共享数量有显著正影响[320]。

（1）结构维资本

知识付费平台上，用户基于感兴趣的话题、共同关注的内容与创作者形成相对稳定的社交圈子，对知识内容发表意见，进行交流讨论。社会交互连接是社交网络中信息和资源的通道，包括关系强度、交互的时间、频率等。Lu 和 Yang 研究证实，结构维社会资本对关系维社会资本有显著影响[321]。频繁的交互使得成员之间的关系更加紧密，从而增加成员对社交圈子的认同感以及归属感。知识付费用户通过与内容生产者之间的频繁交互，建立对其在专业领域的能力的信任。此外，用户在交互中形成的情感连接能促进用户的行为，连接越紧密，用户参与程度越高。Shang 等研究发现社会交互连接影响消费者购买意愿[322]。

H1：社会交互连接显著影响认同。

H2：社会交互连接显著影响信任。

H3：社会交互连接显著影响用户付费意愿。

（2）认知维资本

共同愿景是社区成员共同追寻的目标，是凝聚全体成员的有力措施。

在同一知识付费平台上关注同一学科领域的用户拥有相同的兴趣或个人提升需求，即希望通过付费知识内容增长知识，提高自身能力。用户之间基于一致的价值观形成相互信任的关系，共同的价值观念与共同兴趣能够建立成员之间和谐的社交关系，进而促进成员对社交网络产生认同。

共同语言指的是内容生产者与用户使用行话、缩略语等，以提高沟通效率。Lu 和 Yang 研究发现，卖家使用行话使得买家相信不会被欺骗，进而增加买家对其信任[321]。在知识付费中，内容生产者使用行话将使得用户感知到其专业知识与技能，从而建立信任。此外，在社交网络中使用行话将使用户产生归属感，认为其他用户与自己是志同道合的，因此产生认同。由此本书提出以下假设：

H4：共同愿景显著影响认同。

H5：共同愿景显著影响信任。

H6：共同语言显著影响认同。

H7：共同语言显著影响信任。

知识付费社区中共同愿景与共同语言将促进用户之间的交互，提升用户参与和付费意愿。Zhao 等研究发现虚拟社区归属感能够促进成员获取知识的意向[215]。周涛等发现移动社区中，认知维社会资本对成员获取信息的动机有显著影响[142]。由此本书提出以下假设：

H8：共同愿景显著影响用户付费意愿。

H9：共同语言显著影响用户付费意愿。

（3）关系维资本

Nahapiet 和 Ghoshal 认为认同是个体将自身与其他个体或群体视为一体的过程[91]。Chiu 等认为虚拟社区中的认同体现为成员对社区的归属感，是对社区的一种积极的情感[92]。归属感、成员感等将激励用户付费。此外，众多研究证明信任对消费者行为有显著影响。Hajli 等认为在社会化电子商务环境下，信任能够增加消费者寻求商品信息的行为[323]。Zhou 发现在移动支付服务中，信任显著影响用户持续使用行为[122]。信任使得用户相信内容提供者拥有专业领域的知识、经验、技能等，这将满足他们的需求，因此他们愿意为知识付费。由此本书提出以下假设：

H10：认同显著影响用户付费意愿。

H11：信任显著影响用户付费意愿。

研究模型如图 4.6 所示。

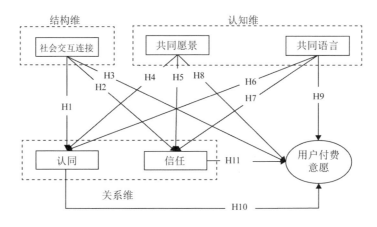

图 4.6　研究模型

4.3.2　数据收集

模型包括六个变量，测量指标均改编自国外文献以提高量表的内容效度，各指标内容及来源见表 4.16。

研究通过问卷调查收集数据，共回收有效问卷 411 份。其中男性占47.5%，女性占52.5%。年龄为 20 ～ 29 岁的受调查者占 60.1%，年龄为30 ～ 39 周岁的占 27.9%。82.3% 的受调查者拥有大学本科以上学历。使用知识付费时间为一年及以上的受调查者占 17.4%，半年（含）至一年的占14.8%，三个月（含）至半年的占 22.2%。

表 4.16　测量指标及来源

变　量	指　标	指标内容	来　源
社会交互连接 （SIT）	SIT1	我与内容提供者有着紧密的社会关系。	[92]
	SIT2	我花了很多时间与内容提供者进行交互。	
	SIT3	我与内容提供者有着频繁的交流。	
共同愿景 （SV）	SV1	社区中成员有着共同愿景，即通过获得专业领域内的知识提升自我。	[92]
	SV2	社区中的成员有着共同的学习目标。	
	SV3	社区中的成员持有共同的价值观。	
共同语言 （SL）	SL1	内容提供者与我使用共同的行话。	[92]
	SL2	内容提供者与我使用可理解的沟通模式。	
	SL3	内容提供者使用可理解的陈述模式发布文章。	
认同 （ID）	ID1	我对社区有归属感。	[92]
	ID2	我在社区中感受到团结和亲密。	
	ID3	我为成为社区的一员而感到自豪。	
信任 （TRU）	TRU1	我相信内容提供者在其专业领域内有较高的水平。	[146]
	TRU2	内容提供者拥有关于这个主题的相关知识。	
	TRU3	内容提供者在他们从事的领域中似乎是成功的。	
付费意愿 （INT）	INT1	以后我可能为内容付费。	[324]
	INT2	我打算给内容创造者打赏。	
	INT3	下一次，我会为内容付费。	

4.3.3　数据分析

首先，对测量模型进行验证性因子分析，结果见表 4.17。大部分指标的负载大于 0.7，AVE 均在 0.5 以上，CR 和 α 值在 0.7 以上，表明信度和效度良好。

表 4.17　验证性因子分析结果

因　子	指　标	标准负载	AVE	CR	α
社会交互连接（SIT）	SIT1	0.79	0.71	0.88	0.88
	SIT2	0.87			
	SIT3	0.86			
共同愿景（SV）	SV1	0.69	0.59	0.81	0.80
	SV2	0.82			
	SV3	0.77			
共同语言（SL）	SL1	0.75	0.54	0.78	0.78
	SL2	0.71			
	SL3	0.75			
认同（ID）	ID1	0.82	0.69	0.87	0.87
	ID2	0.82			
	ID3	0.85			
信任（TRU）	TRU1	0.77	0.51	0.76	0.76
	TRU2	0.66			
	TRU3	0.70			
付费意愿（INT）	INT1	0.79	0.71	0.88	0.88
	INT2	0.88			
	INT3	0.86			

接着，运用LISREL软件对结构模型进行分析，结果如图4.7所示。表4.18列出了部分拟合指数，所有拟合指数实际值均优于推荐值，表明该模型的拟合优度良好。

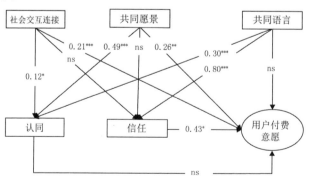

注：*表示$p<0.1$；**表示$p<0.01$；***表示$p<0.001$；ns表示不显著。

图 4.7　LISREL 估算结果

表 4.18　模型拟合指数推荐值和实际值

	χ^2/df	GFI	AGFI	NFI	NNFI	CFI	RMSEA
推荐值	< 3	> 0.90	> 0.80	> 0.90	> 0.90	> 0.90	< 0.08
实际值	1.85	0.94	0.91	0.98	0.99	0.99	0.04

4.3.4　讨论

从图 4.7 中可以发现，除假设 H2、H5、H9 和 H10 以外，其他假设都得到了支持。社会交互连接、共同愿景和共同语言显著影响认同，共同语言显著影响信任，社会交互连接、共同愿景和信任显著影响用户付费意愿。

在显著影响认同的因素中，社会交互连接的标准系数为 0.12，共同愿景的标准系数为 0.49，共同语言的标准系数为 0.30，共同愿景对认同的影响较大。这表明共同愿景对于用户产生对社区的认同感具有重要作用。在基于共同的需求或兴趣形成的知识付费社区中，成员的学习目标一致、价值观念相同，可以进行高质量的交流，能对问题形成一致的看法，因而能够产生认同感。

共同语言显著影响信任，标准系数为 0.80，表明内容生产者发布内容以及与用户进行交互时使用的行话、专业的缩略语能够显著增强用户的信任。在虚拟社区的知识共享中，共同语言能够帮助成员更加有效地理解信息。由于某一专业领域内的共同语言是该领域特有的，使用共同语言发布内容使用户感受到内容的专业性，进而对内容生产者的专业水平产生信赖。基于 UGC 的知识社区知乎中有大量不同领域的专业人士，他们在发布内容时以及用户参与讨论中使用共同语言，专业性较强，在用户中拥有良好口碑，用户愿意使用知乎满足自身的知识需求。

在显著影响用户付费意愿的因素中，社会交互连接的标准系数是 0.21，共同愿景的标准系数是 0.26，信任的标准系数是 0.43，显示信任对用户付费意愿的作用较大。用户参与知识付费的主要目的是获取高质量的知识，他们担心知识生产者是否具备足够的专业知识和技能。信任能够降低感知风险和不确定性，促进用户的付费行为。由果壳推出的分答 App 进驻了知名专家学者、高校教师、科研工作者等"答主"，在医学和科学领域水平较高。基于对答主专业水平的信任，分答用户愿意支付费用提问，而其他用户以较少的费用"偷听"答案。众多社会化电子商务研究已经证明信任是促进用户行为的重要因素，这与本书的研究结果是一致的。

社会交互连接和共同愿景对信任没有显著作用。这可能是由于以下原因：第一，在知识付费中，尤其在知识生产者是行业内名人的情况下，用户对其已经存在信任。提高用户与知识生产者之间交互的频率、时间等不能再增加用户的信任。第二，共同愿景强调用户之间共同的价值观、目标。共同愿景对用户认知的影响主要作用于用户的认同。

共同语言和认同对用户付费意愿没有显著作用。可能的原因包括：第一，知识生产者在发布内容时使用的共同语言将影响用户对其专业能力、诚信和善意的感知，即信任，进而通过信任影响用户知识付费的意愿。第二，作为一个新兴领域，目前使用知识付费的用户主要需求为解决问题、提升自身能力。因此，在影响付费行为的因素中，用户对知识生产者专业程度的判断的作用大于用户之间关系的作用，用户之间的认同不是影响其付费行为的主要因素。

4.3.5　结论

本书基于社会资本理论，建立了知识付费用户行为模型，研究了结构维、认知维、关系维社会资本对知识付费意愿的影响。研究发现社会交互连接、共同愿景和信任是影响用户知识付费意愿的显著因素，其中信任的作用最大。此外，研究还发现了社会交互连接、共同愿景和共同语言对认同的影响以及共同语言对信任的作用。

研究结果为知识付费平台提供了以下启示：第一，平台应提供技术支持，优化界面设计，促进知识生产者和用户之间的交流，帮助建立紧密的社交关系以提高用户付费意愿。第二，应建立内容推荐和筛选体系，更准确地发现用户感兴趣的领域，帮助用户做好匹配，找到志同道合的群体。引导知识内容生产者和普通用户形成拥有共同愿景的知识付费社区。第三，应建立用户评价机制和售后申诉机制，一方面能促进知识生产者创造优质内容，另一方面能规范知识内容生产者的行为，降低用户感知风险，增强用户信任。

参考文献

[1] WIENER D N. Subtle and obvious keys for the Minnesota multiphasic personality inventory[J]. Journal of Consulting Psychology, 1948, 12(3): 164-170.

[2] WILLIAMS F, RICE R E, ROGERS E M. Research methods and the new media[M]. New York: Free Press, Collier Macmillan, 1988.

[3] BLATTBERG R C, DEIGHTON J. Interactive marketing: Exploring the age of addressability[J]. Sloan Management Review, 1991, 33(1): 5-14.

[4] RAFAELI S, SUDWEEKS F. Networked interactivity[J]. Journal of Computer-Mediated Communication, 1997, 2(4): 1-5.

[5] HA L, JAMES E L. Interactivity reexamined: A baseline analysis of early business web sites[J]. Journal of Broadcasting & Electronic Media, 1998, 42(4): 457-474.

[6] HAECKEL S H. About the nature and future of interactive marketing[J]. Journal of Interactive Marketing, 1998, 12(1): 63-71.

[7] JANG H Y, KO I S, KOH J. The influence of online brand community characteristics on community commitment and brand loyalty[C]. Hawaii International Conference on System Sciences, 2007.

[8] BRUHN M, SCHNEBELEN S, SCHÄFER D. Antecedents and consequences of the quality of e-customer-to-customer interactions in B2B brand communities[J]. Industrial Marketing Management, 2014, 43(1): 164-176.

[9] KOZINETS R V. E-tribalized marketing? The strategic implications of virtual communities of consumption[J]. European Management Journal, 1999, 17(3): 252-264.

[10] SZUPROWICZ B O. Multimedia networking[M]. New York: McGraw-Hill, 1995.

[11] HOFFMAN D L, NOVAK T P. Marketing in hypermedia computer-mediated environments: Conceptual foundations[J]. Journal of Marketing, 1996, 60(3): 50-68.

[12] MASSEY B L, LEVY M R. Interactivity, online journalism, and English-language Web newspapers in Asia[J]. Journalism & Mass Communication Quarterly, 1999, 76(1): 138-151.

[13] LIBAI B, BOLTON R, B GEL M S, et al. Customer-to-customer interactions: Broadening the scope of word of mouth research[J]. Journal of Service Research, 2010, 13(3): 267-282.

[14] MCMILLAN S J. What is interactivity and what does it do[C]. The Communication Technology and Policy Division AEJMC Annual Conference, 2000.

[15] SONG J H, ZINKHAN G M. Determinants of perceived web site interactivity[J]. Journal of Marketing, 2008, 72(2): 99-113.

[16] LEE D, MOON J, KIM Y J, et al. Antecedents and consequences of mobile phone usability: Linking simplicity and interactivity to satisfaction, trust, and brand loyalty[J]. Information & Management, 2015, 52(3): 295-304.

[17] HONG H, KUBIK J D, STEIN J C. Social interaction and stock-market participation[J]. Journal of Finance, 2004, 59(1): 137-163.

[18] 鲁博. 基于社会交互的亚马逊中国产品在线销售影响因素研究 [D]. 哈尔滨: 哈尔滨工业大学, 2014.

[19] WU G. Conceptualizing and measuring the perceived interactivity of websites[J]. Journal of Current Issues & Research in Advertising, 2006, 28(1): 87-104.

[20] CHEN J, ZHANG C, XU Y. The role of mutual trust in building members' loyalty to a C2C platform provider[J]. International Journal of Electronic Commerce, 2009, 14(1): 147-171.

[21] WU C H-J. The impact of customer-to-customer interaction and customer homogeneity on customer satisfaction in tourism service: The service encounter prospective[J]. Tourism Management, 2007, 28(6): 1518-1528.

[22] CHAN K W, LI S Y. Understanding consumer-to-consumer interactions in virtual communities: The salience of reciprocity[J]. Journal of Business Research, 2010, 63(9): 1033-1040.

[23] ADJEI M T, NOBLE S M, NOBLE C H. The influence of C2C communications in online brand communities on customer purchase behavior[J]. Journal of the Academy of Marketing Science, 2010, 38(5): 634-653.

[24] WANG X, YU C, WEI Y. Social media peer communication and impacts on purchase intentions: A consumer socialization framework[J]. Journal of Interactive Marketing, 2012, 26(4): 198-208.

[25] LU Y B, ZHAO L, WANG B. From virtual community members to C2C e-commerce buyers: Trust in virtual communities and its effect on consumers' purchase intention[J]. Electronic Commerce Research and Applications, 2010, 9(4): 346-360.

[26] HSIAO K L, JUDY C C L, XIANG - YING W, et al. Antecedents and consequences of trust in online product recommendations: An empirical study in social shopping[J]. Online Information Review, 2010, 34(6): 935-953.

[27] SHEN X-L, LEE M K O, CHEUNG C M K. Exploring online social behavior in

crowdsourcing communities: A relationship management perspective[J]. Computers in Human Behavior, 2014, 40: 144-151.

[28] 赵玲, 鲁耀斌, 邓朝华. 虚拟社区信任与社区成员购买行为研究 [J]. 工业工程与管理, 2009, 14(3): 105-122.

[29] NG C S P. Intention to purchase on social commerce websites across cultures: A cross-regional study[J]. Information & Management, 2013, 50(8): 609-620.

[30] MCKNIGHT D H, CHOUDHURY V, KACMAR C. Developing and validating trust measures for e-commerce: An integrative typology[J]. Information Systems Research, 2002, 13(3): 334-359.

[31] MALHOTRA N K, KIM S S, AGARWAL J. Internet users' information privacy concerns(IUIPC): The construct, the scale, and a causal model[J]. Information Systems Research, 2004, 15(4): 336-355.

[32] SLYKE C V, SHIM J T, JOHNSON R, et al. Concern for information privacy and online consumer purchasing[J]. Journal of the AIS, 2006, 7(6): 415-444.

[33] 周涛, 鲁耀斌. 隐私关注对移动商务用户采纳行为影响的实证分析 [J]. 管理学报, 2010, 7: 1046-1051.

[34] LIANG T-P, HO Y-T, LI Y-W, et al. What drives social commerce: The role of social support and relationship quality[J]. International Journal of Electronic Commerce, 2011, 16(2): 69-90.

[35] DINEV T, HART P. An extended privacy calculus model for e-commerce transactions[J]. Information Systems Research, 2006, 17(1): 61-80.

[36] DHOLAKIA U M, BAGOZZI R P, PEARO L K. A social influence model of consumer participation in network-and small-group-based virtual communities[J]. International Journal of Research in Marketing, 2004, 21: 241-263.

[37] CHEN J, SHEN X-L. Consumers' decisions in social commerce context: An empirical investigation[J]. Decision Support Systems, 2015, 79: 55-64.

[38] ANDERSON J C, GERBING D W. Structural equation modeling in practice: A review and recommended two-step approach[J]. Psychological Bulletin, 1988, 103(3): 411-423.

[39] LIU H, CHU H, HUANG Q, et al. Enhancing the flow experience of consumers in China through interpersonal interaction in social commerce[J]. Computers in Human Behavior, 2016, 58: 306-314.

[40] LIANG T P, TURBAN E. Introduction to the special issue social commerce: A research framework for social commerce[J]. International Journal of Electronic Commerce, 2012, 16(2):

5-13.

[41] 张凤军，戴国忠，彭晓兰 . 虚拟现实的人机交互综述 [J]. 中国科学：信息科学 , 2016, 12: 1711-1736.

[42] AL-NATOUR S, BENBASAT I, CENFETELLI R T. The role of similarity in e-commerce interactions: The case of online shopping assistants[J]. Sighci, 2005 : 70-74.

[43] HOLBROOK M B, HIRSCHMAN E C. The experiential aspects of consumption: Consumer fantasies, feelings, and fun[J]. Journal of Consumer Research, 1982, 9(2): 132-140.

[44] 段菲菲，翟姗姗，池毛毛 . 手机游戏用户粘性影响机制研究：整合 Flow 理论和 TAM 理论 [J]. 图书情报工作 , 2017(3): 21-28.

[45] POLITES G L, WILLIAMS C K, KARAHANNA E. A theoretical framework for consumer e-satisfaction and site stickiness: An evaluation in the context of online hotel reservations[J]. Journal of Organizational Computing & Electronic Commerce, 2012, 22(1): 1-37.

[46] RICHARD M-O, CHANDRA R. A model of consumer web navigational behavior: Conceptual development and application[J]. Journal of Business Research, 2005, 58(8): 1019-1029.

[47] 韩贵鑫 . 基于心流体验理论的移动互联网环境下消费者在线购买意愿影响因素研究 [D]. 青岛：山东大学 , 2016.

[48] NOVAK T P, HOFFMAN D L, YUNG Y-F. Measuring the customer experience in online environments: A structural modeling approach[J]. Marketing Science, 2000, 19(1): 22-42.

[49] 文鹏，蔡瑞 . 微信用户使用意愿影响因素研究 [J]. 情报杂志 , 2014(6): 156-161.

[50] JIANG Z, HENG C S, CHOI B C F. Privacy concerns and privacy-protective behavior in synchronous online social interactions[J]. Information Systems Research, 2013, 24(3): 579-595.

[51] WIRTZ J, LWIN M O, WILLIAMS J D. Causes and consequences of consumer online privacy concern[J]. International Journal of Service Industry Management, 2007, 18(18): 326-348.

[52] ZVIRAN M. User's perspectives on privacy in web-based applications[J]. Data Processor for Better Business Education, 2016, 48(4): 97-105.

[53] XU H, DINEV T, SMITH J, et al. Information privacy concerns: Linking individual perceptions with institutional privacy assurances[J]. Journal of the Association for Information Systems, 2011, 12(12): 798-824.

[54] LIU Z, WANG X. How to regulate individuals' privacy boundaries on social network sites: A cross-cultural comparison[J]. Information & Management, 2018, 55(8): 1005-1023.

[55] MILNE G R, BOZA M E. Trust and concern in consumers' perceptions of marketing information management practices [J]. Journal of Interactive Marketing, 1999, 13(1): 5-24.

[56] MENEELY A, WILLIAMS L, SNIPES W, et al. Predicting failures with developer networks and social network analysis[C]. ACM Sigsoft International Symposium on Foundations of Software Engineering, 2008.

[57] CROWSTON K, HOWISON J. Assessing the health of open source communities[J]. Computer, 2006, 39(5): 89-91.

[58] SUREKA A, GOYAL A, RASTOGI A. Using social network analysis for mining collaboration data in a defect tracking system for risk and vulnerability analysis[C]. Proceeding of the□India Software Engineering Conference, 2011.

[59] GAO Y, FREEH V, MADEY G. Analysis and modeling of open source software community[J]. Naacsos, 2003.

[60] 曾进群，杨建梅，陈泉 . 开源软件社区知识创造沟通网络演变研究 [J]. 复杂系统与复杂性科学 , 2014, 11(2): 62-71.

[61] 陈丹，王星，何鹏 . 开源社区中已有开发者的合作行为分析 [J]. 计算机科学 , 2016, 43: 1-5.

[62] DINKELACKER J, GARG P K, MILLER R. Progressive open source[C]. International Conference on Software Engineering, 2002.

[63] DANIEL S L, MARUPING L M, CATALDO M. When cultures clash: Participation in open source communities and its implications for organizational commitment[C]. International Conference on Information Systems, 2011.

[64] 张宇霞，周明辉，张伟 . OpenStack 开源社区中商业组织的参与模式 [J]. 软件学报 , 2017, 28(6): 1343-1356.

[65] MUNGA N, FOGWILL T, WILLIAMS Q. The adoption of open source software in business models: A Red Hat and IBM case study[C]. Conference of the South African Institute of Computer Scientists and Information Technologists, 2009.

[66] ANDERSEN-GOTT M, GHINEA G, BYGSTAD B. Why do commercial companies contribute to open source software[J]. International Journal of Information Management, 2012, 32(2): 106-117.

[67] 胡瑾，刘美红 . 开源软件开发如何产生经济效益 [J]. 全国商情 • 理论研究 , 2010(10): 114-116.

[68] KELMAN H C. Compliance, identification, and internalization: Three processes of attitude change[J]. The Journal of Conflict Resolution, 1958, 2(1): 51-60.

[69] 陈本松，曹细玉 . 虚拟品牌社群持续参与决策：基于社会影响理论 [J]. 技术经济，2016, 35(7): 123-128.

[70] 陈爱辉，鲁耀斌 . SNS 用户活跃行为研究：集成承诺、社会支持、沉没成本和社会影响理论的观点 [J]. 南开管理评论 , 2014, 3: 30-39.

[71] CHEUNG C M K, LEE M K O. A theoretical model of intentional social action in online social networks[J]. Decision Support Systems, 2010, 49(1): 24-30.

[72] TSAI H-T, BAGOZZI R P. Contribution behavior in virtual communities: Cognitive, emotional, and social influences[J]. MIS Quarterly, 2014, 38(1): 143-163.

[73] CHOU C H, WANG Y S, TANG T I. Exploring the determinants of knowledge adoption in virtual communities: A social influence perspective[J]. International Journal of Information Management, 2015, 35(3): 364-376.

[74] 邬溪羽，郭斌，周莎莎 . 在线评论如何影响消费者 : 基于社会影响视角的整合框架 [J]. 西安电子科技大学学报（社会科学版）, 2015, 1: 1-18.

[75] AMBLEE N, BUI T. Harnessing the influence of social proof in online shopping: The effect of electronic word of mouth on sales of digital microproducts[J]. International Journal of Electronic Commerce, 2011, 16(2): 91-114.

[76] KÖCHER S, PALUCH S, K SGEN S. The recommendation bias: The effects of social influence on individual rating behavior[M]. Marketing Challenges in a Turbulent Business Environment. Developments in Marketing Science: Proceedings of the Academy of Marketing Science, 2016.

[77] BANDURA A. Social foundations of thought and action: A social cognitive theory[M]. Englewood Cliffs, NJ: Prentice-Hall, 1986.

[78] 陈冬宇 . 基于社会认知理论的 P2P 网络放贷交易信任研究 [J]. 南开管理评论 , 2014, 17(3): 40-48.

[79] 徐小阳，路明慧 . 基于社会认知理论的互联网金融理财产品购买行为研究 [J]. 软科学，2017, 31(5): 108-113.

[80] YUM H, LEE B, CHAE M. From the wisdom of crowds to my own judgment in microfinance through online peer-to-peer lending platforms[J]. Electronic Commerce Research and Applications, 2012, 11(5): 469-483.

[81] JIN J, LI Y, ZHONG X, et al. Why users contribute knowledge to online communities: An empirical study of an online social Q&A community[J]. Information & Management, 2015, 52(7): 840-849.

[82] 尚永辉，艾时钟，王凤艳 . 基于社会认知理论的虚拟社区成员知识共享行为实证研究 [J]. 科技进步与对策 , 2012, 29(7): 127-132.

[83] CHIANG H-S, HSIAO K-L. YouTube stickiness: The needs, personal, and environmental perspective[J]. Internet Research, 2015, 25(1): 85-106.

[84] GUDIGANTALA N, BICEN P, EOM M. An examination of antecedents of conversion rates of e-commerce retailers[J]. Management Research Review, 2016, 39(1): 82-114.

[85] LIN J C-C. Online stickiness: Its antecedents and effect on purchasing intention[J]. Behaviour & Information Technology, 2007, 26(6): 507-516.

[86] VENKATESH V, DAVIS F D. A theoretical extension of the technology acceptance model: Four longitudinal field studies[J]. Management Science, 2000, 46(2): 186-204.

[87] HSU C-L, LU H-P. Why do people play on-line games? An extended TAM with social influences and flow experience[J]. Information & Management, 2004, 41: 853-868.

[88] PAVLOU P A, FYGENSON M. Understanding and predicting electronic commerce adoption: An extension of the theory of planned behavior[J]. MIS Quarterly, 2006, 30(1): 115-143.

[89] JAHN S, GAUS H, KIESSLING T. Trust, commitment, and older women: Exploring brand attachment differences in the elderly segment[J]. Psychology & Marketing, 2012, 29(6): 445-457.

[90] LIN M-J J, HUNG S-W, CHEN C-J. Fostering the determinants of knowledge sharing in professional virtual communities[J]. Computers in Human Behavior, 2009, 25(4): 929-939.

[91] NAHAPIET J, GHOSHAL S. Social capital, intellectual capital, and the organizational advantage[J]. The Academy of Management Review, 1998, 23(2): 242-266.

[92] CHIU C-M, HSU M-H, WANG E T G. Understanding knowledge sharing in virtual communities: An integration of social capital and social cognitive theories[J]. Decision Support Systems, 2006, 42(3): 1872-1888.

[93] 刘晓, 李兵, 何鹏. 开源软件社区开发者合作网络的演化分析 [J]. 小型微型计算机系统, 2015, 9: 1921-1926.

[94] TIWANA A, BUSH A A. Continuance in expertise-sharing networks: A social perspective[J]. Ieee Transactions on Engineering Management, 2005, 52(1): 85-101.

[95] CHEN I Y L, CHEN N-S. Examining the factors influencing participants' knowledge sharing behavior in virtual learning communities[J]. Educational Technology & Society, 2009, 12(1): 134-148.

[96] LEE M K O, CHEUNG C M K, LIM K H, et al. Understanding customer knowledge sharing in web-based discussion boards: An exploratory study[J]. Internet Research, 2006, 16(3): 289-303.

[97] LIN H-F. Determinants of successful virtual communities: Contributions from system characteristics and social factors[J]. Information & Management, 2008, 45(8): 522-527.

[98] FANG Y, QURESHI I, SUN H, et al. Trust, satisfaction, and online repurchase intention: The moderating role of perceived effectiveness of e-commerce institutional mechanisms[J]. MIS Quarterly, 2014, 38(2): 407-427.

[99] 张婉 . 问答社区信息质量评价指标体系构建研究 [D]. 合肥：安徽大学 , 2015.

[100] LAI H-M, CHEN C-P, CHANG Y-F. Determinants of knowledge seeking in professional virtual communities[J]. Behaviour & Information Technology, 2014, 33(5): 522-535.

[101] 周军杰 . 社会化商务背景下的用户粘性 : 用户互动的间接影响及调节作用 [J]. 管理评论 , 2015, 27(7): 127-136.

[102] HAMARI J, KOIVISTO J. Why do people use gamification services?[J]. International Journal of Information Management, 2015, 35(4): 419-431.

[103] WU J-H, WANG Y-M. Measuring KMS success: A respecification of the DeLone and McLean's model[J]. Information & Management, 2006, 43(6): 728-739.

[104] AUNOLA K, NURMI J-E, NIEMI P, et al. Developmental dynamics of achievement strategies, reading performance, and parental beliefs[J]. Reading Research Quarterly, 2002, 37(3): 310-327.

[105] ZHOU T. Understanding online community user participation: A social influence perspective[J]. Internet Research, 2011, 21(1): 67-81.

[106] 翟羽佳，张鑫，王芳 . 在线健康社区中的用户参与行为 —— 以 " 百度戒烟吧 " 为例 [J]. 图书情报工作 , 2017, 61(7): 75-82.

[107] KEATING D M. Spirituality and support: A descriptive analysis of online social support for depression[J]. Journal of Religion & Health, 2013, 52(3): 1014-1028.

[108] YAN L, TAN Y. Feeling blue? Go online: An empirical study of social support among patients[J]. Information Systems Research, 2014, 25(4): 690-709.

[109] YAN Z, WANG T, CHEN Y, et al. Knowledge sharing in online health communities: A social exchange theory perspective[J]. Information & Management, 2016, 53(5): 643-653.

[110] 侯贵生，王鹏民，杨磊 . 在线健康社区用户知识转化与共享的演化博弈分析 [J]. 情报科学 , 2017(7): 31-38.

[111] 邓朝华，蒙江 . 在线医疗健康社区知识共享行为研究 [C]. 第十五届全国计算机模拟与信息技术学术会议 , 2015.

[112] ZHANG X, LIU S, DENG Z, et al. Knowledge sharing motivations in online health

communities: A comparative study of health professionals and normal users[J]. Computers in Human Behavior, 2017, 75(Supplement C): 797-810.

[113] FAN H, LEDERMAN R, SMITH S P. How trust is formed in online health communities: A process perspective[J]. Communications of the Association for Information Systems, 2014, 34(1): 531-560.

[114] 陈星，张星，曾淑云 . 健康问答社区中知识分享意愿的影响因素研究 [J]. 现代情报 , 2017, 37(4): 62-71.

[115] KETTINGER W J, LEE C C. Perceived service quality and user satisfaction with the information services function[J]. Decision Sciences, 1994, 25(5-6): 737-766.

[116] 丁道群，沈模卫 . 人格特质、网络社会支持与网络人际信任的关系 [J]. 心理科学进展 , 2005, 28(2): 300-303.

[117] 甘春梅，王伟军 . 在线科研社区中知识交流与共享：MOA 视角 [J]. 图书情报工作 , 2014, 58(2): 53-58.

[118] BANSAL G, ZAHEDI F M, GEFEN D. The impact of personal dispositions on information sensitivity, privacy concern and trust in disclosing health information online[J]. Decision Support Systems, 2010, 49(2): 138-150.

[119] 徐美凤，叶继元 . 学术虚拟社区知识共享行为影响因素研究 [J]. 情报理论与实践 , 2011, 34(11): 72-77.

[120] FANG Y H, CHIU C M. In justice we trust: Exploring knowledge-sharing continuance intentions in virtual communities of practice[J]. Computers in Human Behavior, 2010, 26(2): 235-246.

[121] BARTOL K M, SRIVASTAVA A. Encouraging knowledge sharing: The role of organizational reward systems[J]. Journal of Leadership & Organizational Studies, 2002, 9(1): 64-76.

[122] ZHOU T. An empirical examination of continuance intention of mobile payment services[J]. Decision Support Systems, 2013, 54(2): 1085-1091.

[123] XU H, TEO H-H, TAN B C Y, et al. The role of push-pull technology in privacy calculus: The case of location-based services[J]. Journal of Management Information Systems, 2009, 26(3): 135-173.

[124] LIN H-F. Effects of extrinsic and intrinsic motivation on employee knowledge sharing intentions[J]. Journal of Information Science, 2007, 33(2): 135-149.

[125] LU Y, ZHOU T, WANG B. Exploring Chinese users' acceptance of instant messaging using the theory of planned behavior, the technology acceptance model, and the flow theory[J]. Computers in Human Behavior, 2009, 25(1): 29-39.

[126] HAJLI M N. The role of social support on relationship quality and social commerce[J]. Technological Forecasting and Social Change, 2014, 87: 17-27.

[127] 中国互联网协会 . 中国互联网发展报告 2018[R/OL]. (2018-08-01)[2019-10-03].https://www.sohu.com/a/244667064_754297.

[128] OH S. The characteristics and motivations of health answerers for sharing information, knowledge, and experiences in online environments[J]. Journal of the American Society for Information Science & Technology, 2012, 63(3): 543-557.

[129] LIN T C, LAI M C, YANG S W. Factors influencing physicians' knowledge sharing on web medical forums[J]. Health Informatics Journal, 2015, 22(3): 594.

[130] 张星，吴忧，夏火松，等 . 基于 S-O-R 模型的在线健康社区知识共享行为影响因素研究 [J]. 现代情报 , 2018, 8(8): 18-26.

[131] 唐旭丽，张斌，张岩 . 在线健康社区用户的信息采纳意愿研究：基于健康素养和信任的视角 [J]. 信息资源管理学报 , 2018, 3(3): 102-112.

[132] 莫秀婷，邓朝华 . 基于社交网站采纳健康信息行为特点及其影响因素的实证研究 [J]. 现代情报 , 2014, 34(12): 29-37.

[133] 吴江，李姗姗 . 在线健康社区用户信息服务使用意愿研究 [J]. 情报科学 , 2017(4): 119-125.

[134] 周军杰 . 用户在线参与的行为类型：基于在线健康社区的质性分析 [J]. 管理案例研究与评论 , 2016, 9(2): 173-184.

[135] 刘璇，汪林威，李嘉，等 . 在线健康社区中用户回帖行为影响机理研究 [J]. 管理科学 , 2017, 30(1): 62-72.

[136] ZHAO J, HA S J, WIDDOWS R. The influence of social capital on knowledge creation in online health communities[J]. Information Technology & Management, 2016, 17(4): 311-321.

[137] 张克永，李贺 . 网络健康社区知识共享的影响因素研究 [J]. 图书情报工作 , 2017(5): 109-116.

[138] TURNER W, GRUBE J A, MEYERS J. Developing an optimal match within online communities: An exploration of CMC support communities and traditional support[J]. Journal of Communication, 2015, 51(2): 231-251.

[139] HAJLI N, SIMS J. Social commerce: The transfer of power from sellers to buyers[J]. Technological Forecasting and Social Change, 2015, 94: 350-358.

[140] 张星，陈星，夏火松，等 . 在线健康社区中用户忠诚度的影响因素研究：从信息系统成功与社会支持的角度 [J]. 情报科学 , 2016, 3: 133-138.

[141] 刘海鑫，刘人境，李圭泉. 社会资本、技术有效性与知识贡献的关系研究：基于企业虚拟社区的实证研究 [J]. 管理评论, 2014, 26(12): 10-19.

[142] 周涛，鲁耀斌. 基于社会资本理论的移动社区用户参与行为研究 [J]. 管理科学, 2008, 21(3): 43-50.

[143] 邓朝华，洪紫映. 在线医疗健康服务医患信任影响因素实证研究 [J]. 管理科学, 2017, 30(1): 43-52.

[144] 刘丽群，宋咏梅. 虚拟社区中知识交流的行为动机及影响因素研究 [J]. 新闻与传播研究, 2007(1): 43-51.

[145] 包凤耐，曹小龙. 基于社会资本视角的虚拟社区知识共享研究 [J]. 统计与决策, 2014(19): 53-56.

[146] RIDINGS C M, GEFEN D, ARINZE B. Some antecedents and effects of trust in virtual communities[J]. Journal of Strategic Information Systems, 2002, 11(3): 271-295.

[147] WANG Z, WALTHER J B, PINGREE S. Health information, credibility, homophily, and influence via the Internet: Web sites versus discussion groups[J]. Health Communication, 2008, 23(4): 358-368.

[148] LIU L, CHEUNG C M K, LEE M K O. An empirical investigation of information sharing behavior on social commerce sites[J]. International Journal of Information Management, 2016, 36(5): 686-699.

[149] CHEN L, BAIRD A, STRAUB D. Why do participants continue to contribute? Evaluation of usefulness voting and commenting motivational affordances within an online knowledge community[J]. Decision Support Systems, 2019, 118: 21-32.

[150] 李志宏，朱桃，罗芳. 组织气氛对知识共享行为的影响路径研究：基于华南地区 IT 企业的实证研究与启示 [J]. 科学学研究, 2010, 28(6): 894-901.

[151] 廖成林，袁艺. 基于社会认知理论的企业内知识分享行为研究 [J]. 科技进步与对策, 2009, 26(3): 137-139.

[152] 周涛，王超. 基于社会认知理论的知识型社区用户持续使用行为研究 [J]. 现代情报, 2016, 36(9): 82-87.

[153] 严建援，乔艳芬，秦凡. 产品创新社区不同级别顾客的价值共创行为研究：以 MIUI 社区为例 [J]. 管理评论, 2019, 31(2): 58-70.

[154] 李贺，张克永，洪闯. 开放式创新社区创客知识共享影响因素研究 [J]. 图书情报工作, 2017, 61(21): 13-21.

[155] 王婷婷，戚桂杰，张雅琳，等. 开放式创新社区用户持续性知识共享行为研究 [J].

情报科学 , 2018, 36(2): 139-145.

[156] TIERNEY P, FARMER S M. Creative self-efficacy: Its potential antecedents and relationship to creative performance[J]. Academy of Management Journal, 2002, 45(6): 1137-1148.

[157] 顾远东，彭纪生 . 创新自我效能感对员工创新行为的影响机制研究 [J]. 科研管理 , 2011, 32(9): 63-73.

[158] 杨晶照，杨东涛，赵顺娣，等 . 工作场所中员工创新的内驱力：员工创造力自我效能感 [J]. 心理科学进展 , 2011, 19(9): 1363-1370.

[159] BOCK G W, KIM Y G. Breaking the myths of rewards: An exploratory study of attitudes about knowledge sharing [J]. Information Resources Management Journal, 2002, 15(2): 14-21.

[160] WIDÉN-WULFF G, GINMAN M. Explaining knowledge sharing in organizations through the dimensions of social capital [J]. Journal of Information Science, 2004, 30(5): 448-458.

[161] PFEFFER J, VEIGA J F. Putting people first for organizational success[J]. Academy of Management Perspectives, 1999, 13(2): 37-48.

[162] ZÁRRAGA C, BONACHE J. Assessing the team environment for knowledge sharing: An empirical analysis[J]. International Journal of Human Resource Management, 2003, 14(7): 1227-1245.

[163] 刘倩，孙宝文 . COI 社区在线交互对用户创意质量的影响：专业成功经验的调节效应 [J]. 南开管理评论 , 2018, 21(2): 16-27.

[164] 郭伟，王洋洋，梁若愚，等 . 开放式创新社区中用户交互反馈对个体创新贡献度的影响 [J]. 科技进步与对策 , 2018, 35(3): 146-152.

[165] ZHAO Y, ZHAO Y, YUAN X, et al. How knowledge contributor characteristics and reputation affect user payment decision in paid Q&A? An empirical analysis from the perspective of trust theory[J]. Electronic Commerce Research and Applications, 2018, 31: 1-11.

[166] MA J, LU Y, GUPTA S. User innovation evaluation: Empirical evidence from an online game community[J]. Decision Support Systems, 2019, 117: 113-123.

[167] RUSSELL J A. Evidence of convergent validity on the dimensions of affect[J]. Journal of Personality and Social Psychology, 1978, 36(10): 1152-1168.

[168] HOWARD J A, SHETH J N. Theory of buyer behavior[J]. Journal of the American Statistical Association, 1967:467-487.

[169] MEHRABIAN A, RUSSELL J A. An approach to environmental psychology[M]. Cambridge, MA: MIT, 1974.

[170] DONOVAN R J, ROSSITER J R, MARCOOLYN G, et al. Store atmosphere and

purchasing behavior[J]. Journal of Retailing, 1994, 70(3): 283-294.

[171] BELK R W. Situational variables and consumer behavior[J]. Journal of Consumer Research, 1975, 2(3): 157-164.

[172] BITNER M J. Servicescapes: The impact of physical surroundings on customers and employees[J]. Journal of Marketing, 1992, 56(2): 57-71.

[173] NAMKUNG Y, JANG S C. Effects of perceived service fairness on emotions, and behavioral intentions in restaurants[J]. European Journal of Marketing, 2010, 44(9/10): 1233-1259.

[174] EROGLU S A, MACHLEIT K A, DAVIS L M. Atmospheric qualities of online retailing : A conceptual model and implications[J]. Journal of Business Research, 2001, 54(2): 177-184.

[175] HSU C L, CHANG K C, CHEN M C. The impact of website quality on customer satisfaction and purchase intention: Perceived playfulness and perceived flow as mediators[J]. Information Systems and e-Business Management, 2012, 10(4): 549-570.

[176] JEONG S W, FIORE A M, NIEHM L S, et al. The role of experiential value in online shopping[J]. Internet Research, 2009, 19(1): 105-124.

[177] 喻昕, 许正良. 网络直播平台中弹幕用户信息参与行为研究: 基于沉浸理论的视角 [J]. 情报科学, 2017, 35(10): 147-151.

[178] 徐孝娟, 赵宇翔, 吴曼丽, 等. S-O-R理论视角下的社交网站用户流失行为实证研究 [J]. 情报杂志, 2017, 36(7): 188-194.

[179] HASSENZAHL M, TRACTINSKY N. User experience：A research agenda[J]. Behaviour & Information Technology, 2006, 25(2): 91-97.

[180] KOUFARIS M. Applying the technology acceptance model and flow theory to online consumer behavior[J]. Information Systems Research, 2002, 13(2): 205-223.

[181] CHANG C C. Examining users' intention to continue using social network games: A flow experience perspective[M].Oxford: Pergamon Press, 2013.

[182] FAIOLA A, NEWLON C, PFAFF M, et al. Correlating the effects of flow and telepresence in virtual worlds: Enhancing our understanding of user behavior in game-based learning[J]. Computers in Human Behavior, 2013, 29(3): 1113-1121.

[183] ZHOU T, LI H X, LIU Y. The effect of flow experience on mobile SNS users' loyalty[J]. Industrial Management & Data Systems, 2010, 110(5-6): 930-946.

[184] 陈洁, 丛芳, 康枫. 基于心流体验视角的在线消费者购买行为影响因素研究 [J]. 南开管理评论, 2009, 12(2): 132-140.

[185] 沙振权, 叶展慧. 基于 S-O-R 模型的顾客认同对消费者流体验影响 [J]. 工业工程,

2012, 15(4): 72-77.

[186] 卢锋华, 王陆庄. 基于"流体验"视角的顾客网上购物行为研究 [J]. 外国经济与管理, 2005, 27(5): 34-39.

[187] PILKE E M. Flow experiences in information technology use[J]. International Journal of Human-Computer Studies, 2004, 61(3): 347-357.

[188] MCMILLAN D W, CHAVIS D M. Sense of community: A definition and theory[J]. Journal of Community Psychology, 1986, 14(1): 6-23.

[189] KOH J, KIM Y G. Sense of virtual community: A conceptual framework and empirical validation[J]. International Journal of Electronic Commerce, 2003, 8(2): 75-94.

[190] HAGEL J III, ARMSTRONG A G. Net gain: Expanding markets through virtual communities[M]. Boston: Harvard Business School Press, 1997.

[191] TONTERI L, KOSONEN M, ELLONEN H-K, et al. Antecedents of an experienced sense of virtual community[J]. Computers in Human Behavior, 2011, 27(6): 2215-2223.

[192] CHEN G L, YANG S C, TANG S M. Sense of virtual community and knowledge contribution in a P3 virtual community[J]. Internet Research, 2013, 23(1): 4-26.

[193] 赵玲, 鲁耀斌, 邓朝华. 基于社会资本理论的虚拟社区感研究 [J]. 管理学报, 2009, 6(9): 1169-1175.

[194] 张玉红. 基于社会资本理论的虚拟社区感对用户忠诚度的影响研究 [D]. 北京: 北京邮电大学, 2015.

[195] 刘洪超. 虚拟学习社区归属感研究 [D]. 西安: 陕西师范大学, 2009.

[196] 巫秀芳, 刘德文. 虚拟社区感对消费者融入的影响: 承诺的中介作用和社区认同的调节作用 [J]. 中国流通经济, 2018(7): 65-72.

[197] 彭晓东, 申光龙. 虚拟社区感对顾客参与价值共创的影响研究: 基于虚拟品牌社区的实证研究 [J]. 管理评论, 2016(11): 106-115.

[198] 韩月静. 虚拟社区感知对用户创新行为的影响研究: 以虚拟游戏社区为实证对象 [D]. 杭州: 浙江大学, 2014.

[199] 赵琴琴, 张梦, 付晓蓉. 物质奖励对旅游虚拟社区再分享意愿影响研究 [J]. 旅游学刊, 2018, 33(3): 39-49.

[200] 吕婷, 李君轶, 代黎, 等. 电子口碑对乡村旅游行为意向的影响: 以西安城市居民为例 [J]. 旅游学刊, 2018, 33(2): 48-56.

[201] OH H J, LAUCKNER C, BOEHMER J, et al. Facebooking for health: An examination into the solicitation and effects of health-related social support on social networking sites[J].

Computers in Human Behavior, 2013, 29(5): 2072-2080.

[202] HUYSMAN M, WULF V. The effects of dispersed virtual communties on face-to-face social capital, in Social Capital and Information Technology[M]. Cambridge: MIT Press, 2004:53-73.

[203] 梁晓燕，高志旭，渠立松 . 大学生网络社会支持与网络社区归属感的关系：网络虚拟幸福感的中介效应 [J]. 中国健康心理学杂志 , 2015(6): 907-912.

[204] ALALI H, SALIM J. Virtual communities of practice success model to support knowledge sharing behaviour in healthcare sector[J]. Procedia Technology, 2013, 11(1): 176-183.

[205] DELONE W H, MCLEAN E R. The DeLone and McLean model of information systems success: A ten-year update[J]. Journal of Management Information Systems, 2003, 19(4): 9-30.

[206] LEE S, PARK D H, HAN I. New members' online socialization in online communities: The effects of content quality and feedback on new members' content-sharing intentions[J]. Computers in Human Behavior, 2014, 30(30): 344-354.

[207] HERSBERGER J A, MURRAY A L, RIOUX K S. Examining information exchange and virtual communities: An emergent framework[J]. Die Angewandte Makromolekulare Chemie, 2007, 31(2): 135-147.

[208] SKADBERG Y X, KIMMEL J R. Visitors' flow experience while browsing a Web site: Its measurement, contributing factors and consequences[J]. Computers in Human Behavior, 2004, 20(3): 403-422.

[209] 刘根 . 大学生光棍节网络购物是否存在流体验：基于结构方程模型的研究 [J]. 北京邮电大学学报 (社会科学版), 2014, 16(6): 9-14.

[210] KOUFARIS M, KAMBIL A, LABARBERA P A. Consumer behavior in web-based commerce: An empirical study[J]. International Journal of Electronic Commerce, 2001–2002, 6(2): 115-138.

[211] 胡文渝 . 基于心流体验理论的在线购买意愿研究 [D]. 北京：北京邮电大学 , 2012.

[212] HUANG M-H. Designing website attributes to induce experiential encounters[J]. Computers in Human Behavior, 2003, 19(4): 425-442.

[213] BLANCHARD A L, MARKUS M L. Sense of virtual community: Maintaining the experience of belonging[C]. Proceedings of the 35th Annual Hawaii International Conference on System Sciences, 2002.

[214] GHANI J A, DESHPANDE S P. Task characteristics and the experience of optimal flow in human-computer interaction[J]. Journal of Psychology, 2016, 128(4): 381-391.

[215] ZHAO L, LU Y, WANG B, et al. Cultivating the sense of belonging and motivating user

participation in virtual communities: A social capital perspective[J]. International Journal of Information Management, 2012, 32(6): 574-588.

[216] CHAI S, KIM M. A socio-technical approach to knowledge contribution behavior: An empirical investigation of social networking sites users[J]. International Journal of Information Management, 2012, 32(2): 118-126.

[217] KRAUSE N, MARKIDES K. Measuring Social Support among Older Adults[J]. The International Journal of Aging and Human Development, 1990, 30(1): 37-53.

[218] WIXOM B H, TODD P A. A Theoretical Integration of user satisfaction and technology acceptance[J]. Information Systems Research, 2005, 16(1): 85-102.

[219] WEBSTER J, TREVINO L K, RYAN L. The dimensionality and correlates of flow in human-computer interactions[J]. Computers in Human Behavior, 1993, 9(4): 411-426.

[220] 卢宝周，张涛，王雪琪. 社会化商务平台中在线购买决策影响因素分析 [J]. 经济问题探索 , 2015, 6: 46-54.

[221] 吴超，饶佳艺，乔晗. 基于社群经济的自媒体商业模式创新：" 罗辑思维 " 案例 [J]. 管理评论 , 2017(4): 255-263.

[222] 魏武挥. 社群经济与粉丝经济 [J]. 财会月刊 , 2014, 34: 89.

[223] 丁继红，熊才平，刘静. PST 视域下教师社群学习的模式的分析与重构 [J]. 远程教育杂志 , 2015, 3: 33-40.

[224] 李士娟，代建军. 教师专业学习社群研究 : 组织样态及运行机理 [J]. 教育理论与实践 , 2018(8): 25-28.

[225] 赵胜军. " 互联网＋ " 时代学生社群生活与学习方式的变革 [J]. 当代教育科学 , 2017(3): 76-79.

[226] 王小梅. 技术接受模型及其在成人网络社群学习中的应用 [J]. 中国成人教育 , 2015(4): 117-119.

[227] 赵秋锦，王帆. 教学应用型微博社群中的学习参与实证分析 : 以新浪 " 新媒体研究 " 课程微群为例 [J]. 电化教育研究 , 2014(11): 37-45.

[228] LANE P J, LUBATKIN M. Relative absorptive capacity and interorganizational learning[J]. Strategic Management Journal, 1998, 19(5): 461-477.

[229] SOROKA V, RAFAELI S. Invisible participants: How cultural capital relates to lurking behavior[J]. International World Wide Web Conference, 2006, 5:163-172.

[230] 王艳梅，余伟萍. 虚拟社区互动性多维视角比较及价值探析 [J]. 图书馆学研究 , 2010, 22: 23-28.

[231] HSU M-H, JU T L, YEN C-H, et al. Knowledge sharing behavior in virtual communities: The relationship between trust, self-efficacy, and outcome expectations[J]. International Journal of Human-Computer Studies, 2007, 65(2): 153-169.

[232] 孙红萍，刘向阳. 个体知识共享意向的社会资本透视 [J]. 科学学与科学技术管理，2007, 28(1): 111-114.

[233] CHEN C-J, HUNG S-W. To give or to receive? Factors influencing members' knowledge sharing and community promotion in professional virtual communities[J]. Information & Management, 2010, 47(4): 226-236.

[234] ROUSSEAU D M, SITKIN S B, BURT R S, et al. Not so different after all: A cross-discipline view of trust[J]. Academy of Management Review, 1998, 23(3): 393-404.

[235] TSAI W, GHOSHAL S. Social capital and value creation: An empirical study of intrafirm networks[J]. Academy of Management Journal, 1998, 41(4): 464-476.

[236] COHEN D J, PRUSAK L. In good company: How social capital makes organizations work[M]. Cambridge: Harvard Business School Press, 2001.

[237] SARASON S B. The psychological sense of community: Prospects for a community psychology[M]. London, Jossey-Bass: 1974.

[238] WASKO M M, FARAJ S. Why should I share? Examining social capital and knowledge contribution in electronic networks of practice[J]. MIS Quarterly, 2005, 29(1): 35-57.

[239] BHATTACHERJEE A. Understanding information systems continuance: An expectation-confirmation model[J]. MIS Quarterly, 2001, 25(3): 351-370.

[240] CNNIC. 第 44 次中国互联网络发展状况统计报告 [R/OL]. (2019-08-30)[2019-10-03]. http://www.cac.gov.cn/2019-08/30/c_1124938750.htm.

[241] SHEIKH Z, ISLAM T, RANA S, et al. Acceptance of social commerce framework in Saudi Arabia[J]. Telematics and Informatics, 2017, 34(8): 1693-1708.

[242] DHIR A, KAUR P, RAJALA R. Why do young people tag photos on social networking sites? Explaining user intentions[J]. International Journal of Information Management, 2018, 38(1): 117-127.

[243] FU S, YAN Q, FENG G C. Who will attract you? Similarity effect among users on online purchase intention of movie tickets in the social shopping context[J]. International Journal of Information Management, 2018, 40: 88-102.

[244] YAHIA I B, AL-NEAMA N, KERBACHE L. Investigating the drivers for social commerce in social media platforms: Importance of trust, social support and the platform perceived usage[J]. Journal of Retailing and Consumer Services, 2018, 41: 11-19.

[245] HSU C L, CHEN M C, KIKUCHI K, et al. Elucidating the determinants of purchase intention toward social shopping sites: A comparative study of Taiwan and Japan[J]. Telematics and Informatics, 2017, 34(4): 326-338.

[246] SHARMA S, MENARD P, MUTCHLER L A. Who to Trust? Applying Trust to Social Commerce[J]. Journal of Computer Information Systems, 2019, 59(1): 32-42.

[247] CHENG X, GU Y, SHEN J. An integrated view of particularized trust in social commerce: An empirical investigation[J]. International Journal of Information Management, 2019, 45: 1-12.

[248] WANG Y, HERRANDO C. Does privacy assurance on social commerce sites matter to millennials?[J]. International Journal of Information Management, 2019, 44: 164-177.

[249] KOOHIKAMALI M, FRENCH A M, KIM D J. An investigation of a dynamic model of privacy trade-off in use of mobile social network applications: A longitudinal perspective[J]. Decision Support Systems, 2019, 119: 46-59.

[250] LIN X, FEATHERMAN M, SARKER S. Understanding factors affecting users' social networking site continuance: A gender difference perspective[J]. Information & Management, 2017, 54(3): 383-395.

[251] RAUSCHNABEL P A, ROSSMANN A, TOM DIECK M C. An adoption framework for mobile augmented reality games: The case of Pokémon Go[J]. Computers in Human Behavior, 2017, 76(Supplement C): 276-286.

[252] LIU C C. A model for exploring players flow experience in online games[J]. Information Technology & People, 2017, 30(1): 139-162.

[253] HSU C L, CHANG K C, KUO N T, et al. The mediating effect of flow experience on social shopping behavior[J]. Information Development, 2017, 33(3): 243-256.

[254] SU Y S, CHIANG W L, LEE C T J, et al. The effect of flow experience on player loyalty in mobile game application[J]. Computers in Human Behavior, 2016, 63: 240-248.

[255] RODRIGUEZ-ARDURA I, MESEGUER-ARTOLA A. E-learning continuance: The impact of interactivity and the mediating role of imagery, presence and flow[J]. Information & Management, 2016, 53(4): 504-516.

[256] ROHLFS J. A theory of interdependent demand for a communications service[J]. The Bell Journal of Economics and Management Science, 1974, 1(5): 16-37.

[257] FARRELL J, SALONER G. Standardization, compatibility, and innovation[J]. The RAND Journal of Economics, 1985, 1(16): 70-83.

[258] CHIU C-M, CHENG H-L, HUANG H-Y, et al. Exploring individuals' subjective well-being and loyalty towards social network sites from the perspective of network externalities: The Facebook case[J]. International Journal of Information Management, 2013, 33(3): 539-552.

[259] LIN C-P, BHATTACHERJEE A. Elucidating individual intention to use interactive information technologies: The role of network externalities[J]. International Journal of Electronic Commerce, 2008, 13(1): 85-108.

[260] DIMMOCK J A, GROVE J. Reconceptualizing team identification: New dimensions and their relationship to intergroup bias[J]. Group Dynamics: Theory, Research, and Practice, 2005, 2(9): 75-86.

[261] TSAI J C-A, HUNG S-Y. Examination of community identification and interpersonal trust on continuous use intention: Evidence from experienced online community members[J]. Information & Management, 2019, 56(4): 552-569.

[262] MOLINILLO S, ANAYA-S NCHEZ R, LI BANA-CABANILLAS F. Analyzing the effect of social support and community factors on customer engagement and its impact on loyalty behaviors toward social commerce websites[J]. Computers in Human Behavior, 2019: in press.

[263] FARIVAR S, TUREL O, YUAN Y. Skewing users' rational risk considerations in social commerce: An empirical examination of the role of social identification[J]. Information & Management, 2018, 55(8): 1038-1048.

[264] OLIVER R L. A cognitive model of the antecedents and consequences of satisfaction decisions[J]. Journal of Marketing Research, 1980, 17(4): 460-469.

[265] LOCKE E A. The nature and causes of job satisfaction[M]. Chicago:Handbook of Industrial and Organizational Psychology, 1976.

[266] HUANG Q, CHEN X Y, OU C X, et al. Understanding buyers' loyalty to a C2C platform: The roles of social capital, satisfaction and perceived effectiveness of e-commerce institutional mechanisms[J]. Information Systems Journal, 2017, 27(1): 91-119.

[267] CHEN X, HUANG Q, DAVISON R M. Economic and social satisfaction of buyers on consumer-to-consumer platforms: The role of relational capital[J]. International Journal of Electronic Commerce, 2017, 21(2): 219-248.

[268] ZHANG K Z K, BENYOUCEF M, ZHAO S J. Building brand loyalty in social commerce: The case of brand microblogs[J]. Electronic Commerce Research and Applications, 2016, 15: 14-25.

[269] 王传珍 . 知识付费奇点与未来 [J]. 互联网经济 , 2017(Z1): 68-73.

[270] 尚钺 . 我们研究了 28 家平台，为你揭开知识付费的现状与未来 [EB/OL]. (2017-05-06) [2018-08-15]. https://36kr.com/p/5073744.html.

[271] 邹伯涵，罗浩 . 知识付费：以开放、共享、付费为核心的知识传播模式 [J]. 新媒体研究，2017(11): 110-112.

[272] 罗敏，涂科 . 知识分享平台的商业模式探析 [J]. 管理现代化 , 2018(6): 111-113.

[273] 刘周颖，赵宇翔 . 基于语音互动的付费知识问答社区运营模式初探：以分答和值乎为例 [J]. 图书与情报 , 2017(4): 38-46.

[274] 徐淑雷 . 知识付费下半场的趋势探讨 [J]. 新媒体研究 , 2018(20): 10-14.

[275] 全贞花，谢情 . 知识付费产品用户使用行为实证研究 : 以得到 APP 为例 [J]. 广告大观 (理论版), 2017(4): 71-79.

[276] 张帅，王文韬，李晶 . 用户在线知识付费行为影响因素研究 [J]. 图书情报工作 , 2017(10): 94-100.

[277] 赵宇翔，刘周颖，宋士杰 . 新一代知识问答平台中提问者付费意愿的影响因素探究 [J]. 数据分析与知识发现 , 2018(8): 16-30.

[278] 李武，艾鹏亚，谢蓉 . 基于感知价值视角的在线付费问答平台用户付费意愿研究 [J]. 图书情报知识 , 2018(4): 4-14.

[279] 赵保国，姚瑶 . 用户持续使用知识付费 APP 意愿的影响因素研究 [J]. 图书馆学研究 , 2017(17): 96-101.

[280] 李钢，卢艳强，滕树元 . 用户在线知识付费行为研究：基于计划行为理论 [J]. 图书馆学研究 , 2018(10): 49-60.

[281] 赵杨，袁析妮，李露琪 , 等 . 基于社会资本理论的问答平台用户知识付费行为影响因素研究 [J]. 图书情报知识 , 2018(4): 15-23.

[282] DELONE W H, MCLEAN E R. Measuring e-commerce success: Applying the DeLone & McLean information systems success model[J]. International Journal of Electronic Commerce, 2004, 9(1): 31-47.

[283] TEO T S H, SRIVASTAVA S C, JIANG L. Trust and electronic government success: An empirical study[J]. Journal of Management Information Systems, 2009, 25(3): 99-131.

[284] GARRITY E J, GLASSBERG B, KIM Y J, et al. An experimental investigation of Web-based information systems success in the context of electronic commerce[J]. Decision Support Systems, 2005, 39(3): 485-503.

[285] BALABAN I, MU E, DIVJAK B. Development of an electronic portfolio system success model: An information systems approach[J]. Computers & Education, 2013, 60(1): 396-411.

[286] MARTINS J, BRANCO F, GON ALVES R, et al. Assessing the success behind the use of education management information systems in higher education[J]. Telematics and Informatics, 2018.

[287] ZEITHAML V A. Consumer perceptions of price, quality, and value: A means-end model and synthesis of evidence[J]. Journal of Marketing, 1988, 52(3): 2-22.

[288] SHETH J N, NEWMAN B I, GROSS B L. Why we buy what we buy: A theory of consumption values[J]. Journal of Business Research, 1991, 22(2): 159-170.

[289] 宋春光, 李长云. 基于顾客价值的商业模式系统构建: 以移动信息技术为主要视角 [J]. 中国软科学, 2013(7): 145-153.

[290] EL-ADLY M I. Modelling the relationship between hotel perceived value, customer satisfaction, and customer loyalty[J]. Journal of Retailing and Consumer Services, 2018.

[291] KARJALUOTO H, SHAIKH A A, SAARIJÄRVI H, et al. How perceived value drives the use of mobile financial services apps[J]. International Journal of Information Management, 2019, 47:252-261.

[292] SHAW N, SERGUEEVA K. The non-monetary benefits of mobile commerce: Extending UTAUT2 with perceived value[J]. International Journal of Information Management, 2019, 45: 44-55.

[293] SHAPIRO S L, REAMS L, SO K K F. Is it worth the price? The role of perceived financial risk, identification, and perceived value in purchasing pay-per-view broadcasts of combat sports[J]. Sport Management Review, 2018, 22(2): 235-246.

[294] EL-HADDADEH R, WEERAKKODY V, OSMANI M, et al. Examining citizens' perceived value of internet of things technologies in facilitating public sector services engagement[J]. Government Information Quarterly, 2019, 36(2): 310-320.

[295] TAJFEL H. Differentiation between social groups: Studies in the social psychology of intergroup relations[J]. American Journal of Sociology, 1978, 86(5): 1193-1194.

[296] ELLEMERS N, KORTEKAAS P, OUWERKERK J W. Self-categorisation, commitment to the group and group self-esteem as related but distinct aspects of social identity[J]. European Journal of Social Psychology, 1999, 29(2-3): 371-389.

[297] HUANG Y-A, PHAU I, LIN C, et al. Allocentrism and consumer ethnocentrism: The effects of social identity on purchase intention[J]. Social Behavior and Personality, 2008, 36(8): 1097-1109.

[298] WANG T. Social identity dimensions and consumer behavior in social media[J]. Asia Pacific Management Review, 2017, 22(1): 45-51.

[299] TENG C-I. Impact of avatar identification on online gamer loyalty: Perspectives of social identity and social capital theories[J]. International Journal of Information Management, 2017, 37(6): 601-610.

[300] 俞林. 虚拟社区支持形态、社会认同与成员持续参与的关系 [J]. 中国流通经济, 2018(10): 102-111.

[301] CHEN R, SHARMA S K, RAGHAV RAO H. Members' site use continuance on Facebook: Examining the role of relational capital[J]. Decision Support Systems, 2016, 90: 86-98.

[302] POPP B, WILSON B. Investigating the role of identification for social networking Facebook brand pages[J]. Computers in Human Behavior, 2018, 84: 141-152.

[303] ZHANG C B, LI Y N, WU B, et al. How WeChat can retain users: roles of network externalities, social interaction ties, and perceived values in building continuance intention[J]. Computers in Human Behavior, 2017, 69: 284-293.

[304] 方文侃，周涛. 社会交互对社会化商务用户行为作用机理研究 [J]. 情报杂志，2017, 36(1): 167-172.

[305] 周志民，吴群华. 在线品牌社群凝聚力的前因与后效研究 [J]. 管理学报，2013, 10(1): 117-124.

[306] ZAJONC R B. The attitudinal effects of mere exposure[J]. Journal of Personality & Social Psychology, 1968, 9(2): 1-27.

[307] 楼天阳，陆雄文. 虚拟社区与成员心理联结机制的实证研究：基于认同与纽带视角 [J]. 南开管理评论，2011, 14(2): 14-25.

[308] WEI W, LU Y, MIAO L, et al. Customer-customer interactions (CCIs) at conferences: an identity approach[J]. Tourism Management, 2017, 59: 154-170.

[309] KONUK F A. The role of store image, perceived quality, trust and perceived value in predicting consumers' purchase intentions towards organic private label food[J]. Journal of Retailing and Consumer Services, 2018, 43: 304-310.

[310] SULLIVAN Y W, KIM D J. Assessing the effects of consumers' product evaluations and trust on repurchase intention in e-commerce environments[J]. International Journal of Information Management, 2018, 39: 199-219.

[311] XU J, CENFETELLI R T, AQUINO K. Do different kinds of trust matter? An examination of the three trusting beliefs on satisfaction and purchase behavior in the buyer-seller context[J]. The Journal of Strategic Information Systems, 2016, 25(1): 15-31.

[312] 周涛，檀齐. 基于社会资本理论的知识付费用户行为机理研究 [J]. 现代情报，2017, 37(11): 46-50.

[313] ZHENG Y, ZHAO K, STYLIANOU A. The impacts of information quality and system quality on users' continuance intention in information-exchange virtual communities: An empirical investigation[J]. Decision Support Systems, 2013, 56(Supplement C): 513-524.

[314] GEFEN D. E-commerce: The role of familiarity and trust[J]. Omega, 2000, 28(6): 725-737.

[315] SWEENEY J C, SOUTAR G N. Consumer perceived value: The development of a multiple item scale[J]. Journal of Retailing, 2001, 77(2): 203-220.

[316] WAN J, LU Y, WANG B, et al. How attachment influences users' willingness to donate to content creators in social media: A socio-technical systems perspective[J]. Information & Management, 2017, 54(7): 837-850.

[317] SUN Y, WEI K K, FAN C, et al. Does social climate matter? On friendship groups in social commerce[J]. Electronic Commerce Research and Applications, 2016, 18: 37-47.

[318] CHEN Y-C, WU J-H, PENG L, et al. Consumer benefit creation in online group buying: The social capital and platform synergy effect and the mediating role of participation[J]. Electronic Commerce Research and Applications, 2015, 14(6): 499-513.

[319] CHANG Y P, ZHU D H. The role of perceived social capital and flow experience in building users' continuance intention to social networking sites in China[J]. Computers in Human Behavior, 2012, 28(3): 995-1001.

[320] CHANG H H, CHUANG S-S. Social capital and individual motivations on knowledge sharing: Participant involvement as a moderator[J]. Information & Management, 2011, 48(1): 9-18.

[321] LU Y, YANG D. Information exchange in virtual communities under extreme disaster conditions[J]. Decision Support Systems, 2011, 50(2): 529-538.

[322] SHANG S S C, WU Y-L, SIE Y-J. Generating consumer resonance for purchase intention on social network sites[J]. Computers in Human Behavior, 2017, 69: 18-28.

[323] HAJLI N, SIMS J, ZADEH A H, et al. A social commerce investigation of the role of trust in a social networking site on purchase intentions[J]. Journal of Business Research, 2017, 71: 133-141.

[324] MERCHANT A, FORD J B, SARGEANT A. Charitable organizations' storytelling influence on donors' emotions and intentions[J]. Journal of Business Research, 2010, 63(7): 754-762.

索　引